作者简介

陈劲，清华大学经济管理学院创新创业与战略系教授、博士生导师，教育部人文社会科学重点研究基地——清华大学技术创新研究中心主任，兼任教育部科学技术委员会管理学部委员，中国管理科学学会副会长，中国科学学与科技政策研究会副理事长，中国技术经济学会技术管理专业委员会理事长，中国管理现代化研究会创业与中小企业管理专业委员会副主任委员、技术与创新管理专业委员会副主任委员。2002年国家杰出青年基金获得者，2009年入选国家"百千万人才工程"，2014年获聘教育部"长江学者"特聘教授，2018年被评选为中国管理年度价值人物。

长期致力于创新管理研究，积极探索中国特色创新管理理论，承担国家社会科学基金重大项目、教育部人文社会科学重点研究基地重大项目和国家自然科学基金项目等，在国内外期刊及学术会议上发表论文600余篇，在《人民日报》《经济日报》《瞭望》等发表多篇创新战略和政策方面的文章，对自主创新、全面创新、开放创新、协同创新、整合式创新、有意义的创新等进行了深入研究。研究成果曾获得首届中国管理科学奖、第六届管理科学奖（学术类）、中国高校科学技术一等奖、教育部中国高校人文社会科学研究优秀成果二等奖、全国教育科学研究优秀成果二等奖、北京市哲学社会科学优秀成果二等奖、北京市高等教育教学成果二等奖、浙江省哲学社会科学优秀成果一等奖、浙江省科技进步奖二等奖等。

整合式创新
——新时代创新范式探索

陈劲◎著

科学出版社

北京

内 容 简 介

本书是在新时代背景之下，对中国特色的创新范式进行的一次崭新探索。基于国际学界所关注的国内外创新范式理论发展的演进，建立东西方创新理论之间的对话，提出"整合式创新"——通过战略引导下的开放、协同、全面创新，有效配置和利用创新活动所需资源，以实现创新成果的产出。结合中国本土创新实践的情境特征，详细阐述整合式创新的内涵、关键特征、实现路径、方法论等。基于此，进一步讨论并总结整合式创新在全球价值链升级、中国高附加值制造、大国重器、城市互联网、乡村振兴等相关企业和产业案例、区域发展、国家战略中的应用，并提出基于整合式创新的地球 6.0 计划，为人类未来发展提供畅想和借鉴。

本书适合创新管理领域的高校师生、研究者及企业管理者阅读。

图书在版编目（CIP）数据

整合式创新：新时代创新范式探索/陈劲著. —北京：科学出版社，2021.3

ISBN 978-7-03-065773-2

Ⅰ. ①整⋯ Ⅱ. ①陈⋯ Ⅲ. ①技术革新-研究-中国 Ⅳ. ①F124.3

中国版本图书馆 CIP 数据核字（2020）第 138454 号

责任编辑：王丹妮 / 责任校对：陶 璇
责任印制：徐晓晨 / 封面设计：有道设计

科学出版社 出版
北京东黄城根北街 16 号
邮政编码：100717
http://www.sciencep.com

北京捷迅佳彩印刷有限公司 印刷
科学出版社发行 各地新华书店经销

*

2021 年 3 月第 一 版 开本：720×1000 1/16
2021 年 7 月第二次印刷 印张：17 1/2 插页：1
字数：350 000
定价：178.00 元
（如有印装质量问题，我社负责调换）

本项研究得到清华大学经济管理学院研究基金项目的资助（Supported by Tsinghua University School of Economics and Management Research Grant）

前　　言

　　20 世纪 90 年代以来，以许庆瑞、傅家骥等为代表的学者在创新经济、创新管理、创新政策、创新系统方法论领域进行巨大探索和发展，逐渐形成"中国创新学派"，他们引领了中国的技术创新研究、促进了具有中国特色的创新理论发展。与此同时，他们对于国家重大工程的建设、颠覆性技术的突破、创新驱动发展战略的制定、建设创新型国家的提出，都做出了杰出的贡献，"创新"正在成为也必定成为引领中国发展的"第一动力"。

　　我有幸在 1989 年起师从中国工程院院士、浙江大学许庆瑞教授，在其精心指导之下，坚持技术创新管理领域的研究、教学与人才培养，尤为关注具有中国特色的创新理论与范式的科学研究与工程应用，至今长达 30 多年。

　　经过 30 多年在技术创新管理领域的深耕，我逐渐意识到，要指导中国企业技术创新的发展，必须结合中华传统文化、制度等情境。无论是国家建设创新型国家、国之重器发展还是重大工程建设，我国在国家政策、财政支出、科技人才、前期研究成果的基础上，已经在许多方面都走在世界前列。然而，管理学，尤其是技术创新管理的诸多研究成果都是起源于西方，其学术体系和话语体系乃至其中所蕴含的文化内涵，都无法完全解释和指导中国的创新实践。另外，在新一轮科技革命背景下，企业面临的国内外竞争环境呈现出模糊性、非线性、指数性、生态性的新发展态势，企业亟须突破传统的线性增长思维和单一发展模式，从封闭自主创新转向基于自主的开放、协同、全面的整合创新，应用整体性、全局性、非线性思维，调整自身使命、愿景和战略定位，加快实现颠覆性技术突破，提高持续创新能力和全球竞争力。

　　基于长期企业调研实践，我深刻地明确了建立具有中国特色的创新理论和范式对于中国企业创新工作的顺利开展非常关键。多年以来，我对自主创新、全面创新、开放创新、协同创新、企业创新生态系统等进行了深入研究，并积极完成了我国著名创新型企业（如华为、海尔、中国中车、中石油、中国航天科工集团、中国电子科技集团等）的管理咨询工作。这一过程逐渐引发了我对新时代创新范式的思考，并最终形成了"整合式创新"。

整合式创新的提出，是我个人对技术创新管理理论不断思考和发展的成果，它是在自主创新、开放创新、协同创新和全面创新的基础上，将"战略引领"置于统领位置，强调升维思考和全局观而形成的创新范式。整合式创新是一种总体创新、大创新的创新范式，其精髓在于整体观、系统观和着眼于重大创新，突破传统创新理念中的源于原子论的思维方式，建立三角思维方式，突破并超越二元逻辑，通过战略引领和战略设计，将创新各要素有机整合，为企业和国家实现重大领域、重大技术的突破和创新提供理论支撑。希望"整合式创新"的提出，能够为企业、产业、国家的创新发展提供新的启示和思考。

在此，还要特别感谢我的导师，中国工程院院士、浙江大学许庆瑞教授及其夫人沈守勤老师。许教授已过鲐背之年，依然奋斗在科研第一线、扎根学术、引领中国技术创新管理发展、为国家解决重大技术创新问题与需求。这一直激励着我在创新研究的道路上不断追求卓越、持续精进。当今且今后，科技创新将继续成为国家、区域、产业、企业竞争的焦点，我也会继续坚持开展创新理论与方法的研究，进一步深入研究本书中所提出的理论并付诸政策制定和产业咨询，进而为打造更多的创新型企业、建设创新型国家、实现中华民族的创新发展奉献个人的力量。

陈　劲

2020 年 9 月

目　　录

第一篇　科技强国与创新理论

第1章　时代使命——科技创新强国建设与创新理论 3
1.1　中国科技创新强国的探索 3
1.2　中国科技创新强国建设路径 12
1.3　中国科技创新理论探索的必要性和紧迫性 21
参考文献 30

第二篇　新型创新理论探讨

第2章　东西相逢——经典与新兴创新理论的对话 35
2.1　创新范式的理论发展演进 36
2.2　经典创新理论 55
2.3　东西方创新理论的对话 57
参考文献 61

第3章　中国创新理论——整合式创新的兴起 68
3.1　中华传统文化中的创新溯源 68
3.2　习近平关于创新的重要指示引领理论发展 75
3.3　整合式创新的提出 79
3.4　创新理论的共演 84
3.5　整合式创新的"三角思维"及其对二元逻辑的超越 88
参考文献 91

第4章 新时代创新范式——整合式创新的理论框架 ……………… 95
4.1 整合式创新的内涵解析 …………………………………………… 95
4.2 整合式创新的关键特征 …………………………………………… 101
4.3 整合式创新的实现路径 …………………………………………… 105
参考文献 …………………………………………………………………… 109

第5章 引领创新实践——整合式创新的方法论 ……………………… 113
5.1 基于东方智慧的"道" ……………………………………………… 114
5.2 基于中国特色社会主义的"法" …………………………………… 118
5.3 基于复杂系统科学的"术" ………………………………………… 134
5.4 基于社会主义多元意义的"志" …………………………………… 138
参考文献 …………………………………………………………………… 147

第三篇　整合式创新的实践应用

第6章 全球价值链升级:建设世界一流企业中的整合式创新 ………… 155
6.1 中国世界级企业创新发展现状 …………………………………… 156
6.2 中国世界级企业创新的未来挑战 ………………………………… 160
6.3 基于整合式创新的中国建设世界一流企业实现路径 …………… 167
6.4 中国建设世界一流企业的整合式创新战略 ……………………… 170
参考文献 …………………………………………………………………… 171

第7章 高附加值制造:中国制造中的整合式创新 ……………………… 174
7.1 中国制造创新发展现状 …………………………………………… 175
7.2 中国的高附加值制造战略 ………………………………………… 178
7.3 基于整合式创新的高附加值制造实现路径 ……………………… 181
7.4 中国高附加值制造中的整合式创新战略 ………………………… 189
参考文献 …………………………………………………………………… 192

第8章 大国重器:中国高铁产业发展中的整合式创新 ………………… 195
8.1 中国高铁产业的发展 ……………………………………………… 195
8.2 高铁产业数据来源与收集 ………………………………………… 197
8.3 基于整合式创新的高铁产业发展 ………………………………… 198
8.4 整合式创新在中国高铁产业中的理论框架 ……………………… 207
参考文献 …………………………………………………………………… 211

第 9 章　城市互联网：智慧城市中的整合式创新　　212

- 9.1　中国城市互联网的发展　　213
- 9.2　中国特色的小镇级城市互联网　　219
- 9.3　基于整合式创新的 iTown 发展路径　　220
- 9.4　iTown 发展中的整合式架构标准与框架　　225
- 参考文献　　232

第 10 章　乡村振兴：乡村建设经验中的整合式创新　　233

- 10.1　乡村创新系统　　235
- 10.2　中国乡村建设的经验　　239
- 10.3　基于整合式创新的中国乡村建设实现路径　　245
- 10.4　整合式创新在中国乡村振兴事业中的实践框架　　252
- 参考文献　　254

第 11 章　地球 6.0：全球发展中的整合式思考　　259

- 11.1　全球发展的趋势　　259
- 11.2　中国关于全球发展的经验　　264
- 11.3　基于整合式创新的地球 6.0 计划　　266
- 参考文献　　269

第一篇 科技强国与创新理论

在世界历史上，世界文明和科技中心发生过多次转移，创新理论也随着科学技术与创新实践的发展而演进。探索世界与中国的科技创新发展历程，并不只是为了了解那段辉煌的历史，更是为了抓住全球创新发展的基本规律和脉络、创造新的机遇，从而不再使中国错过时代赋予的使命，进而努力让中国在新的机遇和竞争中站得更高、望得更远，从而屹立于世界科技创新之林。第一篇科技强国与创新理论主要介绍中国科技创新强国实践探索和时代赋予中国进行科技创新理论研究的使命，从而为整合式创新的提出揭开历史背景画卷。

第 1 章 时代使命——科技创新强国建设与创新理论

我们必须清醒认识到，有的历史性交汇期可能产生同频共振，有的历史性交汇期也可能擦肩而过。

——习近平

（2018 年 5 月 28 日，中国科学院第十九次院士大会、中国工程院第十四次院士大会）

近几年，中国的经济发展和社会面貌发生了翻天覆地的变化，经济总量已经跃居世界第二、国家创新能力排位靠前、国际性的一系列重大创新成果相继涌现，在诸多高新技术前沿方向已经进入领跑阶段，逐步实现"弯道超车"。然而，要掌握世界科技的前沿、引领世界高新技术的发展、努力建设世界科技强国，不仅要持续性地进行科技创新实践，同时也需要不断探索具有中国特色的科技创新理论，满足现实对于中国创新理论发展的要求。

1.1 中国科技创新强国的探索

1.1.1 中国科技创新发展历程

国家科技创新伴随中华人民共和国的成长走过了艰辛的 70 多年、不凡的 70 多年。关于中国科技事业发展的 70 多年中，有 5 个重要的里程碑（徐冠华，2019）：①1956 年，以毛泽东同志为核心的党中央召开全国知识分子会议，周恩来同志在会上提出了"向科学进军"的号召，这是中华人民共和国成立之后第一次正式提出知识分子问题、发展科学技术问题；②1978年，邓小平同志提出"科学技术是生产力""知识分子是工人阶级的一部分"，在中国历史上第一次提出把科学技术作为发展经济的主要动力；③1995年，江泽民同志提出"科教兴国"战略，明确将科技发展摆在经济社会发展的重要位置；④2006年，胡锦涛同志提出"走中国特色自主创新道路，建设创新型国家"的发展战略，自主创新成为科技事业的重要旗帜；⑤2012年，中国共产党第十八次全国代表大会报告明确强调要"坚持走中国特色自主创新道路""实施创新驱动发展战略"。正是有了这些科技战略的深入实施，才有了科技创新成果的不断涌现。

习近平同志自2012年担任中共中央委员会总书记、2013年担任中华人民共和国主席以来，其带领的国家领导班子将科技创新放在了国家战略的高位。2012年底，在召开中国共产党第十八次全国代表大会时，明确提出：坚持走中国特色自主创新道路、实施创新驱动发展战略①。这是放眼世界、立足全局、面向未来做出的重大决策。2015年3月，中共中央、国务院出台《中共中央 国务院关于深化体制机制改革加快实施创新驱动发展战略的若干意见》，指导深化体制机制改革，加快实施创新驱动发展战略。2016年5月30日召开的全国科技创新大会、两院院士大会、中国科协第九次全国代表大会上，习近平发表了重要讲话，吹响了建设世界科技强国的号角。他指出："我国科技事业发展的目标是，到2020年时使我国进入创新型国家行列，到2030年时使我国进入创新型国家前列，到新中国成立100年时使我国成为世界科技强国。"②此次讲话中，习近平强调，建设世界科技强国需强化战略导向，破解创新发展科技难题，科技创新的战略导向十分紧要，必须抓准，以此带动科技难题的突破（习近平，2016）。随后在2017年10月18日的中国共产党第十九次全国代表大会上习近平进一步指出：要瞄准世界科技前沿，强化基础研究，实现前瞻性基础研究、引领性原创成果重大突破。加强应用基础研究，拓展实施国家重大科技项目，突出关键共性技术、前沿引领技术、现代工程技术、颠覆性技术创新，为建设科技强国、质量强国、航天强国、网络强国、交通强国、数字中国、智慧社会提供有力支撑（习近平，2017）。2018年5月28日，习近平在中国科学院第十九次院士大会、中国工程院第十四次院士大会上指出：要坚持科技创新和制度创新"双轮驱动"，以问题为导向，以需求为牵引，在实践载体、制度安排、政策保障、环境营造上下

---

① 参见2012年11月8日在北京召开的中国共产党第十八次全国代表大会的"实施创新驱动战略加快转型发展步伐"的集体采访。
② 参见习近平：为建设世界科技强国而奋斗[EB/OL]. http://cpc.people.com.cn/xuexi/gb/387488/index4.html/n1/2016/0531/c64094-28399667.html，2016-05-31.

功夫，在创新主体、创新基础、创新资源、创新环境等方面持续用力，强化国家战略科技力量，提升国家创新体系整体效能。我国广大科技工作者要把握大势、抢占先机，直面问题、迎难而上，瞄准世界科技前沿，引领科技发展方向（习近平，2018）。

从科教兴国战略到创新型国家建设战略，再到创新驱动发展战略，我国对科技投入的总额逐年增加，为建设世界科技强国奠定了资源基础。2000~2018 年我国研发支出的增长幅度均与 GDP（gross domestic product，国内生产总值）的增幅保持同步，详细如图 1-1-1 所示。国家统计局发布的《2018 年国民经济和社会发展统计公报》指出：2018 年我国研究与试验发展经费支出为 19 677.9 亿元，比上年增长 11.6%，其中基础研究经费 1 118 亿元；研究与试验发展经费支出超过欧盟 15 国平均水平，研发人员总量居世界第一，发明专利申请量和授权量居世界首位，科技作为创新驱动发展"第一动力"的作用更加凸显（国家统计局，2019）。技术创新成果在载人航天、深海工程、高速铁路、高速计算、西电东输、南水北调等国家重大工程中发挥着重要作用，在互联网的商业应用方面，我国的创新层出不穷。70 年以来，我国历经自主创新和开放式自主创新的创新范式演进历程，正在向全面自主创新和全面主导创新的新阶段迈进（陈劲，2019）。

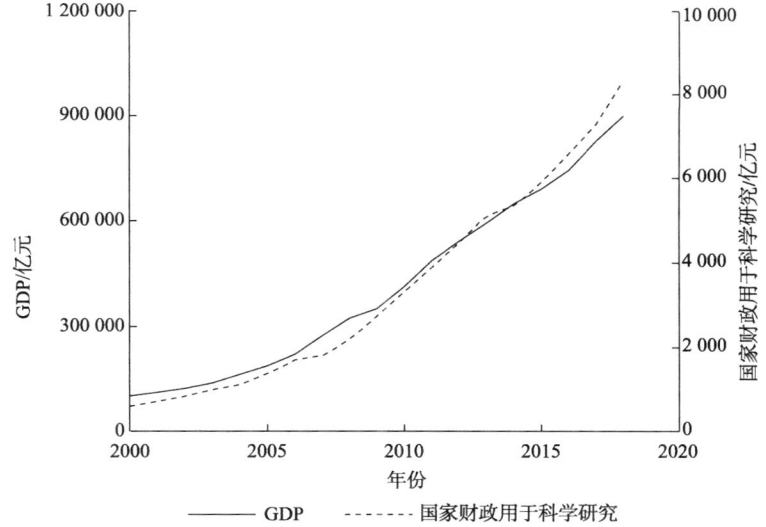

图 1-1-1　2000~2018 年我国 GDP 与国家财政用于科学研究对比

资料来源：国家统计局

目前，我国研发投入的绝对值逐年增加并推动创新能力较以往有了明显提升，科技发展水平与发达国家的差距虽然逐步缩小，已经居于发展中国家前列，在世界科技发展格局中占据重要地位。然而，通过国际比较分析来看，在科技创新的竞争优势方面依然面临严峻形势，我国基础研究能力与世界科技强国差距仍然较大，2020~2035 年是我国科技创新强国建设的转折时期：科技创新强国的细化战略部署与制度设计不足，没有完全解决科技创新大国向科技创新强国跃升的问题；航空发动机、高端数控机床等战略高技术领域核心技术和装备严重依赖进口；重点领域核心技术受制于人的局面仍未得到改善，核心芯片、基础软件等国产化比例很低。总体而言，我国产业处于国际分工中低端，发展过度依靠资源能源消耗和规模扩张，迫切需要依靠创新实现转型升级，同时必须尽快强力打破对传统科技创新路径的依赖，从宏观体制机制入手，设计产业核心硬技术突破路径、重视创新引领的核心技术突破。

1.1.2 中国国家创新系统演化

国家创新系统理论是在创新系统论的基础上演化发展出来，旨在理解和推动国家创新发展的典型理论。经济合作与发展组织（Organization for Economic Cooperation and Development，OECD）于 1997 年提出了迄今广为接受的"国家创新系统"的定义，即"国家创新系统是由公共部门和私营部门等各种机构组成的网络，这些机构的活动及其相互作用决定了一个国家知识扩散和技术扩散的能力，并影响国家的创新表现"（陈劲和尹西明，2019a）。

"创新系统"的概念自上而下地发生着理论发展与演化。美国学者 Nelson（1993）在研究了 17 个国家的技术创新案例后，指出基于"技术国家主义"的制度和政策来支持企业发展，是提升一国技术创新和竞争力的核心要素。英国学者 Freeman（1987）根据日本的产业发展经验提出了"国家创新体系"的理念，强调政府对技术创新的有效干预是提升一国创新能力的重要因素。丹麦学者 Lundvall（1999）提出了"面向学习型经济"的互动式国家创新体系。Etzkowitz 和 Leydesdorff（2000）则进一步提出了著名的三螺旋理论，强调"政产学"结合是国家创新体系建设的关键。随着国家创新系统理论的进一步深化，Cooke 等（1997）提出和发展了"区域创新系统"（regional innovation systems）的概念，强调区域层面创新治理的集群性和差异性，以及区域性创新网络对知识创造、流动和应用的重要价值。Malerba 和 Mani（2009）提出和发展了"产业创新系统"（sectoral systems of innovation）的概念，强调基于产业系统知识、技术需求和中介而开展的市场和非市场交互学习行为，以及据此创造新技术和新产品的过程。陈劲（2017）提出和发展了"企业创新系统"的概念，强调企业技术创新是技术复杂系统在各因素共同发生作用的动态过程中产生和演进的。随着城市和乡村在区域协调发展中的作用越来越突出，《新形势下转变与拓展中心城市科技工作职能的方略研究》课题组（2000）、陈劲和黄海霞（2018）分别提出城市创新系统和乡村创新系统的概念，丰富和完善了区域创新系统理论，为促进城乡融合和协调发展提供了新的视角。然而，随着信息化、经济全球化的快速发展，企业、区域乃至一个国家的创新活动很难在封闭的系统内独立开展，创新的过程越来越复杂，结果不确定性和不可预测性越来越高，加之开放式创新日益成为创新主体普遍接受的范式和理念，"创新生态系统"成为国家创新系统发展的新趋势（Adner，2012）。从国家创新系统到国家创新生态系统，拓展了三螺旋理论的内涵，并进一步突出了可持续发展、动态演化和共生共赢的理念，对全球范围内的可持续发展及国家创新体系的健康高效运行具有重要意义。

中国对于国家创新体系建设的正式探索始于2006年，伴随着国家科技体制改革和国家对外开放的全过程，国家创新系统日臻完善。

中国政府在《国家中长期科学和技术发展规划纲要（2006—2020）》中正式提出建设中国特色国家创新体系的战略。2012年中共中央、国务院下发《关于深化科技体制改革加快国家创新体系建设的意见》，对深化科技体制改革、加快建设国家创新体系提出具体的指导意见。2016年制定发布《"十三五"国家科技创新规划》，进一步提出建设高效协同的国家创新体系的目标。2017年中国共产党第十九次全国代表大会再次强调国家创新体系建设对建设创新型国家意义重大，提出要加强国家创新体系建设，强化战略科技力量，具体内容是"深化科技体制改革，建立以企业为主体、市场为导向、产学研深度融合的技术创新体系，加强对中小企业创新的支持，促进科技成果转化。倡导创新文化，强化知识产权创造、保护、运用。培养造就一大批具有国际水平的战略科技人才、科技领军人才、青年科技人才和高水平创新团队"（习近平，2017）。中共中央、国务院于2017年9月15日颁布的《国务院关于印发国家技术转移体系建设方案的通知》指出，"国家技术转移体系是促进科技成果持续产生，推动科技成果扩散、流动、共享、应用并实现经济与社会价值的生态系统，"并确立"到2020年，适应新形势的国家技术转移体系基本建成，互联互通的技术市场初步形成"，"到2025年，结构合理、功能完善、体制健全、运行高效的国家技术转移体系全面建成"的中长期战略目标。

中国国家创新体系建设的系列措施取得了诸多卓有成效的进展：直至2017年，研发投入占GDP的比重持续上升至2.13%，超越欧盟国家的平均水平；科技论文总量在2016年超越美国成为世界第一，论文质量和国际影响力也不断提高；新增专利申请量持续引领全球，现已成为全球新增专利申请主要来源地；在人工智能这一战略性新兴领域的论文和专利数量均在2017年达到世界第一，并且北京于 2018 年取代硅谷成为全球人工智能投资活跃度最高的区域；企业研发投入占全社会研发投入比重超过70%，创新主体的地位日益巩固，涌现出了中国中车、华为、格力电器、海尔、小米、阿里巴巴、徐工集团、中国国际海运集装箱（集团）股份有限公司（简称中集集团）、吉利、京东等一大批国际知名的领军企业。

尽管中国在1978年改革开放以来不断推进体制机制改革，完善国家创新体系制度建设，但是原创性、重大基础性研究投入和产出水平仍然较低，产业整体创新能力亟待进一步提升，自主创新能力较弱、技术对外依存度较高。这些问题的背后，是国家创新体系中各个创新主体的功能不够明晰、创新主体之间缺少高效协同、科技创新与大众创新创业的融合度较弱、科技体制改革的步伐滞后于创新效率提升的要求等。在全球创新的时代，国家、产业和企业竞争不再是单一维度的竞争，而是基于创新生态系统的竞合。相应地，国家创新系统建设的思路亟须从开放走向基于自主的整合，构建中国特色的新型国家创新系统。因此，新型国家创新系统的内涵是发挥中国哲学和文化中的整体思维、系统思维和全局思维优势，整合国内集中力量办大事的制度优势和开放共赢的全球资源优势，发挥企业在重大科技攻关、重大基础研究领域与战略性新兴产业的创新投入、平台协同和应用领航的作用，强化企业在科技创新中的主体地位，由科研院校与企业组成促进创新的"双引擎"。

1.1.3　中国创新发展观

从改革开放启动到2010年，中国经济保持了32年的持续高速增长，创造了世界经济增长奇迹。但是，2010年以后中国经济增速明显放缓，经过几十年的粗放式发展，现有的经济发展方式已不再适应中国经济社会发展的需要，"创新驱动发展"成为中国经济发展的唯一选择。2012年底召开的党的十八大明确提出："科技创新是提高社会生产力和综合国力的战略支撑，必须摆在国家发展全局的核心位置。"[1]强调要坚持走中国特色自主创新道路、实施创新驱动发展战略。这是放眼世界、立足全局、面向未来做出的重大决策。党的十八大提出实施创新驱动发展战略[2]之后，科技体制改革不断深化，创新驱动发展战略大力实

---

[1] 胡锦涛. 坚定不移沿着中国特色社会主义道路前进　为全面建成小康社会而奋斗——在中国共产党第十八次全国代表大会上的报告[EB/OL]. http://cpc.people.com.cn/18/n/2012/1109/c350821-19529916-4.html，2012-11-09.

[2] 胡锦涛. 坚定不移沿着中国特色社会主义道路前进　为全面建成小康社会而奋斗——在中国共产党第十八次全国代表大会上的报告[EB/OL]. http://cpc.people.com.cn/18/n/2012/1109/c350821-19529916-4.html，2012-11-09.

施，创新型国家建设成果丰硕，一批具有标志性意义的重大科技成果不断涌现。

从 2012 年开始，中国在实施创新驱动发展战略方面进行了伟大的实践，采取了一系列重要的举措（陈劲和张学文，2018）。

1. 制定《关于深化体制机制改革加快实施创新驱动发展战略的若干意见》

2015 年 3 月 13 日，中共中央、国务院制定出台了《中共中央 国务院关于深化体制机制改革加快实施创新驱动发展战略的若干意见》（中发〔2015〕8 号）指出："面对实现'两个一百年'奋斗目标的历史任务和要求，必须深化体制机制改革，加快实施创新驱动发展战略。"《中共中央 国务院关于深化体制机制改革加快实施创新驱动发展战略的若干意见》体现出几大亮点：第一，总体思路，强调市场在资源配置中的决定性作用；第二，主要目标，强调形成创新驱动发展的基本格局；第三，重点内容，共分9章，从9个方面提出30条改革举措，包括"总体思路和主要目标""营造激励创新的公平竞争环境""建立技术创新市场导向机制""强化金融创新的功能""完善成果转化激励政策""构建更加高效的科研体系""创新培养、用好和吸引人才机制""推动形成深度融合的开放创新局面""加强创新政策统筹协调"。该意见总体上具有针对性、系统性、突破性和操作性 4 个方面的特点。针对性是指突出问题导向；系统性是指突出对改革工作的整体部署；突破性是指围绕瓶颈问题务求取得实效；操作性是指确保改革措施可执行、可落地。

2. 颁布实施《国家创新驱动发展战略纲要》

2016 年 5 月 19 日，中共中央、国务院印发了《国家创新驱动发展战略纲要》。创新是引领发展的第一动力，必须把科技创新摆在国家发展全局的核心位置，《国家创新驱动发展战略纲要》提出了新时期三步走的重大战略。

面向未来的重大战略：创新驱动。把创新驱动发展作为面向未来的一项重大战略，需要抓好顶层设计和任务落实，找准世界科技发展趋势，找准我国科技发展现状和应走的路径，提出切实可行的发展方向、目标、工作重点。《国家创新驱动发展战略纲要》明确了未来 30 年创新驱动发展的目标、方向和重点任务，是新时期推进创新工作的纲领性文件，是建设创新型国家的行动指南，具有非常重大的现实意义和深远的历史意义。

创新驱动的关键：双轮驱动、一个体系与六大转变。《国家创新驱动发展战略纲要》强调：实现创新驱动是一个系统性的变革，按照"坚持双轮驱动、构建一个体系、推动六大转变"进行布局,构建新的发展动力系统。双轮驱动就是科技创新和体制机制创新两个轮子相互协调、持续发力。明确支撑发展的方向和重点,加强科学探索和技术攻关,形成持续创新的系统能力;调整一切不适应创新驱动发展的生产关系,统筹推进科技、经济和政府治理等三方面体制机制改革,最大限度释放创新活力。一个体系就是建设国家创新体系。建设各类创新主体协同互动和创新要素顺畅流动、高效配置的生态系统,形成创新驱动发展的实践载体、制度安排和环境保障。明确企业、科研院所、高校、社会组织等各类创新主体功能定位,构建开放高效的创新网络,建设军民融合的国防科技协同创新平台;改进创新治理,进一步明确政府和市场分工,构建统筹配置创新资源的机制;完善激励创新的政策体系,保护创新的法律制度,构建鼓励创新的社会环境,激发全社会创新活力。六大转变就是发展方式从以规模扩张为主导的粗放式增长向以质量效益为主导的可持续发展转变;发展要素从传统要素主导发展向创新要素主导发展转变;产业分工从价值链中低端向价值链中高端转变;创新能力从"跟踪、并行、领跑"并存、"跟踪"为主向"并行""领跑"为主转变;资源配置从以研发环节为主向产业链、创新链、资金链统筹配置转变;创新群体从以科技人员的小众为主向小众与大众创新创业互动转变。

新三步走的战略目标:《国家创新驱动发展战略纲要》还明确我国到 2050 年建成世界科技创新强国"三步走"的战略目标。第一步,到 2020 年进入创新型国家行列,基本建成中国特色国家创新体系,有力支撑全面建成小康社会目标的实现。第二步,到 2030 年跻身创新型国家前列,发展驱动力实现根本转换,经济社会发展水平和国际竞争力大幅提升,为建成经济强国和共同富裕社会奠定坚实基础。第三步,到 2050 年建成世界科技创新强国,成为世界主要科学中心和创新高地,为我国建成富强民主文明和谐的社会主义现代化国家、实现中华民族伟大复兴的中国梦提供强大支撑。

3. 全国科技创新大会吹响建设世界科技强国的号角

2016 年 5 月 30 日,全国科技创新大会、两院院士大会、中国科协第九次全国代表大会在京召开。习近平发表重要讲话强调,在我国发展新的历史起点上,把科技创新摆在更加重要位置,吹响建设世界科技强国的号角。实现"两个一百年"奋斗目标、实现中华民族伟大复兴的中国梦,必须坚持走中国特色自主创新道路,加快各领域科技创新,掌握全球科技竞争先机。这是我们提出建设世界科技强国的出发点。为此,习近平提出以下 5 点要求:一是夯实科技基础,在重要科技领域跻身世界领先行列;二是强化战略导向,破解创新发展科技难题;

三是加强科技供给，服务经济社会发展主战场；四是深化改革创新，形成充满活力的科技管理和运行机制；五是弘扬创新精神，培育符合创新发展要求的人才队伍[①]。

4. 颁布《"十三五"国家科技创新规划》

2016年8月8日国务院正式印发《"十三五"国家科技创新规划》。该规划是国务院确定的22个国家重点专项规划之一，对我国未来5年科技创新做了系统谋划和前瞻布局，是《中华人民共和国国民经济和社会发展第十三个五年规划纲要》和《国家创新驱动发展战略纲要》的细化落实。《"十三五"国家科技创新规划》作为进入创新型国家行列前制定的最后一个五年规划，突出顶层设计，坚持有序推进，充分体现了需求驱动和创新驱动的紧密结合，特别强调实施创新驱动发展战略、支撑供给侧结构性改革这条主线，进一步确立了迈向创新型国家和建设世界科技强国奠定坚实基础的总体目标，进而部署主要任务和重大举措。第一，《"十三五"国家科技创新规划》是一个科技创新的规划，它不仅关注科学技术研究、改革和发展，更是面向经济社会发展主战场，面向科技前沿，面向国家重大战略需求，从创新的全链条进行的一次整体规划。第二，该规划更加注重科技的超前引领性，更加关注依靠创新构建先发优势。第三，该规划非常关注经济新常态、产业转型升级方面的问题。第四，该规划体现国家战略意图和重大部署，比较体系化地提出在深海、深地、深空、深蓝等能够拓展国家战略利益、保证国家战略优势的领域的考虑部署。《"十三五"国家科技创新规划》明确提出了未来5年国家科技创新的指导思想、总体要求、战略任务和改革举措。

中华人民共和国成立以来，特别是改革开放以来，直到中国共产党第十八次全国代表大会的召开、"十四五"规划的设计，国家和社会发展中最重要、最显著的变化就是以习近平同志为核心的党中央提出了以创新发展为首要理念的发展观。中国建设科技创新强国路径中，最基础的就是认识和理解创新发展理念的正确含义。

以习近平同志为核心的党中央领导集体提出了创新发展观的理念，是一种系统性的发展观。它是由科技、文化、经济社会生态等多个领域的创新理念所构成的一套统一的、整体的系统。同时，创新发展需要国家创新体系对其进行支撑，

---

① 参见习近平：为建设世界科技强国而奋斗[EB/OL]. http://cpc.people.com.cn/xuexi/gb/387488/index4.html/n1/2016/0531/c64094-28399667.html，2016-05-31.

其中科技创新又是整个国家创新体系的核心。另外，创新发展理念并不是一种孤立的、隔绝的发展理念，而是与创新、协调、绿色、开放和共享"五位一体"的新发展理念所相互补充、相互辅助的发展理念。将"创新发展"定位到五大发展理念之首，符合我国当前发展阶段的基本要求。中华人民共和国成立以来，尤其是改革开放以来，中国需要以更短的时间进行经济建设和社会建设，需要快速从工业化初期迈入到工业化后期，在整个科技经济综合国力大幅度建设和提升的过程当中，原有的靠生产要素投入和高储备投资驱动的发展方式已经无法完全适应当前经济和社会发展的阶段，无论是从理论上还是实践上来看，都应该转向创新驱动发展的新阶段。

创新发展的战略重点有以下三点。第一，增强自主创新能力。科学技术特别是高技术产业的发展和科技水平的赶超过程当中，不能永远将希望寄托于单纯的技术引进上，而过度依赖于其他国家的技术水平。这样只会永远跟在他国之后亦步亦趋，甚至成为其他国家的技术附庸。第二，增强原始创新能力。创新可分为原始创新、集成创新和消化吸收再创新。当中国不断向着技术前沿逼近、进入科技无人区的时候，在一些技术和产业领域当中，已经从以前的追随者变成同行者，甚至是领跑者，没有既有的技术路线可以借鉴，并且发达国家对于尖端技术、核心零部件和重大装备实施严格的控制，真正的核心技术无法引进和购买，因此对原始创新的需求更加迫切。第三，坚持实施非对称创新战略。非对称创新战略需要紧紧围绕经济和社会发展需求，符合核心竞争力提升的关键目标，从社会发展的迫切需求出发应对国家安全的重大挑战，强化对一些重点领域和关键环节的任务部署。

1.2　中国科技创新强国建设路径

近代以来的多次科技革命和世界科学中心转移，引发大国兴衰和世界格局巨大调整。一些国家抓住科技革命的难得机遇，实现了经济实力、科技实力、国防实力迅速增强，综合国力快速提升[1]；重大科学发现、重大技术突破层出不穷，推动了新兴产业的兴起和发展，催生了以英、法、德、美、日等国为代表的科技强国。随着技术创新所带来的强大推力，以美、日、欧洲为主导的全球科技创新

---

[1] 参见习近平：为建设世界科技强国而奋斗[EB/OL]. http://cpc.people.com.cn/xuexi/gb/387488/index4.html/n1/2016/0531/c64094-28399667.html，2016-05-31.

格局正在发生深刻调整变化，科技实力和国家实力也在相应地发生着改变。无论是世界科技创新强国，还是后发的新兴经济体，都需要把科技创新提上重要日程，依靠科技创新支撑和促进经济社会发展，为经济增长和社会持续发展创造新活力与新动力（陈劲和张学文，2010；陈劲和黄海霞，2018）。

世界各国都为中国科技创新强国建设的路径设计提供了重要借鉴。

美国的科学技术发展呈现出多层次性、多角度性、相互交叉性的特征，形成了一个充满活力的创新体系——由政府提供政策支持、大学负责科研活动、创业和私营企业负责研发活动投资的体系。美国的科技创新体系当中，有两个方面持续促进了高新技术的发展，详细如下：①公共投资和私人投资的相互配合，国家经济和技术的可持续与高速发展前景让私营企业积极投入研发活动当中，从而获得利润，私营企业大力投资于高技术研发，使得研发经费大幅增长。同时，政府持续对国家战略和国防重要领域进行持续性的投资，促进了国家战略领域的不断进展。②促进人才的培养和自由流动，在政府资助大学的相关政策中，重点培养新一代青年学者进入企业或进行学术创业，同时还鼓励科研人员受聘于企业或自行创办企业，这样的方式有益于大学研究、企业研究和产品研发之间丰富的思想交流与人员互动，推动技术不断进步（樊春良，2018）。

重视高等教育与研究是当前德国保持创新优势的核心所在。2007年发起德国大学"卓越计划"（德文为 exzellenzinitiative），其主要目标是提升德国大学的科学研究和学术创新能力，它是由德国联邦教育与研究部和德国科学基金会联合发起成立的，同时这两个机构也负责"卓越计划"的组织评估和监测。"卓越计划"至今启动了两个阶段，其经费由联邦政府和各州政府共同承担。"卓越计划"的资助主要分为3个方面：①研究生院计划，主要为大量青年科学家和优秀的博士研究生提供卓越的科研环境，从而提高研究生培养的质量并保证他们在尖端研究领域的国际竞争力。同时，该计划还鼓励大量的国际学术交流，从而提升德国的学术显示度。②卓越集群计划，主要是资助大学所设立的科研机构，促进大学与其他相关研究机构、企业之间的跨学科协同研发，从而提高研究和培训方面的竞争能力。同时，卓越集群计划还为青年学者和科研人员提供更多的就业条件和职业培训机会。③未来战略计划，旨在打造国际一流的大学，从而长期提升和保持德国在国际学术竞争当中的领先位置，并且有利于提升德国大学在国际上的知名度和学术竞争力（方在庆，2018）。

英国重视国家科技创新战略的制定、提升和优化，是英国可持续发展的核心竞争力和主要驱动力。21世纪以来，英国政府连续发布了多个以创新为主要内容的白皮书，从而反映了知识经济背景下，国家发展对于科学技术与创新的依赖和强烈需求。为了推动英国国家知识经济的发展，政府加强了国家创新体系的建设。2004年首次制订了中长期科技发展的计划，提出了英国科学技术与创新的发展目标是建立英国国家科技创新体系，使英国成为世界的关键知识中心。英国政府调整了国家发展10年框架计划，提出了建设创新生态系统的发展方向，包括5项关键政策：促进科学领域的公共投资，提高研究理事会的运作能力，卓越大学研究，支持世界级健康研究，加强科学、技术、工程和数学（science，technology，engineering & mathematics，STEM）领域教育。2008年全球金融危机爆发之后，英国开始寻找新的经济增长点和社会可持续发展的动力，以技术预见作为基础（刘云和陶斯宇，2018），英国政府制定了重点支持技术和产业。2008年英国政府提出了将生命科学、纳米技术、高附加值产业、数字技术和空间技术作为优先发展领域。2012年又确定了8项重要技术领域，包括大数据、卫星和空间技术、机器人和自动化系统、合成生物学、再生医学、农业科技、先进材料、储能技术。随后又将知识密集型产业和先进制造业作为英国的支柱型产业。英国科技创新的总体战略是巩固基础科学的世界领先优势，加快科技成果的创新与创业，将研究优势转化为经济优势，把英国打造成为世界上科研、创新与商业环境与服务最好的国家，保证英国的长期繁荣。

日本虽然国土面积狭小，但在科技创新发展领域取得了卓越的成绩，这主要归功于日本自第二次世界大战之后十分重视经济实力、人力资源和技术基础的积累，是日本科技发展的基石。20世纪70年代以来，日本提出"技术立国"的战略，并采取一系列综合性的措施，从重点产业的引进模仿转变为重视自主基础性研究并增大对科学研究的投入，使得技术水平得以不断地提高，尤其是在半导体领域走在世界前列。同时，政府主导大科学的发展模式，企业研发的能力逐渐增强，大学的基础研究能力也走在了世界前列（胡智慧和王溯，2018）。

重大科学发现、重大技术突破层出不穷，加之国家科技创新政策和战略的颁布，推动了新兴产业的兴起和发展，催生了以美、德、英、日等国为代表的科技强国。目前，美国的科技创新实力依然处于全面领先地位，德、日、英、法等国处于第二方阵并在一些重点领域保持国际领先水平。随着中国在科技创新方面的迅速崛起，这一格局正在发生变化：2019年世界知识产权组织（World Intellectual Property Organization，WIPO）发布的2019年全球创新指数（global innovation index 2019，GII）显示，中国连续第四年保持上升势头，排在第14位，超过日、法等国，较上年上升3个位次，是中等收入经济体中唯一进入前30名的国家[①]。2010~2019年中国全球创新指数排名变化情况如图1-1-2所示。

---

① 参见Global Innovation Index 2019，官方网站：https://www.wipo.int/global_innovation_index/en/2019/。

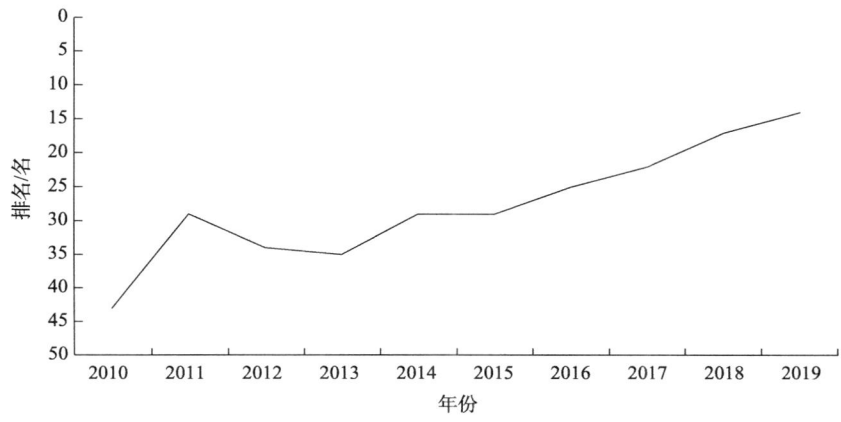

图 1-1-2 2010~2019 年中国全球创新指数排名变化情况

在中华人民共和国成立 70 多年的发展历程当中,科技创新在党和国家全局发展当中的地位得到显著的提升,这既是国家发展、经济发展阶段的内在需求,也是全国科技工作者和社会各界共同努力奋斗的必然结果。中国建设科技强国,从"向科学进军"到"科学技术是第一生产力",到"实施科教兴国",再到"建设创新型国家",在国家发展的每一个关键阶段中,都围绕科技创新工作做出了国家级的重大决策和部署。党的十八大报告指出,科技创新是提高社会生产力和综合国力的战略支撑,必须摆在国家发展全局的核心位置[①]。科技创新是引领发展的第一动力、是建设现代化经济体系的重要战略支撑。

在建设科技创新强国之前,需要进一步明确科技创新的定位和发展道路。建设科技创新强国,就意味着中国要成为世界主要科学中心和战略高地。判定一个国家是否能够被称为科技创新强国,有 3 个重要的标准:是否具有引领世界的科技创新能力;是否已经建成高水平的创新型经济;是否已经建成富有活力的创新型社会。要达成这 3 个重要的标准,则需要明确两个关键性的问题。第一,建设科技创新强国需要在发展实践当中提升科技创新的位置,将其融入物质文明、政治文明、精神文明、社会文明、生态文明建设的全方位和全过程当中。第二,建设科技创新强国,需要坚定不移的支持中国特色自主创新,全面提升创新能力。国家发展的实践证明,走中国特色自主创新道路是一条必经之路,尤其是当中国

---

① 胡锦涛. 坚定不移沿着中国特色社会主义道路前进 为全面建成小康社会而奋斗——在中国共产党第十八次全国代表大会上的报告[EB/OL]. http://cpc.people.com.cn/18/n/2012/1109/c350821-19529916-4.html,2012-11-09.

正面临关键核心技术不足、颠覆式技术和卡脖子技术尚未得到突破性发展的技术背景之下，中国与国际先进的科学技术创新水平仍然具有很大的差距。因此，需要重视创新追赶的长期性和艰巨性，以全球视野来推动创新，用中国特色的自主创新来全面提升中国在全国创新当中的位势。

中国科技创新的发展，战略转型是关键。科技创新战略必须从跟随到引领、从引进集成上升到自主原创。中国的科技创新必须立足战略转型，立足核心能力的完整建立及核心技术的充分占有。从自主研发到自主创新、从自主创新到自主可控，中国的科技创新主题词是引领。"百年科技创新强国梦"是指导今后一段时间科技、经济工作及社会发展的核心战略。研究世界科技创新强国、清晰定位科技创新强国的战略尤为重要。据此，将科技创新强国路径归纳为"两条路径"，即"基础研究和核心技术供给路径"与"需求引致的科技创新路径"。在典型国家科技创新的发展战略中，从技术的供给和需求角度上来看，英国注重基础研究供给导向的强国之路；德国和日本主要倾向于核心技术供给导向的科技创新强国路径；美国采取的是双强路径，即"基础研究和核心技术供给路径"与"需求引致的科技创新路径"，而且有效地在这两种路径之间达到了平衡状态。印度采取的是"需求引致的科技创新路径"，但是忽略了"基础研究和核心技术供给路径"，如图 1-1-3 所示。

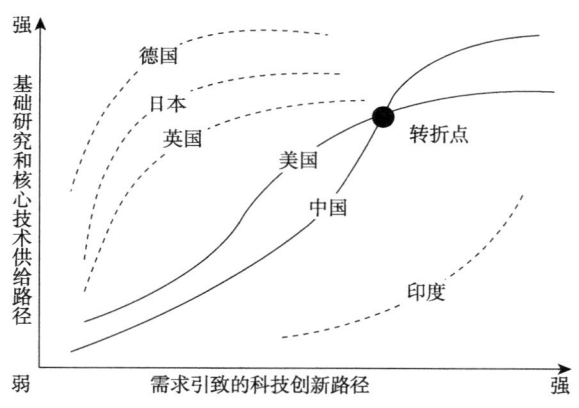

图 1-1-3　世界若干国家科技创新强国的发展路径

中国目前正处于由科技创新大国转变为科技创新强国的阶段，针对现有的科技创新能力，也应采用一条综合"需求引致的科技创新路径"与"基础研究和核心技术供给路径"的中间路径，设计一条符合中国国情的科技创新强国路径，特别是充分利用强大的政府组织管理能力和巨大的市场需求，利用全球经济转型、数字经济、智慧经济，追求"美好生活"的战略转型期，以"基础研究和核心技术供给路径"与"需求引致的科技创新路径"突破的组合战略，破解"转折点"，实现超越的有效途径。结合中国在世界科技创新强国体系中的转型需要分析和路径设计，建设世界科技创新强国的支撑策略应围绕研究人才强、体系强、政策强、文化强的发展逻辑，具体如下：

第一，人才强：加速高水平创新人才培养。人才强国战略是科技创新强国的第一战略，因此，建设世界科技创新强国，要加速高水平创新人才培养，优化创新人才激励机制，着力解决创新人才的后顾之忧，以创造人才充分发挥作用的良好环境为重点，深化人才体制机制改革，最终积极营造有利于创新方向健康发展的社会氛围。首先，重视发现人才、培养人才、吸引人才和稳定人才的机制和措施，研究制订高层次科技人才引进计划与优惠政策，探索解决科技人才发展中的关键问题，为科技创新人才的发展创造宽松的环境与条件。其次，结合人才队伍的现状，研究加快以高层次、高技能人才为重点的各类人才队伍建设路径，实施国家级高层次人才培养工程，加快培养战略性科学家。最后，探索开展创新与创业教育的新模式和新机制，构建宽、专、交结合的创新型工程科技人才的培养体系，建立健全科技研究与教学相结合的课程结构及教学平台，探索创新型工程科技人才的产学合作培养体系。

第二，体系强：建立和完善国家创新体系。国家创新系统的完善是建设科技创新强国的核心。随着新产业、新业态、新模式的不断出现，社会治理对象日趋多元，社会治理环境日趋复杂，倒逼社会治理体系的革新，促使政府角色转变，加速了国家治理体系和治理能力现代化的进程。因此，首先，需要继续促进以企业为主体的政产学研金协同创新机制，建设若干国家重大创新基地，保持国家实验室、国家工程技术研究中心和企业技术中心的联动。其次，在国家科技计划管理体系中，加强基础研究基金、重大研发基金和技术创新引导基金的有效配合。最后，结合"一带一路"倡议构建中国主导的创新体系，建设若干全球创新中心，构建内外结合、分布均衡创新加速格局，以创新链、产业链、资金链和政策链"四链融合"为抓手，打造全链条式创新创业服务体系，构架适应多元创新主体的高效国家创新系统。

第三，政策强：健全科技创新政策。随着全球创新竞争的加剧，科技创新的不确定性带来了许多新挑战。例如，人工智能可能带来重塑就业结构、威胁国家安全、冲击法律与社会伦理等问题，在坚定不移促进新兴技术与各产业领域深度融合、培育更多创新成果的同时，需对可能出现的负面影响加强前瞻预防与约束引导，建立健全科技创新政策、科技创新相关法律法规，以创新保障安全。围绕建设世界科技创新强国的目标及政策设计要求，进一步探索以政府为主导的国家科技创新强国体制和机制；探索政府作用与市场机制有机结合的科技创新体制和机制；分析科学技术政策对技术创新的激励作用；探索科技政策的设计对基础技术创新的影响，并分析制度保障对技术创新传播和应用的作用；分析知识产权制度的完善对技术创新保护与扩散的影响；推动政策实施和监督评估研究；推进政策实施的部门间的工作机制研究。

第四，文化强：培育科技创新文化。建设世界科技创新强国，培育良好的科技创新强国的文化是提供良好的文化氛围和社会环境的重要基础。在当前阶段，全球技术创新进入密集活跃期，新兴技术领域正加速向传统领域交融渗透、持续扩张，创新的组织模式日趋分布式、扁平化、开放化、集群化、虚拟化发展，新型创新组织不断涌现。同时，创新方式日趋众筹、众包快速发展，众创空间、创新实验室等新型创新平台日渐兴起，创新生态日渐多元，创新不仅体现在科学和技术方面，也体现在组织、制度和文化等方面。建设世界科技创新强国，培养国家创新能力，离不开科技创新文化体系的建设。

专栏 1-1-1　　**自然科学基金资助推进国家的科技强国建设**

——基础研究和核心技术供给路径的视角

党的十八大以来，以习近平同志为核心的党中央把科技创新摆在国家发展全局的核心位置，实施创新驱动发展战略，着力推动以科技创新为核心的全面创新。国家自然科学基金委员会认真贯彻落实习近平总书记系列重要讲话精神，科学运用国家财政投入资金约 1 094.06 亿元，其他渠道资金约 17.56 亿元，资助各类项目 159 861 项，稳定支持基础研究和科学前沿探索，促进人才和队伍成长，持续增强我国原始创新能力，为世界科技强国建设奠定扎实基础（文中资助数据为 2013~2016 年的资助情况）。

国家自然科学基金设有 8 个学部，分别包括数学物理科学部、化学科学部、生命科学部、地球科学部、工程与材料科学部、信息科学部、管理科学部和医学科学部。国家自然科学基金"十三五"期间投入的总数为 248 亿元，5 年支持 3 000~3 500 项重点项目；重大项目每年支持 20 项左右，每个项目 2 000 万元，5 年大概支持 100 项重大研究项目。全面部署基础研究，培育源头创新能力。推动学科均衡、协调和可持续发展，保持自由探索项目资助经费占比的稳定，鼓励广大科研人员自主选题，开展创新性研究，资助面上项目 64 837 项，金额 443.50

亿元。面向世界科技前沿，加强优先领域部署，引导凝聚优势力量开展深入、系统的创新性研究，对重要前沿科学研究问题予以重点支持，促进学科发展，推动若干重要领域或者科学前沿取得突破，资助重点项目2 406项，全额72.13亿元。面向科学前沿和国家需求，以科学目标为导向，鼓励和培育具有原创性思想的探索性科研仪器研制，着力支持原创性重大科研仪器设备研制，为科学研究提供更新颖的手段和工具，强化对原始创新研究的条件支撑，资助国家重大科研仪器研制项目295项，全额36.07亿元。

面向国家重大战略需求，促进学科交叉融合。持续加大对重大原始创新和交叉学科领域的支持力度，启动"中国大气复合污染的成因与应对机制的基础研究""共融机器人基础理论及关键技术""面向发动机的湍流燃烧基础研究""空间信息网络基础理论与关键技术""组织器官区域免疫特性与疾病"等16个重大研究计划，资助经费31.60亿元，积极做好与国家其他科技计划的协调衔接，着力为国家重要战略领域发展提供科学支撑。坚持把推动学科交叉融合、破解复杂难题作为战略重点，引导科学家结合国家需求和学科前沿开展交叉研究，资助"引力波相关物理问题研究""埃博拉病毒生物特征与致病机制的基础研究""高速列车信息控制系统实时故障诊断与应用验证"等重大项目88项，资助经费14.49亿元。瞄准国际科学前沿，超前部署，2016年起试点实施基础科学中心项目，批准资助"流形上的几何、分析和计算""动态化学前沿研究""克拉通破坏与陆地生物演化"3个基础科学中心项目，资助金额5.4亿元，拟通过长期稳定支持，集成多学科交叉融合的优势，在相关领域实现跨越引领发展，促进形成具有重要国际影响的学术高地。

资料来源：杨卫. 深耕科技强国梦 砥砺前行谱华章——国家自然科学基金五年发展回顾[EB/OL]. http://www.nsfc.gov.cn/publish/portal0/tab440/info69919.htm，2017-07-31，有改动。

专栏1-1-2　　　　　　国家"十三五"科技计划体系的设计

——需求引致的科技创新路径的视角

国家提出的"十三五"科技计划体系中，涉及了5种类型的科学技术需求计划，来引导国家科技创新路径。

一是国家自然科学基金。资助基础研究和科学前沿探索，支持人才和团队建设，增强源头创新能力。进一步完善管理，加大资助力度，向国家重点研究领域输送创新知识和人才团队；加强基金与其他类科技计划的有效对接。

二是国家科技重大专项。聚焦国家重大战略产品和产业化目标，解决"卡脖子"问题。进一步改革创新组织推进机制和管理模式，突出重大战略产品和产业化目标，控制专项数量，与其他科技计划（专项、基金等）加强分工与衔接，避免重复投入。

三是国家重点研发计划。针对事关国计民生的重大社会公益性研究，以及事关产业核心竞争力、整体自主创新能力和国家安全的重大科学技术问题，突破国民经济和社会发展主要领域的技术瓶颈。将科学技术部管理的国家重点基础研究发展计划、国家高技术研究发展计划、国家科技支撑计划、国际科技合作与交流专项，国家发展和改革委员会、工业和信息化部共同管理的产业技术研究与开发资金，农业部、卫生和计划生育委员会等13个部门管理的公益性行业科研专项等，整合形成一个国家重点研发计划。

四是技术创新引导专项（基金）。按照企业技术创新活动不同阶段的需求，对国家发展和改革委员会、财政部管理的新兴产业创投基金，科学技术部管理的政策引导类计划、科技成果转化引导基金，财政部、科学技术部等四部委共同管理的中小企业发展专项资金中支持科技创新的部分，以及其他引导支持企业技术创新的专项资金（基金）进行分类整合。

五是基地和人才专项。对科学技术部管理的国家（重点）实验室、国家工程技术研究中心、国家科技基础条件平台中心、创新人才推进计划，国家发展和改革委员会管理的国家工程实验室、国家工程研究中心、国家认定企业技术中心等合理归并，进一步优化布局，按功能定位分类整合，加强相关人才计划的顶层设计和相互衔接。在此基础上调整相关财政专项资金。基地和人才是科研活动的重要保障，相关专项要支持科研基地建设和创新人才、优秀团队的科研活动，促进科技资源开放共享。

整合形成的新五类科技计划（专项、基金等）既有各自的支持重点和各具特色的管理方式，又彼此互为补充，通过统一的国家科技管理平台，建立跨计划协调机制和评估监管机制，确保五类科技计划（专项、基金等）形成整体，从而能够聚焦重点，并避免交叉重复。

资料来源：国家科技管理信息系统公共服务平台.十三五科技计划体系说明[EB/OL]. https://service.most.gov.cn/index/xwljh.html，2015-07-29，有改动。

1.3 中国科技创新理论探索的必要性和紧迫性

1.3.1 国家"大战略"需要"大创新"

国家的大战略是一个国家在和平时期对其国力提升的一种通盘性布局，主要考虑国家经济发展、社会安定、国家安全、资源开发和国际影响力等诸多因素（胡鞍钢，2016）。在经济危机发生之后，西方诸多国家的经济发展减缓、技术变革加快，这对后发国家来说，迎来了追赶和超越的珍贵机会窗口。中国要从原来的追随者角色转变为引领者角色，就需要创新出一套独辟蹊径、富有中国特色的发展方式，从而摆脱技术引进的陷阱。

对于中国而言，大部分产业和企业属于后发群体，正逐渐从追赶，向超越追赶，甚至创新前沿演进。国际形势变化、技术范式更替、技术创新驱动等原因使得技术、需求、制度多层次情境因素为后发国家、产业和企业的超越追赶带来机会和希望。此时，国家需要为在处于机会窗口的产业和企业提供举国体制的制度保障。中国提出了诸多重大的国家发展计划，如"一带一路"倡议、建设科技创新强国、粤港澳大湾区发展、雄安新区发展等。这些计划具有如下特点：①大手段——包括政治、经济、文化等，同时兼顾了直接和间接手段；②大目标——目标范围往往具有交叉性、整体性和长远性，包括国家或地区某一横向或纵向范畴中的所有组织；③大协调——往往牵连着诸多利益相关者、利益目标、实现路径等，需要对这些计划之下的各种子类目标体系、战略手段体系、相关参与主体进行平衡和协调，尽力保障局部利益，绝对保障整体利益。要实现这些计划的目标，就必须相应地配合大创新。传统的创新理论和范式，侧重从具体的行为、方法、环节、主体或问题入手理解创新过程、制定创新策略，或从局部切入，如用户创新、设计驱动型创新；或强调横向的知识、资源等要素的整合，如协同创新；要么忽视了多元异质性主体的有效协同和对核心技术的把控，如开放式创新；或过于强调文化或社会因素而走向另一个极端，如社会创新和朴素式创新。换言之，现有的主流创新理论大都无法摆脱局部思维模式，虽然能够提升企业某方面的能力，但是缺少从国家发展层面对创新进行整合性思考。在新竞争环境下，面对更加模糊不定、复杂多变的竞争形势，国家、产业、企业亟须采用新的创新战略和创新模式，关注大创新来实现国家的大计划。具有整合思维的整合式创新（holistic innovation，HI），正是重视战略目标、解决复杂问题、关注局部与整体利益平衡的创新理论。

整合式创新是一种总体创新、大创新的创新思维范式，其精髓在于整体观、系统观和着眼于重大创新，突破了传统创新理论的原子论思维范式，通过战略引领和战略设计，将创新各要素有机整合，为企业和国家实现重大领域、重大技术的突破和创新提供理论支撑。

专栏 1-1-3　　　　　　**迎接融合科学与科学数据，开放共享新时代**

2020 年《中国科学院院刊》第一期重点关注"融合科学"（convergence science）议题，这是在基础和应用研究领域中整合思维的一种应用，是战略、开放、协同、全面在科学研究领域中的体现。

20 世纪 70 年代末，随着全国科学大会召开，"科学的春天"到来了。"日出江花红胜火，春来江水绿如蓝"，改革开放以来，我国科技现代化快速发展，科技能力和国际影响力大幅提升。在依据顶级期刊发表论文数据的"自然指数"（nature index，NI）排名中，2019 年我国位列全球第二。然而，随着我国经济迅猛发展，资源与生态环境等瓶颈制约日益凸显。同时，由于我国快速崛起对国际格局的巨大影响，以中美经贸摩擦为标志，我国众多领域关键核心技术受制于人的矛盾日益突出。科技如何解决这些难题，以回应经济社会发展迫切需要、维护国家长远战略利益，是我国科技界面对的共同挑战。

"融合科学"作为一种基于多学科交叉来解决重大经济社会问题的新型科研范式，为我国解决上述突出问题提供了新的机遇。这种新范式缘起于 20 世纪中叶以来兴起的各类学科交叉研究和使命导向的研究。由于人类面临能源短缺、环境污染、癌症高发等诸多对可持续发展造成威胁的重大挑战，这种新科研范式自 21 世纪初期起在国际上引发高度重视。若仅依靠现有以学科分割为基本架构的传统科学范式，上述重大挑战的有效解决面临很大困难，亟待通过科研范式和科研管理模式的变革来形成解决方案。在这样的背景下，"融合科学"首先在生命科学研究领域兴起，并逐渐在能源、环境、信息、安全等诸多领域中得到应用。

同时，近年来国际上有关科学数据开放共享的理念和实践不断深入，并被认为是决定未来 10 年全球科研发展的三大因素之一。这股有关科学数据"开放共享"的动向并不局限于由来已久的"大科学"数据（如生态观测数据、大型仪器数据等）的开放共享，而是更加强调科研人员在个性化的研究过程中设计、收集、加工而产生的数据（可称为"小科学"数据）的开放共享。许多国家已积极布局和推动"小科学"数据的开放共享,力图抢占科研数据开放共享的制高点。

事实上,当前国际上有关"融合科学"和科学数据开放共享的两大趋势之间存在内在关联。一方面,"融合科学"新范式将带来一场科研生态的根本性变革,需要从规划、组织、评价、人事等多个方面推动,其中一个最基础的方面是数据开放共享。另一方面,随着政府和社会公众对于科研影响的问责,推动科学数据开放共享的相关政策和举措都不能忽视对数据开放后实际效用的关注。正如美国国家研究理事会指出的,"融合科学"的发展将为科学研究和人类未来带来全新图景。推动科学数据开放共享与"融合科学"新范式对基础数据的新要求交相辉映。

这种内在关联性在科研一线得到了充分体现,其中最典型的是生命科学、医学、信息技术、纳米科学、统计学、社会学等多学科之间的交叉融合,数据开放共享为其提供了有力支撑。这种新的科研范式催生了新型研究组织、科研资助模式,以及新的科学数据开放和共享的方式、新的产学研合作机制、新的人才培养方式,使得科学研究呈现出一派欣欣向荣的景象。

近年来,中国科学院、科学技术部、国家自然科学基金委员会、教育部等主要科学技术部门在科研管理的理念和实践方面已朝着符合"融合科学"和科学数据开放共享方向进行了有益探索并各具特色。例如,2014年7月,中国科学院宣布启动实施《中国科学院"率先行动"计划暨全面深化改革纲要》,在院所两级法人管理体制的基础上构建"四类机构"——卓越创新中心、创新研究院、大科学研究中心和特色研究所;继而通过重大任务牵引,破除研究所的法人壁障,汇聚多学科研究所优势力量共同攻关。"十三五"以来,中国科学院立足于多学科综合优势,提出了"8+2"创新领域的战略部署,并于2017年从融合视角开展了对生命科学和能源两大创新领域的试点评估。2018年以来,国家自然科学基金委员会启动了"新时期资助导向"改革,基于"鼓励探索、突出原创;聚焦前沿、独辟蹊径;需求牵引、突破瓶颈;共性导向、交叉融通"四类科学问题属性进行分类评审和资助,探索"交叉融通"(融合科学)的资助方法。

党的十九届四中全会强调要构建社会主义市场经济条件下关键核心技术攻关新型举国体制。什么是新时代的"新型举国体制"?事实上,"融合科学"和科学数据开放共享可以看成新型科研组织体制在国际上的重要探索。我国"新型举国体制"建设需要充分吸纳这些好的经验。总体上看,这两个方面目前在国际上都还处于初步兴起阶段。应该说,"融合科学"及开放数据的兴起是我国科技发展史上继40年前"科学的春天"之后又一个宝贵的发展机遇。对此,应在弥补传统学科发展"短板"的基础上，发挥我国优势，打破学科壁垒和各部门利益分割，完善跨学科、跨部门和跨行业的数据开放共享与协调合作机制，为解决国家经济社会重大问题及关键核心技术攻关搭建好数据基础和合作网络，同时积极借鉴国际经验，探索走出一条中国道路来。

资料来源：参见 2020 年《中国科学院院刊》第一期，特约评论员文章《迎接融合科学与科学数据，开放共享新时代》。

1.3.2 国家重大工程发展需要中国智慧引领

国家重大工程已经成为国家发展的强大推动力与国家间竞争的核心竞争力。无论是国之重器还是重大工程建设，中国在国家政策支出、科技人才、前期丰厚的研究成果的基础上，已经在许多方面走在世界前列。国家重大工程需要动员全社会资源来组织战略性的工程实施。重大工程的成功实施，对社会、政治、经济等多方面产生巨大效应，乃至对于国家竞争力、国际关系格局都极有可能带来深刻的影响。中国是目前世界上重大工程建设总数和单体工程规模首屈一指的重大工程建设大国，中国具备了重大工程的一流实践。然而，管理学的诸多研究成果都起源于西方，学术体系和话语体系，乃至其中所蕴含的文化内涵，都无法完全解释和指导中国的重大工程建设。

在中国，国之重器（两弹一星、航空母舰、神舟飞船、C919 大飞机、北斗卫星导航系统、"蛟龙号"载人深潜器等）、重大工程（三峡工程、南水北调、西气东输、高速铁路、港珠澳大桥、青藏铁路、华龙一号、人工合成牛胰岛素、青蒿素等）、大科学装置[正负电子对撞机、500 米口径球面射电望远镜（five-hundred-meter aperture spherical radio telescope，FAST）、散裂中子源、"墨子号"量子科学实验卫星、大洋一号等]、高技术领域（人工智能、大数据、云计算、5G、物联网、芯片、新能源、新材料等）等，这些重大工程的建设，使得国家的基础设施空间得到了有效扩展，形成了安全高效、互联互通的中国基础设施建设网络，为整个社会的完善和安全运行提供了重要的物质基础，同时也促进了经济社会的快速发展。这些重大工程是创新驱动发展战略的重要载体。在重大工程建设的阶段当中，必须坚定不移地坚持创新协调、绿色开放共享的发展理念，坚持以人民为中心的思想，这是中国历史传承和社会特点所赋予国家重大工程项目的历史使命。对应地，中国特色的重大工程管理问题也需要有一流的创新理论和学术成果来予以解释，亟待具有中国特色和智慧的理论来作为参考和指导。

专栏 1-1-4　　　　　　　**国之重器与重大工程中的管理学问题**

2019 年 4 月，《管理世界》开启"管理科学与工程"栏目，重点关注国之重器、重大工程、大科学装置、高技术领域等。在当年当月期刊中，刊发 5 篇文章作为"管理科学与工程"栏目的开篇之作。这是南京大学盛昭瀚教授牵头承担完成的国家自然科学基金重大项目"我国重大基础设施工程管理的理论、方法与应用创新研究"的主要成果。这项研究标志着我国工程管理学界在学术研究基本模式和路径上从"跟着讲"到"接着讲"的转变、从以"学徒状态"为主到"自主创新"为主的转变，并以具有我国特色和原创性的学科体系、学术体系、话语体系进行理论思考和学术创新，提高了国家重大工程管理研究的国际话语权。

这 5 篇文章分别论述了构建具有中国特色社会主义的重大工程管理基础理论体系；提出了发挥制度优势，集中力量办大事是我国重大工程组织模式的动力机理，以及在"政府-市场"二元作用下我国重大工程组织模式的适应性演变规律；重大工程技术创新目标的层次性与创新生态系统复杂度之间耦合原理；基于法律制衡的重大工程决策治理原则与治理体系构建；重大工程工厂化建造管理模式与供应链优化等一系列主要源于我国重大工程管理实践的原创性知识变革与新的话语体系。上述理论与方法创新成果在我国港珠澳大桥等重大工程中得到系统、深入的应用，既是我国重大工程理论与实践的完美结合，也是我国重大工程管理学术界与工程界密切协同促进重大工程管理科技进步的成功范例。

资料来源：盛昭瀚, 薛小龙, 安实. 构建中国特色重大工程管理理论体系与话语体系[J]. 管理世界（月刊），2019, 35（4）: 2-16, 51, 195.

重大工程管理基础理论研究已经成为当今国际工程管理界公认的一个原创性、前沿性学术问题。近年来，我国学者积极参与了这一具有重大学术价值的理论问题的自主性和原创性研究，体现了我国工程管理学界在学术研究道路上从"照着讲"到"接着讲"的重要转变。我国学者提炼出的核心概念、基本原理、基础性科学问题及新的方法体系构成了理论体系完整的学理链，率先在国际工程管理界提出了关于重大工程管理基础理论体系与话语体系的学术创新。

资料来源：乐云, 李永奎, 胡毅, 等. "政府-市场"二元作用下我国重大工程组织模式及基本演进规律[J]. 管理世界（月刊），2019, 35（4）: 17-27.

重大工程组织模式具有鲜明的国情、制度和文化情境特征。过去 40 年，我国重大工程的伟大成就得益于重大工程组织模式的科学设计，其中的核心思想如下：充分发挥、充分释放我国社会主义的制度优势，整合综合资源，集中力量办大事。

围绕这一核心思想，本文从"政府-市场"二元作用的制度情境出发：①剖析了我国重大工程组织模式的内涵，提出了相应理论分析框架；②回顾了我国重大工程组织模式的长周期制度变迁、二元作用机制及演进过程；③分析了我国重大工程组织模式的形成机制、组织配置和全生命周期过程演化；④提出了面向新情境的我国重大工程组织模式创新的4个发展建议。

资料来源：李迁，朱永灵，刘慧敏，等. 港珠澳大桥决策治理体系：原理与实务[J]. 管理世界（月刊），2019，35（4）：52-60，159.

重大工程决策具有高度的不确定性、情景复杂性和长寿命周期持续影响的特性，如何来形成一个"好的"决策方案不仅需要一个科学评价体系，还需要一套有效的实现手段。本文分析了重大工程决策治理的基本内涵，以港珠澳大桥为案例研究对象，研究了港珠澳大桥在"一国两制"的政治背景下工程决策复杂性和决策治理基本原则，基于对决策问题的系统分解与重构形成港珠澳大桥决策治理的"适用属地法律"的行动准则，建立了"三级架构、二级协调"的多级决策治理结构和权力配置方案，形成了多主体"友好协商"的治理行动过程。在此基础上，本文从行动准则、组织程序和联合行动机制3个方面构建了重大工程决策治理体系，以此来提升决策治理能力。本文研究成果丰富，发展了传统的决策理论，提升了重大工程决策治理能力的现代化水平，为"粤港澳大湾区"等的重大工程建设决策提供参考。

资料来源：曾赛星，陈宏权，金治州，等. 重大工程创新生态系统演化及创新力提升[J]. 管理世界（月刊），2019，35（4）：28-38.

不同于一般工程创新和企业创新，重大工程技术创新以需求为导向，是基于"目标锁定"的技术创新活动。重大工程创新生态系统的完备构建与有效运转对于重大工程的顺利实施和创新主体的价值共创具有重要意义。本文解构重大工程创新生态系统的创新主体构成，揭示重大工程创新生态系统的动态演化规律（主要表现为多主体共生竞合、多阶段交互演化、跨项目动态迁移），探讨创新场对于创新力提升的影响机理。基于港珠澳大桥工程案例，分析其创新生态系统的要素构成和动态演化，发现对于创新生态位专一和创新生态势较低的创新主体，创新生态网络对于其竞争力提升的效应更加明显。最后讨论了研究贡献和实践启示，以期为重大工程创新力提升提供理论依据。

资料来源：祁超，卢辉，王红卫，等. 重大工程工厂化建造管理创新：集成化管理和供应商培育[J]. 管理世界（月刊），2019，35（4）：39-51.

本文剖析了重大工程工厂化建造管理面临的关键问题，提炼出重大工程工厂化建造的管理创新——集成化管理模式和供应商培育，并通过港珠澳大桥工程案例进行了论证，旨在为我国重大工程建设管理提供启示。研究内容和结论包括：①针对重大工程工厂化建造协同困难的问题，提出从组织集成、过程集成及信息集成3个层面开展集成化管理，并进一步深化为总承包模式下工厂化建造的组织集成、装配施工驱动的集成计划制订与生产施工过程控制以及面向多主体协同的多源信息集成。②针对重大工程制造供应商生产能力和质量水平达不到工程要求而导致参与意愿不高的问题，分析了重大工程制造供应商培育的特点，并提出了相应的概念模型和管理启示。③以港珠澳大桥工程中的岛隧工程和钢箱梁的工厂化建造为例，总结和讨论了重大工程工厂化建造的实施途径及其效果，论证了本文提出的管理创新。

资料来源：参见《管理世界》2019年栏目设置及关注重点、2019年第四期"管理科学与工程"专栏。

1.3.3 颠覆性技术突破需要创新理论新发展

当今世界正处于新一轮科技革命和产业变革孕育期，颠覆性技术不断涌现，新的产业组织形态和商业模式不断形成，为人类社会提供了跨越式发展的新动能，更为后发国家加快技术追赶、实现创新引领发展提供了新机遇。关于新兴颠覆性技术有两个代表性的组合词汇——"NBIC会聚技术"和"ABCD互联网新兴技术"。

"NBIC会聚技术"是指迅速发展的四大科技领域的协同与融合，即纳米科技（nanotechnology）、生物技术（biotechnology）、信息技术（information technology）、认知科学（cognitive science），最早由美国国家科学基金会和美国商务部牵头资助的50多名顶尖科学家共同开展的前沿科学研讨计划提出，他们认为"NBIC会聚技术"将成为21世纪最具代表性的前沿科技，这四大科技领域的每一项重大突破都会为人类社会和经济发展带来巨大的变革，其中任意两项技术实现交叉、会聚、融合或集成，都将产生深远影响。

"ABCD互联网新兴技术"则是指伴随着5G通信技术等的重大突破，广受关注的互联网新兴技术，包括人工智能（artificial intelligence）、区块链（blockchain）、云计算（cloud computing）和数据科学（data science）。"ABCD互联网新兴技术"的发展同样正在引发实质性的社会变革，包括美国、德国、日本、英国、法国、中国在内的全球主要国家纷纷出台了相关国家战略与科技政策。继"互联网+"和智能制造成为国家级战略之后，2019 年《政府工作报告》首次正式提出"智能+"，将人工智能驱动型经济上升至国家发展战略层面，凸显了新兴技术对国家、产业和企业发展的重要意义。

以"NBIC 会聚技术"和"ABCD 互联网新兴技术"为代表的颠覆性技术，驱动着全球范围内的新一轮产业变革，使企业所处的国内外竞争环境和企业间竞争模式呈现出如下新的特征：

第一，模糊性，集中表现为企业边界和产业边界的模糊化。传统的企业战略理论，如企业竞争优势理论、五力模型等，都建立在产业边界清晰、行业格局稳定的假设基础上，企业进入一个明确的细分市场并掌握相应的核心技术或资源，即可获得规模经济和垄断竞争的红利。但随着新兴颠覆性技术的涌现和基于互联网的商业模式变革，企业和产业边界越来越模糊，新产业、新模式、新业态不断涌现，行业格局被互联网深度重构，跨界、颠覆日益成为普遍现象。企业不但要和同行业内的显性竞争对手直接竞争，还要时刻准备迎接来自跨界竞争对手的潜在挑战。高度不确定性的竞争环境和产业边界的模糊化，倒逼企业重新思考自身发展与产业竞争格局变迁的关系。

第二，非线性，集中体现为技术的非线性发展，以及知识生产和传播的非线性特征。以往针对技术发展的讨论和研究，多聚焦于渐进性创新及由此带来的线性增长趋势。无论企业管理者还是政策制定者，对技术、市场、行业发展的预测和相关政策的制定大都建立在线性思维的基础上。然而，大数据、人工智能等新一代颠覆性技术的发展呈现出典型的非线性特征，催生了如众包、维基经济学、平台战略、网络效应等非线性的知识创造和传播模式，并带来了许多生物学意义上的"涌现"现象，对现有的认知模式和组织模式产生了较大冲击。技术发展的非线性和知识生产与传播的非线性，使得企业技术创新管理和竞争优势培育不再遵循千篇一律的定式，而是越来越个性化、差异化、多元化。这不但给传统的企业管理带来了新挑战，也为新兴企业和后发经济体提供了差异化突破和非对称性赶超的机遇。

第三，指数性，集中体现为技术成熟与扩散速度、用户和行业增长速度的指数性特征。以大数据、3D 打印、人工智能为代表的颠覆性技术的不断涌现和加速应用，不但有效破解了企业内部管理面临的"信息孤岛"难题，也极大地提高了企业间信息传播的速度和效率，大大加快了企业技术创新的速度，使企业间合作开展技术创新的成效大幅提升，管理和沟通成本明显降低。其结果之一是技术成熟和扩散的速度日益呈现指数性特征，新技术、新产品的用户获取成本显著降低、用户积累速度爆炸性增长。例如，云计算的指数性发展和应用，带来了云服务使用成本的指数性下降，随之而来的是云服务行业用户数量和销售规模的指数性增长。今日头条、科大讯飞股份有限公司、北京旷视科技有限公司等一大批新创企业借助云计算、大数据和人工智能技术快速崛起,并跨界冲击着汽车、金融、装备制造等传统行业的在位企业。人工智能和通信技术的融合发展,也正在带动智能制造、智能客服、智能家居行业的指数性发展(周济,2019)。面对技术和行业的指数性发展趋势,无论是初创企业,还是成熟企业,都需要打破原有的稳态竞争思维,实施动态性、指数性的创新与竞合策略。

第四,生态性,集中体现为生态型组织和竞争模式的涌现。生态型组织是相对于传统的科层制组织而言的,生态型组织拥抱变化、重视共生而非竞争,强调组织扁平化、管理民主化、员工创客化。如今组织和产业边界日益模糊化,互联网新兴技术使得在线共创和产业链价值链高效联动成为现实。创新过程和利润分配模式出现结构性变化,企业竞争焦点也从单一技术、产品或市场,转向基于创新生态系统的整合竞争(陈劲和尹西明,2019b;陈春花,2016)。同时,开放式创新、众包、知识付费等新商业模式推动零工经济快速发展,冲击着现有的技术创新与获利模式,也改变着传统的封闭式创新模式与零和竞争思维。生态型组织不但是有效的企业组织管理模式,也是极具竞争力的商业模式。2018年全球市值排名前十的企业有八家是基于互联网的生态型企业,阿里巴巴、华为、腾讯等中国领军企业也属于典型的生态型企业,以海尔集团为代表的传统企业也借助互联网实现了从传统制造业企业向生态型企业的战略转型,保持和巩固了自身竞争优势。概言之,越来越多的企业正在成为生态型企业,或者与现有的生态型企业合作,加快技术创新、价值共创和利益共享的步伐。

技术创新管理视域下,颠覆性创新意指后发国家或后发企业从低端市场或低端技术切入,沿着价值链逐渐攀升,最终比肩甚至超越原有竞争对手的过程。这一概念由哈佛大学教授克里斯滕森(Christensen et al.,2015)提出。习近平总书记在党的十九大报告中也强调,突出关键共性技术、前沿引领技术、现代工程技术、颠覆性技术创新,为建设科技强国、质量强国、航天强国、网络强国、交通强国、数字中国、智慧社会提供有力支撑(习近平,2017)。作为一个后发经济体,中国的多数企业在发展初期缺少技术积累,与发达国家企业存在显著的技术差距。因此,技术引进、消化吸收和模仿式创新是多数中国企业早期满足市场需求、实现自身发展的技术发展路径。但是,这一路径很容易使企业陷入"引进→落后→再引进→再落后"的追赶陷阱,虽然也有不少企业依靠二次创新克服了简单模仿的弊端(吴晓波和张好雨,2018)。但总体来看,中国企业依然尚未有效解决核心技术缺失的难题,在全球价值链(global value chains,GVC)中仍位于中低端环节,在国际生产分工格局中处于从属地位,关键核心技术"卡脖子"问题十分突出。中国共产党第十九次全国代表大会报告正式提出,"中国特色社会主义进入新时代""我国经济已由高速增长阶段转向高质量发展阶段",并明确指出"创新是引领发展的第一动力,是建设现代化经济体系的战略支撑"(习近平,2017)。企业是国家创新体系建设和科技强国建设的核心主体,而颠覆性技术创新是中国实现关键核心技术自主可控的突破口,因此只有推动企业加快实现颠覆性技术突破,才能切实提高中国关键核心技术创新能力、建设科技创新强国。

在新一轮科技革命背景下,由以人工智能、物联网、大数据为代表的新一代颠覆性技术所驱动的产业革命,使企业面临的国内外竞争环境呈现出模糊性、非线性、指数性、生态性的新发展态势,挑战着传统的以线性、静态性和局部性思维为主导的创新理论与范式(陈春花,2016)。企业亟须突破传统的线性增长思维和单一发展模式,从封闭自主创新转向基于自主的开放整合创新,应用整体性、全局性、非线性思维,调整自身使命、愿景和战略定位,加快实现颠覆性技术突破,提高持续创新能力和全球竞争力,这不但是培育世界一流企业要解决的首要问题,更是建设面向未来的科技创新强国和实现中国经济高质量发展的重要命题。

参 考 文 献

陈春花. 2016. 共享时代的到来需要管理新范式[J]. 管理学报,13(2):157-164.
陈春花. 2019. 数字化时代的生存之道——共生与协同[J]. 张江科技评论,(6):53-55.
陈劲. 2017. 企业创新生态系统论[M]. 北京:科学出版社.
陈劲. 2019. 重视创新引领的核心技术突破[J]. 清华管理评论,(6):1.
陈劲,黄海霞. 2018. 建设科技创新强国理论与实践探索[J]. 中国科技论坛,(1):7-15.
陈劲,尹西明. 2019a-04-01. 国家创新系统演化与中国探索[N]. 经济参考报.
陈劲,尹西明. 2019b. 从自主创新走向整合创新[J]. 企业管理,(1):16-18.
陈劲,尹西明,赵闯,等. 2018. 乡村创新系统的兴起[J]. 科学与管理,38(1):1-8.
陈劲,张学文. 2010. 创新型国家建设——理论读本与实践发展[M]. 北京:科学出版社.
陈劲,张学文. 2018. 中国创新驱动发展与科技体制改革(2012-2017)[J]. 科学学研究,36(12):2116-2121.
樊春良. 2018. 建立全球领先的科学技术创新体系——美国成为世界科技强国之路[J]. 中国科学院院刊,33(5):509-519.
方在庆. 2018. 持续不间断地推进科研体制创新——德国成为世界科技强国之路[J]. 中国科学

院院刊，33（5）：502-508.

国家统计局. 2019-02-28. 2018 年国民经济和社会发展统计公报[EB/OL]. http://www.stats.gov.cn/tjsj/zxfb/201902/t20190228_1651265.html.

胡鞍钢. 2016. 党中央大战略大布局："三个全面"与"三个中国"[C]//胡鞍钢. 国情报告第十七卷·2014 年. 北京：党建读物出版社：232-235.

胡智慧，王溯. 2018. "科技立国"战略与"诺贝尔奖计划"——日本建设世界科技强国之路[J]. 中国科学院院刊，33（5）：520-526.

刘云，陶斯宇. 2018. 基础科学优势为创新发展注入新动力——英国成为世界科技强国之路[J]. 中国科学院院刊，33（5）：484-492.

吴晓波，张好雨. 2018. 从二次创新到超越追赶：中国高技术企业创新能力的跃迁[J]. 社会科学战线，（10）：85-90.

习近平. 2016. 为建设世界科技强国而奋斗——在全国科技创新大会、两院院士大会、中国科协第九次全国代表大会上的讲话[J]. 科协论坛，（6）：4-9.

习近平. 2017-10-28. 决胜全面建成小康社会 夺取新时代中国特色社会主义伟大胜利——在中国共产党第十九次全国代表大会上的报告[M]. 北京：人民出版社.

习近平. 2018-05-28. 瞄准世界科技前沿引领科技发展方向 抢占先机迎难而上建设世界科技强国：在中国科学院第十九次院士大会、中国工程院第十四次院士大会上的讲话[EB/OL]. http://www.xinhuanet.com/politics/leaders/2018-05/28/c_1122901308.htm.

《新形势下转变与拓展中心城市科技工作职能的方略研究》课题组. 2000. 建设能力科委 完善中心城市科技创新系统[J]. 科技进步与对策，17（7）：34-35.

徐冠华. 2019. 中国科技发展的回顾和几点建议[J]. 中国科学院院刊，34（10）：1096-1103.

周济. 2019. 智能制造是"中国制造 2025"主攻方向[J]. 企业观察家，（11）：54-55.

Adner R. 2012. The Wide Lens：A New Strategy for Innovation[M]. New York：Penguin UK.

Christensen C M, Raynor M E, McDonald R. 2015. What is disruptive innovation[J]. Harvard Business Review，93（12）：44-53.

Cooke P，Uranga M G，Etxebarria G. 1997. Regional innovation systems：institutional and organisational dimensions[J]. Research Policy，26（4/5）：475-491.

Department for Business，Innovation & Skills（BIS）. 2013-01-24. Eight great technologies[EB/OL]. https://www.gov.uk/government/speeches/eight-great-technologies.

Etzkowitz H，Leydesdorff L. 2000. The dynamics of innovation：from national systems and "mode 2" to a triple helix of university–industry–government relations[J]. Research Policy，29（2）：109-123.

Freeman C. 1987. Technology Policy and Economic Performance：Lesson from Japan[M]. London：Pinter Publishers.

Lundvall B Å. 1999. National business systems and national systems of innovation[J]. International Studies of Management & Organization, 29（2）：60-77.

Malerba F, Mani S. 2009. Sectoral Systems of Innovation and Production in Developing Countries: Actors, Structure and Evolution[M]. London: Edward Elgar Publishing.

Nelson R R. 1993. National Innovation Systems: A Comparative Analysis[M]. Oxford: Oxford University Press.

第二篇 新型创新理论探讨

在理论开发篇，第2章从东西方经典创新范式和创新理论出发，将东西方创新理论进行对比，形成具有中国特色社会主义的新兴创新范式——整合式创新。随后，第3章从整合式创新的提出背景出发，初步提出对整合式创新理论的解释，与其他理论形成共演，并在组织管理二元逻辑的基础上，提出整合式创新的"三角思维"。第4章对整合式创新进行内涵解析、关键特征分析和实现路径探讨。第5章是从中国创新实践的角度探讨整合式创新的方法论，提炼出整合式创新实践过程中的复杂系统科学方法、东方智慧、举国体制、和平发展、以人民为中心和可持续发展等要素。

第 2 章 东西相逢——经典与新兴创新理论的对话

各美其美，美人之美，美美与共，天下大同。

——费孝通

（1990 年 12 月，费孝通在"人的研究在中国——个人的经历"主题演讲）

创新是驱动人类文明和经济社会可持续发展的主要动力（陈劲，2015）。近年来，随着全球化程度的不断提升，全球发展使人类面临重大挑战（Kuhlmann and Rip，2014），变革性技术创新与社会发展（Schot and Steinmueller，2018）、联合国《2030 年可持续发展议程》等议题引发了大家对创新与发展范式的思考。旧有的以工业革命和信息化技术为代表的西方科技创新范式单纯聚焦于技术与经济，在应对全球变革过程时显现出局限性。技术创新范式开始延伸至更广泛的科学研究、技术创新与社会发展之间的对话（Stilgoe et al.，2013），并在实现科技进步和经济增长之外，进一步满足道德伦理和社会满意的发展目标（梅亮和陈劲，2015），实现可持续的转型（梅亮等，2015）。

创新无疑已成为当今世界经济与社会发展的一个重要主题。各发达经济体都意识到，只有创新才能不断刺激新的经济增长点。发展中国家也都在通过创新推动产业结构不断升级、提高国家竞争力。中国作为新兴经济体的代表，国家能力不断发展，以东方文明为基础的国家治理思维从"面向和依靠""稳住一头，开放一片""科教兴国""国家创新系统"（方新和柳卸林，2004）演变到"科技创新强国"（陈劲，2015），正在逐步实现"进入创新型国家行列（2020 年）→跻身创新型国家前列（2030 年）→建成世界科技创新强国，成为世界主要科学中心和创新高地（2050 年）"的发展目标。为了更好地理解、剖析中国特色并建立其独有的创新理论，需要对比国内外已经提出的经典创新范式和理论，从而更加深入地理解中国所特有的创新因素和相应的创新理论。

2.1 创新范式的理论发展演进

"范式"这一概念由美国著名科学哲学家库恩（2012）提出。在 The Structure of Scientific Theories（Achinstein，1977）一文中，把范式分为综合的和局部的两种类型："综合的范式"表示一个特定的科学共同体（scientific community）所共有的全部承诺；"局部的范式"是前者的一个重要子集，是其中特别重要、最为基础的承诺。它能够促使科学共同体之内的成员采用共同的信念、视角、观点和方法，形成符合其范式的理论体系，协调其行为方式。在科学发展的不同阶段中，范式所具备的功能有所不同，尤其是在范式转换的阶段中突出了科学发展阶段中的革命性特征。库恩提出科学范式明显具有两个方面的特征：技术和社会文化。技术主要表现为该科学发展阶段中的示范技术和范例，而社会文化则表现为在科学共同体中的成员所共享的此时科学发展阶段所适应的信仰和价值观。在后库恩时代，为了进一步阐明范式和其具象化的表现形式，库恩提出了"学科基质"（disciplinary matrix）的概念，它是在科学共同体的成员中所需要共同掌握的并且不断发展延伸的基础，包括概括（公式表达）、模型（基本假设和推理）、范例（具体的算例和题解），它使原先范式概念的模糊性得到改善。这也为科学共同体中的成员提供了对话和交流的机会、方式。

同样地，创新研究也具有其主流的范式，它们指引着创新研究的主要内容和发展方向。同时，范式是形成理论的基础。自熊彼特提出创新的概念以来，创新就成为学术界和实践界关注的热点课题，特别是随着信息技术的迅猛发展，创新更是成为企业发展、国家获取竞争优势的关键。至今已经出现了熊彼特和后熊彼特创新范式来引领创新发展。

2.1.1 熊彼特创新范式

熊彼特将技术创新定义为"生产要素的重新组合"，包含 5 种类型形成创新成果的典型方式：①引进新的产品，重新发明或改进，形成消费者不熟悉或完全不可知的新产品；②开辟新市场，也就是创造或发现以往并没有进入的消费人群、某一个地理领域中；③找到原料的新来源，包括选择新的供应商、获得新的原材料或半制成品，从而推动整个产品产业链上的创新；④发明新生产工艺流程，也就是使用原本生产线中未使用过的制造方法或处理手段，使得成本下降、效率提升或形成全新的产品功能；⑤采用新的企业组织形式，包括组织内部管理形式、行业占领形式、价值链组织形式等。

熊彼特被誉为"创新理论"的鼻祖。1912年，熊彼特的《经济发展理论》一书出版，最先提出了创新的概念及其在国家经济发展中的重要作用，轰动了当时的西方经济学界。1942年，《资本主义、社会主义和民主》一书出版，对创新的内涵和外延进行了进一步的阐释。不过，随着社会情境、技术情境等的变化，创新这一概念的内涵和外延被不断扩展，技术对社会的嵌入性愈发强烈，如技术创新与组织创新、渐进创新与根本创新、模仿创新与原始创新等。关于熊彼特创新理论的相关研究，其提出的创新范式主要包括以下3种类型：企业家精神与创新、技术创新和创造性破坏。

1. 企业家精神与创新

熊彼特非常重视企业家及其具备的企业家精神在资本主义经济发展中的重要作用，且其重视程度远高于物质资源、技术或产业等外部因素。在熊彼特关于企业家的定义中，把新组合的实现称为"企业"，把职能是实现新组合的人们称为"企业家"。在熊彼特关于企业家的定义当中，同时具备了广义和狭义的定义。从广义上来讲，企业家不仅包括在交换经济当中的独立生意人，同时还包括实际完成这种职能的人，如公司所雇用的经理、董事会成员等，或者是掌握了公司大部分股权的股东。由于实现了某种新组合就能够被称为企业家，那么事实上许多金融家、发起人在不同程度上仍然可以被称为我们所说的企业家。从狭义上来讲，企业家并不包括所有各个厂商的领导者或经理，他们往往只是建立起这个企业，而事实上创造新组合的人，才能被称为企业家（熊彼特，1999）。"每一个人只有当他实际上'实现新组合'时才是一个企业家；一旦当他建立起他的企业以后，也就是当他安定下来经营这个企业，就像其他的人经营他们的企业一样的时候，他就失去了这种资格。这自然是一条规则，因此，任何一个人在他的几十年的活动生涯中很少时时刻刻都是一个企业家"（熊彼特，1999）。在熊彼特的观点中，企业家是直接驱动创新的一群人、企业家精神是创新活动的真正内驱力。在《资本主义、社会主义与民主》一书中，企业家所具备的功能是"通过利用一种新发明或者更一般地利用一种未经实验的技术可能性，来生产新商品或者用新方法生产老商品；通过开辟原料供应中心来源或产品的新销路、改组工业结构等手段来改良或彻底改革生产模式"（熊彼特，1999）。

2. 技术创新

张培刚教授在对熊彼特《经济发展理论》一书的介绍和评论中写道：熊彼特非常强调生产技术的革新和生产方法的变革在资本主义经济发展过程中的至高无上的作用；把这种"创新"或生产要素的"新组合"看成资本主义的最根本的特征；因而认为没有"创新"，就没有资本主义，既没有资本主义的产生，更没有资本主义的发展（张培刚，1991）。熊彼特反复强调要区分发明与创新、发明家不同于企业家。技术创新是一种非常重要的创新范式，然而不能代表全部创新的内涵。技术组合可以成为一种新的产品、新生产工艺流程，从而引发创新。技术主要是依靠生产方法论和物质基本规律进行探索与发现，从而找到尚未得知的自然规律，形成技术创新。然而，在探索技术组合的同时，还需要重视其所对应的经济组合，技术必须服从经济上的恰当性，技术方法必须考虑经济目的。

3. 创造性破坏

熊彼特在《经济发展理论》（熊彼特，1999）一书中，阐述了创新、经济增长与经济发展之间的关系，其目的在于解释经济发展。在熊彼特看来，经济增长是每一单位时间中价值的增加，包括人口增加、财富增加等；经济发展是执行了新组合之后的经济结果。他认为，之所以存在经济发展的周期，是由于创新在时间上的非连续性、蜂聚性和不规律性，甚至形成间断性的群聚（ingroups or swarms）现象。同样地，这种间断性的创新发展才带来了资本主义经济发展历史上的工业革命，也正是由于这种创造性破坏，形成了资本主义的本质性事实。

专栏 2-2-1　　　　　　　　　创新如何驱动发展？

——纪念约瑟夫·熊彼特逝世 70 周年

自 1870 年代的"边际革命"之后，经济学进入新古典经济学主导的时代，放弃了古典经济学对长期发展问题的关注，转而采用均衡方式关注静态的资源配置问题。在新古典经济学占据主流的沉闷世界中，熊彼特的创新理论犹如一记惊雷，打破了均衡世界的宁静。熊彼特主要关注经济行为、创新、经济变革之间的关系，并因其在创新研究领域的卓越贡献而被称为创新理论鼻祖。尽管熊彼特在当代社会享受尊荣，却因为学术观点与主流经济理论格格不入，在很长时间里并未受到学界应有的重视。直到 20 世纪 80 年代新熊彼特学派兴起，其理论才受到世人关注。国内学术界也是因近年强调"自主创新"，才开始广泛关注熊彼特的创新理论。

1. 熊彼特生平概述

1883年2月8日，约瑟夫·阿洛伊斯·熊彼特（Joseph Alois Schumpeter）出生于奥匈帝国摩拉维亚省的特里希（今属捷克共和国），1901~1906年进入维也纳大学学习，并在23岁获得博士学位。其代表作和成名作《经济发展理论》（德语）于1911年出版，随后他进入格拉茨大学任教，并成为该校最年轻的教授（28岁）。1919年，熊彼特担任奥地利财政部长，1921~1924年任维也纳彼德尔曼银行总裁。1925~1932年，熊彼特赴德国波恩大学担任教授，任教期间多次访问美国哈佛大学。1932年起，熊彼特正式移民美国，担任哈佛大学经济系教授，并参与经济系的学科建设，开创了哈佛经济系的辉煌。1942年，熊彼特参与组建美国经济学会，并于1948年成为会长。1950年1月8日，熊彼特在康涅狄格州塔科尼克辞世，享年67岁。熊彼特一生桃李芬芳，"为学生开启思想之门"是其座右铭，他的学生包括保罗·萨缪尔森（1970年诺贝尔经济学奖获得者）、詹姆斯·托宾（1981年诺贝尔经济学奖获得者）、约翰·加尔布雷斯、保罗·斯威齐、彼得·德鲁克、张培刚等著名学者。在熊彼特100周年诞辰之际，国际学术界以各种方式纪念这位创新理论大师，如英国《经济学人》杂志开设"熊彼特专栏"，维也纳大学设立"熊彼特讲座教授"，格拉茨大学设立"熊彼特奖学金"。1986年国际熊彼特学会成立，每两年颁发一次"熊彼特奖"，迄今已持续17届。

2. 熊彼特创新理论概述

熊彼特一生著作颇丰，仅在美国期间，就出版了英文版的《经济发展理论》（1934）、《经济周期》（1939）、《资本主义、社会主义和民主》（1942）、《经济分析史》（1954）等。其中《经济发展理论》和《资本主义、社会主义和民主》两部著作凝结了熊彼特的主要思想，即创新及经济发展的动力是真正重要的经济现象。熊彼特发现，创新在经济和社会变迁中起着重要作用。经济发展是一个质变的过程，在某个历史时期会被创新推动而产生质变（法格伯格等，2009）。熊彼特一生中目睹了铁路、汽车、电话、飞机、电力、收音机和电视等复杂性不断提高的创新，目睹了许多伟大发明家和企业家的涌现。熊彼特从中得出的结论是，创新是发展的源泉（梅特卡夫，2007）。如果特定产业的一个企业成功地引入了一项重要创新，它将享受到高额利润回报，这就向其他企业发出了信号，模仿者将蜂拥进入这个产业或部门，以期分享收益（法格伯格等，2009）。因此，通过创新的竞争是经济发展的动力。此外，熊彼特对经济周期提出独到见解。他在康德拉季耶夫经济周期的基础上，论证了长波的存在性、持续性和规律性。熊彼特对长波的解释是，不同的经济时期是以一组不同的技术及相关的产业为标志，一组新技术和产业的兴起会刺激投资，带来经济活动的扩张，从而形成一个长期的高涨阶段。熊彼特提出，每一次这样的长期高涨阶段之所以会最终消失，都是关键部门的技术进步减缓、投资机会缺乏的结果。因此，每一次高涨阶段后都会出现一个长期的比较低速的增长和衰退。不同经济时期是以出现不同群体的战略技术和产业为标志的，关键性技术必须容易获取，这样才能出现应用技术的开发浪潮。这个观点很有见地，得到许多经济学家的赞同（纳尔逊，2001）。

从经济学的源流来说，熊彼特的理论应该属于经济思想发展的主流，从亚当·斯密到马克思，再到马歇尔，都非常关心经济发展问题（纳尔逊，2001）。只不过到了熊彼特的时代，新古典学派开始占据主导地位，研究长期发展现象的理论逐渐被边缘化。正因为如此，20世纪上半叶的主要经济学家之中，几乎只有熊彼特真正把技术进步作为理论体系的核心，并且认真论述社会变革和制度变革问题。熊彼特始终强调把创新作为推动经济发展的主要源泉，用历史眼光看待创新及其扩散，提高了人们对组织创新、管理创新、社会创新和技术创新之间联系的认识。这使他像亚当·斯密和马克思等伟大经济学家一样，建立了经济发展的一般理论，并成为后续研究的基点（多西等，1992）。

3. 创新与发展：《经济发展理论》

对创新发展研究而言，无论怎样强调《经济发展理论》的重要性都不过分，因为这是研究创新发展问题的基础理论。熊彼特在《经济发展理论》日语版序言中承认：他对经济动态的理解与马克思相似，他们都是"在经济系统内部寻找力量之源，而经济系统本身会打破它可能达到的任何均衡"（赖纳特，2007）。在序言中，熊彼特陈述了他的学术思想议程，就是理解经济体系如何产生变化及变化的动力问题，这种变化纯粹是一种内生力量作用的结果。"经济系统本身具有内在的能量可以打破任何已经取得的均衡。应该有一个不依赖外界因素而引发经济变化的经济理论"（罗森伯格，2004）。

在《经济发展理论》一书中，熊彼特首先重点辨析了经济运行过程中"循环流转"与"发展"的区别。其中，循环流转是由重农主义者所发现的经济因果关系中缺失的一环。循环流转既是一个静态过程，又是一种均衡条件。静态条件排除经济周期但包括经济增长，增长源于储蓄的资本积累和人口的增加。熊彼特认为，一般均衡理论只能在变化发生以后去研究新的均衡位置，无法解释动态发展现象，静态分析不仅不能预测传统的行事方式中的非连续性变化的后果，而且不能说明这种生产性革命的出现,也不能说明伴随它们的现象(纳尔逊,2001)。因为均衡理论主要关注边缘性的调整机制,而不是针对资本主义的组织和激励机制的逻辑。因此,那种忽略了打破均衡和促进发展的力量的理论研究方式至多触及了次要现象,或只是表面现象。当然,静态竞争过程模式不是完全没有意义,它能帮助我们理解没有内力驱动的经济变化过程(罗森伯格,2004)。当创新力量没有很强大或很频繁到可以不停地将经济系统置于远离均衡状态时,一个注重探讨均衡构成的理论可能是一个强有力的分析和预测工具(纳尔逊,2001)。

与循环流转不同,熊彼特将发展定义为经济系统及其社会条件的巨大跳跃,是经济生活从内部自行发生的变化。如果没有发生这种变化,而只是经济连续不断地适应数据的变化,那么就不存在经济发展。例如,仅由人口规模的扩大产生的财富只是单纯的经济增长,而不是发展,因为这种增长本质上没有产生新现象。熊彼特所说的"发展"是指"经济生活中不是外部强加给它的而是内部自行发生的变化"。虽然总有人为或天然的力量将经济系统推向均衡,但是熊彼特认为现代资本主义最基本的特征就是经济变化。"静态的封建经济还是封建经济,但静态的资本主义经济本身就自相矛盾"。资本主义的核心不在其均衡力量,而在于系统有不可避免地背离均衡的趋势,即打破均衡的力量。这种革命动力,即资本主义不断发展的原动力就是创新。我们对经济为什么变化和如何变化的论述不能局限在新古典均衡分析的静态框架中。因为资本主义经济组织形式有内在逻辑主导其经济行为,其实质是创新产生的经济变革(罗森伯格,2004)。

熊彼特认为,创新活动才是经济变化的主要动力。创新使经济资源得到了更为有效的配置,使生产要素实现了新组合,使资源利用方式取得了进步,而不是资本和劳动力等生产要素数量的增加。发展过程包括以下 5 种情况:引进新产品或产品的新特性;采用新技术或新的生产方式;开辟新市场;开辟原材料或半成品的新供给来源;采用新的组织方式。可见,创新与发展是紧密联系的概念。经济发展的关键和根本在于能否实现创新,没有创新就根本谈不上发展。当代经济学家在构建技术创新理论时,大多会以熊彼特的上述论述为起点展开研究。实际上,在熊彼特论述的问题中只有很小一部分谈论到技术进步。但是一些经济学家在阅读熊彼特著作或者通过其他学者的著作间接了解熊彼特思想时,曲解了熊彼特的基本观点,因为其他几个方面的创新与技术创新同等重要(纳尔逊,2001)。

4. 市场结构与创新:《资本主义、社会主义和民主》

《资本主义、社会主义和民主》是熊彼特的另一部代表作,也是创新理论的重要基础之一。但是大家被《经济发展理论》一书所吸引，反而忽视了这部著作的贡献。除了少数经济思想史学者外，甚至连很多创新领域的学者也没有特别关注这部著作。虽然熊彼特在社会和政治观点上是保守的，但他主张拒绝新古典经济理论中最重要和最宝贵的原则，罗森伯格（2004）因此称熊彼特是激进分子，而《资本主义、社会主义和民主》一书正是其成熟宣言。纳尔逊（2001）认为，当代所有对资本主义发动机的研究都是依据熊彼特的《资本主义、社会主义和民主》一书。前已述及，经济学长期以来都非常关心经济发展问题，但是到了熊彼特的时代，主流经济分析的主要方向已偏离了发展与创新，而转向了能用均衡概念处理的问题，并用均衡概念分析经济活动和现象（纳尔逊，2001）。例如，产生于理想竞争状态的福利暗示反映了人们对如何分配现有资源等这些次要问题的纠缠不休。长期以来，完全竞争假设不但居于经济学家研究模型的核心，而且在过去几十年的经济管理中，特别在美国的反托拉斯法中备受推崇（罗森伯格，2004）。

熊彼特关注的更重要的问题是经济系统如何成功地促进本质方面的变化，这才是《资本主义、社会主义和民主》一书传达的主要信息。在该书中，熊彼特认为必须把由创新推动的经济发展理解成一个演化过程："从本质上来说，资本主义是一种经济变动的形式或方法，它不仅从来不是，而且永远不可能是静止不变的。资本主义过程的这种演化性质不只是因为经济生活是在变动着的社会与自然环境里进行的，并且这个环境的变化改变经济行为本身。"（熊彼特，2013）这段话不但包含对资本主义内在动态性质的认识，而且是对完全竞争这一理想假设的摒弃（罗森伯格，2004）。

熊彼特强调了不完全竞争和规模经济在创新中的优势和作用："在迥然有别于教科书的资本主义现实中，有价值的不是通过低价格实现的竞争，而是关于新商品、新技术的竞争，这种竞争和其他竞争在效率上的差别，犹如炮击和徒手攻门间的差别。"熊彼特认为，将垄断简单归结为束缚和反社会的力量是错误的，因为某种程度的垄断力量是创造性毁灭过程的一个短暂的副产品而已。他指出，20世纪的工厂规模不断增长的意义重大，一些拥有内部研究能力的大公司正成为技术进步的主要动力。"我们必须要承认大型企业已经成为经济进步最有力的发动机，特别是总产量长期扩张的巨大动力。完全竞争不但不可能，而且是二流的，不配成为理想效率的典范"（熊彼特，2013）。与之前的著作《经济发展理论》相反，这一观点成为《资本主义、社会主义和民主》一书的主题（罗森伯格，2004）。但是摒弃完全竞争假设并不等同于说垄断力量本身有利于创新，垄断只是创新过程的一个暂时阶段。如果企业暂时的创新垄断利润得不到保护，就没有动力继续创新。熊彼特认为，企业经营所处的环境条件，一方面由资本主义法律和精神加以界定，它们使企业能够拥有所有权，拥有企业创造的新技术；另一方面由公共的科学知识加以界定，知识使企业在从事产业研发活动时具有解决问题的能力。当研发活动创造出有市场前景的产品时，企业将从中获利。假若竞争对手受这种利益的诱导也进行研发，就会极大地促进企业重视研发方面的投资，致使涌现出大量的新产品和新工艺流程。剩下的问题便是让市场对不同企业的创新和企业本身做事后的选择（纳尔逊，2001）。

熊彼特提出的基于创新的市场结构和竞争概念，通常被理解为资本主义如何管理现有组织，但更重要的问题是如何创造并毁灭这些组织。创新作为破坏均衡的主要因素，推动经济走向更高收入、更高产出和更高福利的水平。只有创造性毁灭的风暴才能横扫反对变革的守旧力量，这便是创造性毁灭成为至关重要的经济力量的原因（罗森伯格，2004）。如果创新功能随着大公司的成长变得按部就班或者官僚化，企业家的作用就会消失。"因为与过去相比，现在更容易做一些熟悉的惯例之外的事情，创新本身已经被简化为惯例。技术进步正越来越变成受过专业培训的专家的工作，他们创造出所需要的一切东西，并使它按照可以预测的方法进行工作"（纳尔逊，2001）。

5. "两个熊彼特"之间的区别

从《经济发展理论》到《资本主义、社会主义和民主》，熊彼特的观点发生了重大变化，主要体现在他对创新源泉的论述上：在《经济发展理论》一书中，熊彼特关心的是企业家精神与新企业，到了《资本主义、社会主义和民主》，熊彼特认为创新出现在设有研发实验室的大型企业里，这些实验室发明出新的产品供企业采用。他认为"一个现代企业只要它力所能及，它首先要做的事就是建立一个研究部门，这个部门的所有成员都知道，他的生计取决于他设计改进办法的成功"（熊彼特，2013）。从这段话中明显看到了通用电气公司、杜邦公司等企业的影子（纳尔逊，2001）。因此有人提出了"两个熊彼特"的区别：强调企业家和小型企业作用的"青年熊彼特"，以及强调大公司优势及技术官僚主义的"老年熊彼特"（多西等，1992）。

学术界围绕这一问题做了大量实证研究，试图揭开"两个熊彼特之谜"。罗森伯格（2004）认为，这种差别在某种程度上可以用熊彼特生活在世界经济发生剧烈变化的时代来解释。因为现实的经济世界在这两本著作出版间隔期间发生了巨大变化:《经济发展理论》一书写于20世纪初期的奥匈帝国,而且处于第三次长波的下降期;而《资本主义、社会主义和民主》一书写于20世纪30年代的美国,处于第四次长波的上升期。熊彼特观点的变化反映了现实的变化(罗森伯格,2004)。考虑到这些因素,那么两本著作中关于创新源泉的观点存在差异就不足为奇了(纳尔逊,2001)。然而,熊彼特在《资本主义、社会主义和民主》一书中的观点——"设有研发实验室的大型企业是创新的主要源泉",即使在某一领域只有一家企业,这家企业可能也会感到很大的竞争压力而创新,这一观点经常被经济学家简单理解为"企业越大越有利于创新"或"垄断力量有益于创新"。随着时间的推移,经济学家不直接阅读原著,而是更多靠阅读其他学者的著作来了解熊彼特假说,这种行为导致一种现象,即经济学家不用花多大精力就可以从经济计量学的角度和理论的角度来探讨这一假设。但是有些经济学家通过论证后发现,熊彼特从来没有提过这一假说。

6. 熊彼特与马克思创新思想的关系

由冷战所产生的意识形态对立把马克思和熊彼特分别置于政治矩阵的两端。但是,按照经济理论的类型,二人都遵循德国经济学传统,都有着深厚的德国历史学派理论背景,都继承了典型的德国式的生产力推动社会变迁的观点。马克思在很大程度上借鉴了德国历史学派奠基人李斯特的思想;历史学派同样奠定了熊彼特经济学的基础。例如,熊彼特创新理论的代名词——"创造性毁灭"概念最早是由桑巴特提出的。在《经济发展理论》的日文版前言中,熊彼特明确指出马克思思想是他的思想来源,将早期的创新研究追溯到马克思,强调了他与马克思研究方法上的相似之处,指出"这些思想和目的正是马克思的学说中所蕴含的"。对技术重要性、创新和学习的强调,是德国经济学传统中一条强有力的理论主线,这些特点也把马克思和熊彼特联系在一起(赖纳特,2007)。在另一本代表作《资本主义、社会主义和民主》中,熊彼特表达了对马克思的敬意,称马克思为"先知"和"导师"。熊彼特观察到马克思在《共产党宣言》中对资本主义成就的赞扬是其他经济学文献中所没有的(罗森伯格,2004)。熊彼特和马克思一样也信奉对经济学进行历史阐释,他自己的作品大部分也与这种分析方法契合(罗森伯格,2004)。可以说,熊彼特的思想与马克思和德国历史学派一脉相承。

今天的研究者之所以不了解这些理论根源,至少有两个原因:一是由于德国历史学派被翻译的著作数量很少,该学派的传统不为德语之外的世界所熟知。二是由于各种不同的原因,熊彼特和马克思的追随者有意或无意地对两位先驱的原始思想进行了加工,两人被划分在不同的阵营,两人之间"整体上的广泛差异"在他们的现代信奉者之间继续存在,并且在不同的方向越走越远。例如,熊彼特主义说明创造性的一面,而马克思主义关注破坏性的一面;熊彼特主义者创造了发展理论,而马克思主义者则创造了欠发达理论,但两种理论体系都隐含了对方的要点(赖纳特,2007)。

7. 熊彼特对现代创新发展研究的影响与启示

熊彼特对现代经济学的贡献在于,他否定了新古典经济学的均衡假设,认为创新是经济发展的核心内容,坚信经济学的中心问题是解释随时间而发生的经济变化,长期来看最为重要的是经济发展,而不是静态的经济效率。熊彼特认为创新本质上是一个非均衡的过程,主流经济学的均衡理论和模型不能解释创新及由此引发的经济变革。正如罗森伯格(2004)所说,熊彼特对新古典经济学的冲击主要表现在他对新古典主义大本营的破坏。他的著作体现了这种非均衡经济分析的突出特点,因此成为许多创新经济学家的理论源泉,如演化理论、国家创新系统理论、技术-经济范式理论,甚至内生增长理论等,都深受熊彼特的影响。这些研究已成为很多创新政策的理论基础。虽然熊彼特在生前的影响力不如同时代的凯恩斯,但是在当代社会,熊彼特已走出凯恩斯的阴影,站在了经济学舞台的中心。

尽管熊彼特对经济学做出开创性贡献,但是翻开任何一本现代经济学课本,涉及创新的内容如此之少,好像熊彼特从来没有存在过(纳尔逊,2001)。一方面是因为主流经济学的均衡范式对熊彼特创新理论的排斥;另一方面,熊彼特的理论需进一步发展。首先,熊彼特几乎没有谈到政府对产业、技术和科学的政策,或大学、政府机构与产业研发之间的关系。同时,熊彼特几乎没有注意第三世界的边缘区域、没有真正把他的分析扩展到国际贸易或国际技术扩散情况中(多西等,1992)。其次,虽然熊彼特的理论给我们提供了一个很好的认识起点,但是这个创新概念与越来越复杂的创新现象相比有些粗略了,以至于不能对创新发动机的优缺点做出严格的检测(纳尔逊,2001)。再次,虽然熊彼特使用了演化一词,并坚信技术进步作为一个演化的过程是由竞争引发的,但是他没有继续发展这一观点,对真正发展演化理论以取代新古典经济理论没有做出更进一步的贡献。熊彼特没有分析现代技术和科学之间存在的复杂交叉关系,没有理解科学技术发展中包含着一系列丰富多样的组织制度。当然,由于时代的限制,熊彼特不可能预料到技术特性和制度环境后来发生的变化(纳尔逊,2001)。尽管存在这些局限,但熊彼特仍然是一位划时代的伟大经济学家，他的理论仍是现代创新发展理论与政策的思想源泉。

对中国学术界而言，创新驱动发展已经成为国家战略，需要一套科学的创新发展理论指导政策实践。但是当前的创新发展研究还缺乏一个完整的理论框架，创新研究和发展研究分属不同学科，来自不同领域的学者之间不能进行有效沟通，对经济系统的动力和经济发展的机制之间的关系还没有深入研究，阻碍了人们对创新发展的深入理解。例如，尽管学者们早已认识到创新政策需要综合科技政策、产业政策、财税政策、贸易政策、金融政策，但是多年以来中国的创新政策仍然是以科技政策为核心，并没有和经济政策有效融合，甚至可以说，理论界关于创新研究与发展研究的割裂程度，丝毫不亚于发展实践中的科技、经济"两张皮"。还有很多学者仅从形式上接受了创新的概念，却忽视了熊彼特的创新内涵，仍然热衷于用主流经济学的思路和均衡模型分析创新问题。因此，创新发展研究任重道远。在未来的研究中，中国学者既要超越熊彼特的时代局限，又要回归熊彼特的思想传统，将创新研究与发展研究紧密结合，如此才能深刻理解创新发展的机制，制定出合理的创新发展政策。这是理论发展的规律，也是当代学者的使命。让我们继续从熊彼特的思想中汲取营养，把创新发展研究推向无尽的前沿。

资料来源：眭纪刚. 创新发展经济学[M]. 北京：科学出版社，2019.

2.1.2 新时代创新范式

在熊彼特提出创新理论之后，随着20世纪50年代以来，以微电子技术为主导的新技术革命的蓬勃兴起，创新理论的研究者发现已经无法使用原有的理论来解释大规模出现的各个领域中的技术变迁及其带来的社会制度发展等问题。熊彼特"创新理论"在随后发展中，逐渐形成以技术变革和技术推广为对象的技术创新经济学分支、以制度变革和制度形成为对象的制度创新经济学分支，两个分支中对于创新的核心驱动力的理解不同，但是由于创新的社会嵌入属性，这两类分支实质上是相互辅助和制约的。另外，在后熊彼特创新范式之下，原先的创新主力是企业家，随后逐渐扩展为全体社会民众。换句话说，有少数精英的创新逐渐拓展为群体智慧的创新，由此也产生了多种多样的创新模式，这些创新模式逐渐拓展创新主体的范围，着眼于当前先进基础研究成果，并开始融入国家和社会的发展目标，实现了创新与社会发展之间的良性对话。

1. 用户主导的创新

用户创新是 von Hippel（1986）所提出的一种创新模式，强调创新过程的自由性和免费性，是指产品或服务的用户在产品或服务的使用过程中，能够对产品或服务提出新想法和改进建议，乃至亲自对产品进行改进。在用户主导的创新范式之下，创新的主体不再仅仅是制造商和供应商，用户也成为重要的创新来源（高忠义和王永贵，2006；吴贵生和谢䜌，1996）。用户具有一线的使用经验，对需求和价值满足有更加深层的理解，能够帮助企业补充知识、了解市场信息、获得潜在改进方案、提升产品、服务质量和创新效率、降低市场风险。目前，用户创新会对不同特征的用户进行分类，包括专业用户、狂热爱好者、关键用户、增权用户、领先用户等（von Hippel，1986；von Hippel and Krogh，2003）。在激励用户创新时，强调通过设计开源、在线的用户交流社区来进行用户沟通、提高用户黏性、挖掘用户的创新激情并辅助用户完成创新（苏楠和吴贵生，2016）。

2. 公民创新

公民创新是一种更大范围的开放式创新，公民创新是开放科学中的一种重要手段和创新范式。公民创新和众包、集体创新、社会创新等具有紧密联系，是由大众参与的，通过开放协作社群进行的创新，属于自下而上的民主式、自由式的创新范式。公民参与到基础研究、工程技术或应用研究领域，引发科学技术在不同层次的开放。欧盟科学委员会 2016 年发布的报告《欧洲的未来：开放创新、开放科学、面向世界开放》指出："科学卓越是经济社会未来繁荣的基础，而开放科学则是科学卓越的关键。"有很多证据表明产业部门中的开放科学行为由来已久。Allen（1983）最早发现了以营利为目的的企业经常有意地采取开放科学的行为，他从始于 19 世纪英国制铁业的历史记录中注意到了这个现象，将其称为集体发明。Hicks（1995）研究发现一些企业经常广泛地在科学期刊上发表论文，如飞利浦、日立、ICI（英国化学工业公司）、西门子、罗氏公司（瑞士制药公司）、山德士（手表）和东芝等，对科学的贡献相当于中型大学的贡献。Bar（2006）指出，世界上 90%的行业领先企业在研发过程中存在知识与信息披露现象，但令人惊讶的是，通过在技术论坛上的报告、在学术期刊上发表文章、新闻发布会，以及对专利机构的"针对性披露"（targeted disclosures）等方式，企业披露了数量巨大的研发信息。近年来，企业的开放科学行为几乎普遍存在于所有产业部门，生物制药产业部门尤为活跃（张学文和陈劲，2017）。

3. 创新生态体系

自 Moore 在 1993 年提出"商业生态系统"（business ecosystem）概念以来，到 2006 年 Ander 率先开发"创新生态系统"（innovation ecosystem）的研究，创新生态系统作为一个热点概念，达成了学界关于其内涵讨论的共识，即具有互动需求的多边、异质参与者之间所建立的"联盟结构"（alignment structure），以实现共同的价值主张（Adner，2017；王伟楠等，2019）。这一概念本质侧重于从互补性和依赖性的角度来解释企业的战略选择和创新活动（Adner and Kapoor，2010；Adner，2017；Kapoor，2018）。在创新驱动发展的背景下，企业竞争优势的提升越来越依赖其所处的创新生态系统。作为市场与组织的中间层次，生态系统视角成为创新理论研究范式的新方向（梅亮等，2014a）。

4. 开放式创新与区块链

开放式创新与区块链是新技术情境下对于传统理论的新发展。2003 年，美国加利福尼亚大学伯克利分校哈斯商学院 Henry Chesbrough 教授通过对施乐公司的管理模式研究，提出"开放式创新"，强调创新过程中的知识外部溢出所带来的影响进而逐渐形成一种创新范式。开放式创新与规模经济、竞合关系、知识溢出、交易成本、政府干预、社会网络、政产学三螺旋、资源依赖等理论（高俊光等，2017；苏楠和吴贵生，2016）具有紧密联系。开放式创新所关注的知识和信息所带来价值的开放性通过信息流的方式来为关联者之间提供创新条件（夏恩君和王文涛，2016）。

相较于封闭式创新而言，开放式创新是为了让企业能够拥有更加广泛的边界来整合内部和外部资源，从而使得创新效率得到大幅度的提升。然而，企业在打开自身边界的同时，面临着信息披露风险、核心技术泄漏风险、激励不足、不完全合同、产权和知识资产流失等一系列问题，而区块链技术的出现，为上述难题提供了新的解决思路。随着物联网和数字技术的不断发展，区块链成为促进开放式创新的重要数字支撑方式。区块链技术的本质是一种分布式的可靠数据库，通过加密技术来将区块链上的所有交易按照时间顺序进行连接，形成数据链。区块链技术的典型特点是去中心化、去信任化、开放透明、不可篡改、可追溯等：去中心化——区块链上的所有数据的验证、记录、存储、维护、传输等都是基于分布式的网络系统进行，主要是依靠加密算法来支持成员之间建立信息共享的信赖关系；去信任化——区块链的成员在进行交易时，无须建立信任关系或第三方机构的背书，而是通过对所有成员公开的方式，来建立交易的信任和证明机制；开放透明——交易双方会通过公钥和私钥进行加密，而其他的任何信息都会被全网公开，任何参与者都可以通过公开的结构进行查询；不可篡改——由于数据是进行链式和分布式存储的，所有交易数据即使在本地进行修改，也难以在其他所有用户的本地进行篡改，达到信息不可篡改的功能；可追溯——在区块链中任何上传的数据都会打上"时间戳"，同时，加密和解密的私钥是每一个成员独有的，可以据此追溯到任何进行数据编辑的成员。作为一种重要的新技术，区块链在开放式创新中具有重要的应用前景，它可以让信息、知识、知识产权等的分享、授权、追踪、保护、回溯、评估等过程变得开放透明，去中心化、去信任化和不可篡改的属性保证了数据和信息上传的安全性，而可追溯的技术特征使得知识产权、专利等开放式创新的价值能够被创新者所获取并得以保护。

5. 人工智能驱动的创新

人工智能是第四次工业革命的核心驱动力（吕文晶等，2018）。作为一类"类人化"计算机系统的统称，人工智能正引领新一轮全球创新热潮（潘云鹤，2018）。人工智能引发的创新往往存在于基础学科。从历史来看，人工智能的历次大发展都深度促进了相关基础学科的产生或重大进步，如自动化、计算机、信息学科等都是在人工智能研究和实践过程中逐渐产生或发展起来的，也因此，人工智能所引发的创新，往往集中在基础学科。此外，当前人工智能研究最大的限制恰在于有关基础学科尚未实现全面突破，这正如时任工业和信息化部部长苗圩所认为的，当前我国应加强对关键核心技术的攻关突破，并以此加快人工智能、虚拟现实等技术的研发和商用[①]。人工智能所引领的新一轮创新热潮将成为"引发第四次工业革命"（马楠等，2017）的关键，尤其是近年来人工智能在基础理论、核心算法及与大数据结合等方面取得的突破，已较为清晰地展示出人工智能所蕴藏的巨大创新潜能，在可见的未来，人工智能将可能彻底改变传统的技术创新模式，以及技术创新与产业实践的联结方式。以人工智能为基础的创新实现了技术创新机理的重大转变，具有重要的基础创新价值。人工智能引领的创新可能成为未来创新的主要方向，具有速度、广度、深度等多方面的"颠覆性"潜能（吕文晶等，2018，2019）。

6. 基于科学的创新

随着信息技术的迅猛发展及全球化竞争的日益加剧，迈向知识经济时代的序

[①] 工信部：将加快人工智能等技术商用[EB/OL]. http://www.gov.cn/xinwen/2017-07/11/content_5209713.htm，2017-07-11.

幕已经拉开。传统的生产要素（如劳动力、土地和资本等有形要素）对企业的重要性正在逐渐减弱，全球竞争越来越体现在科技实力的竞争上，而创新正日益成为增强科技竞争力的关键。然而，科学作为技术的前端基础，与技术有着本质的不同，"基于技术的创新"已远远不能满足高科技企业的创新需求，全球创新的趋势逐渐走向基于科学的创新（陈劲等，2013）。

基于科学的创新的思想由来已久。早在 18 世纪，亚当·斯密就提出了劳动分工的进步和创新之间的关系来自两个方面，一是以经验为基础，二是以科学为基础。科学，指的就是分科而学，是自然界万物变化规律的知识体系的总成，包括对各种事物的现象、本质、特征及其运动规律认识的不断增长所形成的知识体系。其中包括基础科学和应用科学。基础科学主要以自然现象和物质运动形式为研究对象，探讨其运行和发展基本规律，其研究成果是整个科学技术中最为基础、最为重要的理论基础；应用科学是将理论基础转化为实际应用的科学，其工具性和目的性强，与人的实践活动和需求直接相关。基于科学的创新思想，最早源于 Pavitt（1980）对创新的产业分类研究，他通过对英国 4 000 多家企业进行问卷调查，发现当产业类型不同的时候，其产业技术创新特征有所不同，产业主要分成供应商主导的产业、生产密集型产业和基于科学的产业，由此而衍生出"基于科学的技术"这一概念，Meyer-Krahmer 和 Schmoch（1998）对基于科学的创新进一步细分。根据 Coriat 等（2003）、Cardinal 等（2001）的相关研究，将基于科学的创新定义如下：基于科学的创新是指被科学研究直接推动、强烈依赖于科学研究的创新。与之相对的，基于技术的创新是指以工艺工程和技术开发为基础的创新，对科学研究的依赖性较弱。

7. 设计驱动的创新

从 20 世纪 80 年代开始，设计创新的重要性日益显现，"设计思维"受到企业家追捧，设计被普遍承认是一种重要的创新过程（陈雪颂和陈劲，2016）。Utterback 等（2006）、Verganti（2003，2006，2008，2009）在技术创新理论框架下，提出了设计驱动型创新（design-driven innovation）理论，并获得了较大反响。该理论扩展了创新动力模型，提出在"技术"和"市场"以外，还存在"意义"（meaning）这一推动技术创新的关键知识。这样就成功融合了设计研究和技术创新两方面理论，明确了设计在技术创新中的地位与作用，增强了技术创新理论对社会文化创新的解释能力。

主导意义（dominant meaning）则是借鉴主导设计（dominant design）理论提出的一种产业创新理论，主要考察产业中占据主导地位的意义创新是如何形成的。设计驱动型创新的本质是"意义的创新"（Verganti，2003，2008，2009）。"意义"这一核心概念来源于欧美较为普及的符号学理论，从创新的认知逻辑来说，意义必然先于对应实物（产品、服务、模式等）而被创造。也就是说，第一创新者在创造实物前必先创造实物的符号；创新者必须用已知的概念符号去解释这个新符号，即它是什么（what）、有什么用（why）。"设计驱动型创新"就是创新中的意义创造，又被称为"意义创新"，两者为同义词，前者强调设计行为在创新中的关键作用，后者则强调意义、技术、市场三者在创新的对应关系。

在设计驱动的创新研究中，创新系统、创新网络、开放式创新则是三个相互联系的研究方向。Verganti（2009）提出了设计话语（design discourse）概念，指的是"多元社会中，多种规则、多种表达方式共存"的创新系统。进一步研究表明，可用网络来表征这一创新系统。早期研究中，设计创新网络被视为一种语言（linguistic）网络，即由内部行动者（管理者、设计师、产品开发者）和外部行动者（各类社会文化研究者、技术研究者、顾客）构成，以书籍、杂志、影视、音乐为载体，以企业、工业场所、博物馆、展览会、展会、事件、剧院为场所形成的一个复杂网络（Dell'Era et al.，2008）。以上研究揭示了设计创新网络的第一个特点，即网络结构的多元化、异质性和层次性。近年来的研究则围绕第二个特点，即设计创新网络中基于批判的知识转化方式展开。设计创新者面临的往往是网络中过多甚至彼此矛盾的符号、概念和创意（显然这是和设计创新网络的第一个特点有关），这就是设计混乱（design mess）。为解决这一问题，与意义相关的知识在转化前都需要经过重新解释，而重新解释的本质就是批判（Verganti and Öberg，2013；Jepsen et al.，2014；Öberg and Verganti，2014）。陈劲和陈雪颂（2010）提出设计驱动型创新的本质是开放社会文化环境下的创新，可以很好地和开放式创新理论结合。卢启程等（2015）从协同网络视角出发，讨论了设计驱动型创新的形成机理。Verganti（2006）提出开放式创新是尽量多的从外部获得创意，是解决方案导向；而设计驱动型创新则正好与其互补，是借助外部的解释者来对创意进行批判，是问题导向。

8. 朴素式创新

创新的价值当是有用性，同时也要系统地思考其可能产生的负面影响。技术创新对积极价值导向的遵循和对客观规律的敬畏一并成为其最朴素的品格。在西方文化主导的技术创新领域之中，为了适应东方文化的社会环境，需要减少强势工具理性所带来的"异化"并回归本地文化的核心价值，需要从东方的智慧中汲取营养，其中包括中华传统文化、日本的禅文化和印度民间的"节俭"精神等，而东方智慧中的若干源泉又或多或少与中国传统哲学文化有一定的关联，颇值得去反思和挖掘（殷开达和陈劲，2015；陈劲等，2014）。随着新兴市场的发展及全球经济环境的变化，一种全新的创新精神和模式正在全球兴起，即朴素式创新（jugaad innovation）（Radjou et al.，2012）。如何以有限的资源创造更多的价值是朴素式创新的核心使命。朴素式创新的理念起源于20世纪50年代的"适用技术"（appropriate technology）运动。Schumacher（2011）在《小的是美好的》一书中，依据"适用技术"的理念，批评将发达国家的技术直接转移到发展中国家的行为、批评大规模生产，认为这种方法会阻碍经济的可持续发展。他强调要根据当地客户的需求明确所需技术，产品开发要符合当地的经济和资源等条件（Bhatti and Ventresca，2012）。早在20世纪80年代，如联合利华、宝洁等跨国公司就开始在发展中国家销售简单的、合适的产品——如小包装的洗发水和沐浴乳，以迎合当地人的需求和经济预算，而耐克也设计过一款全封闭式的运动服以保护穆斯林女性。

朴素式创新源自某种近乎无意识的自然感知，是通过提供巨大成本优势的产品或措施来应对严重的资源冲突问题，是传统朴素智慧和简单技术的结合。它在客观条件不占优势的情况下，不是简单意义上的节俭思维，而是抓住最核心和最根本使命的创新智慧，这种智慧有着浓厚的东方文化底蕴。朴素式创新六大原则包括：在逆境中寻找机会、少花钱多办事、灵活地思考和行动、保持简单、关注弱势群体、跟随直觉。在多样化、资源匮乏的背景下，西方传统的结构化创新方法受到了市场的挑战，而朴素式创新则为解决目前的创新困境提供了一种很好的方法，具有重要的技术经济价值。"Jugaad"是一个印度方言，可以翻译成"一种独创的修理措施或者是一种源自小聪明或机智的简易解决方法"，它是一种面临难题时的独特的思考和行动方式，是在最不利的情况下发现机会并且用简单灵活的方式临场解决问题的大胆艺术。

朴素式创新概念的形成和盛行发生在印度。印度有着深远的"jugaad"文化，即"突破各种限制条件，用有限资源即兴设计有效的解决方案"（Radjou et al.，2012）。依赖于该思想，印度企业以当地的用户需求和市场特征为出发点，通过重新构架产品概念和减少不必要的产品设计，不但降低了产品的生产成本，而且维持了产品的耐用性和易用性，并获得了巨大的成功。朴素式工程与"甘地工程"（Gandhian engineering）的概念相承，后者是指极度节俭的努力、挑战工程和技术创新中传统智慧的意愿。朴素式工程的核心理念——利用更少的资源并为更多的人提供更好的产品和服务——就建立在Mohandas Gandhi的两句话上，即"地球已经提供足够的东西来满足每个人的需求，而不是每个人的贪婪""我非常赞同一切有益于所有人的科学发明"（Hang et al.，2010）。朴素式工程是一种颠覆式创新，包括对产品及其开发过程的重新设计，通过提供具有必要特征的产品和服务来满足广大消费群体的需求。成本原则和客户利益是朴素式工程内在的一部分，贯穿于整个过程，但朴素式创新首先寻求的是减少不必要的成本和不必要的产品设计（Govindasamy，2010）。

9. 包容式创新

包容性创新是创新对健康、可持续经济发展所提出的要求。2007年亚洲开发银行提出了包容性增长（inclusive growth）的概念，强调创新过程中需要实现机会平等和参与平等，并在此基础上使得创新成果和所带来的经济增长惠及所有民众（邢小强等，2013）。进而衍生出了"包容式创新"的概念，强调创新成果的普及对象包括了曾经被忽视的金字塔底层市场（base of the pyramid，BoP），要求创新成果具备多元价值、关注金字塔底层市场的真正需求、保证市场群体的平等参与和缓解贫困，从而促进社会的包容性发展（邢小强等，2015）。

10. 和平创新

一般而言，和平意味着不受战争和暴力的侵扰。狭义的和平建设（peace building）是指解决直接导致或激化矛盾的根本因素，并提升当地解决冲突的管理能力（Galtung et al.，1972）。广义的和平建设是含义更加广泛、层次更加丰富的概念，不仅包括解决冲突，还包括建立可持续的和平发展关系和基础（Kozan，1998），如社会发展、人道主义援助、政府治理、环境安全、司法保障等各个方面的发展。当今世界的许多冲突和动荡，究其根源都与发展问题密切相关。只有各国都发展起来了，才更有利于维护世界和平与稳定（习近平，2012）。根据和平与和平建设的定义与内容，和平创新（innovation for peace，IFP）是以支持和促进和平建设为目标的一系列技术创新或过程创新，它的出发点是以人为本，最终目标是实现人类的发展。和平创新的应用可以是关注短期的、操作性的冲突解决，也可以是服务长期的、结构性的社会经济发展（陈劲和黄江，2017）。

11. 社会创新

社会创新（social innovation，SI）的概念可以追溯到企业社会责任（corporate social responsibility，CSR）的研究（Phillips et al.，2015）。自Bowen（1953）在著作 *Social Responsibility of the Businessman* 中首次提出以来，企业社会责任逐渐从经济管理研究的边缘向中心移动。尽管关于企业是否应当承

担社会责任的争论从未停止，如 Friedman（2009）认为坚持自由主义道德观的经济学家认为企业社会责任将会动摇自由社会的根基，但越来越多的证据使学者们相信：企业社会责任可以为企业带来好处，而忽略社会责任的企业会受到"惩罚"（Mitchell et al.，1997）。当新制度主义（neo-institutionalism）的理论体系得以建立，对组织场域以及利益相关者的分析（DiMaggio and Powell，1983）被纳入企业外部制度环境的分析框架后，上述证据获得了理论上强而有力的解释。社会创新的概念由 Mumford（2002）在其 social innovation: ten cases from Benjamin Franklin 一文中提出，后经 Cajaiba-Santana（2014）、MacCallum（2009）等学者的批判与完善，形成了相对完整的理论框架。

社会创新是将熊彼特对创新产出定义向"非市场部门"的一次拓展，即将"通过要素的重新组合创造具有市场价值的新产品"拓展为产生具有"社会价值"的产出（Osburg，2013）。欧盟委员会（European Commission）将社会创新定义如下：能够同时符合社会需求并创造新的社会合作关系的新想法（产品、服务或模型）（Tunheim，2013）。从以上定义不难看出，社会创新的本质是通过创新活动来实现社会问题的优化解决。然而，尽管社会创新研究经常强调"价值共创"的重要性，但以企业社会责任为底层逻辑与源流的社会创新，其本质上并不苛求行为的经济性，即该范式允许某些创新产出仅出于解决社会问题而并不创造商业价值。尽管这样的价值取向从社会伦理角度看是"好"的，但从经济逻辑上来看，其更像是一种倡议而非一种市场化的机制，在这种模式下，"看不见的手"或将失去力量。

12. 公共创新

公共创新（common innovation，CI）强调企业创新行为对解决社会挑战的回应，但究其根本，仍然在研究商业部门的行为如何促进非商业部门的福利。更进一步地，学者们开始关注创新过程在非商业的公共部门（public sector）与组织中的应用。2014 年，Swann（2014）在其著作 Common Innovation: How We Create the Wealth of Nations 中首次提出了公共创新的概念，并将公共创新定义如下：发生在商业、专业与政府领域之外，由普通的公众为其自身利益而进行的创新。Swann（2014）强调，尽管人们在商业创新（business innovation）中会更关注那些非常新颖的创新产品（如苹果手机、法拉利赛车等），但公共创新更关注一些普通的，由个体（individuals）、家庭（households）、俱乐部（clubs）及本地社区（local communities）完成的创新活动。英语中"common"一词兼有普通与"草根"之意，公共创新所关注的是广泛、平凡、非专属且花费低廉的创新

（如为旧的工厂建筑寻找新的用途或用普通食材开发出创新的菜式）。相较于传统创新范式，公共创新具有三大特点：①从主体上来看，公共创新的施行者来自公共部门，即如上所说的个体、家庭、俱乐部及本地社区等，而非传统的经济部门；②从目的上来看，公共创新旨在解决公共问题与挑战，促进社会福利，而非为股东谋取利益；③从场域上来看，公共创新的主要场所并不在市场中，而是在广泛而又普遍的公众日常生活领域。应当注意到，公共创新的研究视域集中在非商业的公共领域，其所讨论的创新活动，既不是以企业为主体，也不是主要发生在市场中，更不是为了提高股东收益。从经济学视角来看，公共创新比社会创新距离经济管理研究的核心议题更加遥远。毫无疑问，公共创新可以创造价值，但这种价值创造与市场、资本并无必然与直接关系；公共创新也具有社会意义，但其并不谋求融入现有的经济管理分析框架以优化全局的资源配置。

总结来看，作为一种新兴范式，公共创新面临的挑战至少有两点：第一，局部的、消极的社会挑战解决方案。面对收入不均加剧所带来的贫富差距，公共创新强调采用低成本、普通且广泛的创新范式，即社会创新并不积极谋求不平等问题的解决，而是谋求小范围内的资源优化配置，这种局部均衡的思路或将进一步割裂社会群体，不利于社会总体优化的实现。第二，对立的、互不相容的分析框架。研究者将公共创新与传统的商业创新（business innovation）对立看待，强调其是一种非商业创新（non-business innovation），这使得将商业部门与公共部门放入统一框架内进行分析的尝试无法实现，统筹全局进行资源分配的优化方案无法形成。

2.2 经典创新理论

传统创新理论的思考起源于熊彼特对于创新的 5 种类型分类：生产新的产品，采用新的生产工艺，开辟新的市场，获取新的原材料供应源，或建立新的组织（熊彼特，2009）。区别于传统经济增长驱动要素中资本、土地和制度等的重要性，熊彼特的创新理论强调企业家精神对经济增长的核心贡献，他定义的创新意味着企业家有效识别外部环境中创造与获取收益的潜在机遇，打破传统的商业化规律惯性，开展创新活动直至获得商业化利润回报，从根本上关注科技发明的商业可行性和价值回报（Baumol，2002），强调企业家精神内在驱动力产生的"创造性毁灭"，以及由此推动的价值创造与持续增长（熊彼特，2009）。随着熊彼特主义的兴起，创新被视为经济增长的核心动力（陈劲，2015），全球不同国家情境下的创新理论开始涌现,其演进历史如表 2-2-1 所示。

表 2-2-1 各国主要创新理论小结

国家/地区	主要创新理论	代表学者
美国	用户创新	von Hippel
	颠覆式创新	Christensen
	开放式创新	Chesbrough
欧洲	设计驱动的创新	Verganti
	社会创新	Nicholls 和 Murdock
	公共创新	Swann
	责任式创新	Owen 等
亚洲	精益创新	Womack
	知识创新	Nonaka 和 Takeuchi
	朴素式创新	Radjou
	模仿创新/追赶	Kim 和 Nelson
	全面创新	许庆瑞

2.2.1 美国的主要创新理论

自熊彼特提出创新经济学理论以来,美国学者最先从技术变革的经济学(Carter, 1966)、产业研究与技术创新的关系(Faulkner and Senker, 2011)等角度展开研究与探索,并关注于技术创新对经济增长和核心竞争优势的驱动作用(Crossan and Apaydin, 2010),以及创新过程中的价值获取(Teece, 1986)等核心议题。其中,用户创新(von Hippel, 1986)、开放式创新(Chesbrough, 2003)、颠覆式创新(Christensen, 2013)等典型创新理论相继涌现。用户创新聚焦于创新过程中用户的重要性,认为一切创新活动的根本在于满足用户的价值需求,而用户,尤其是领先用户可作为新产品等创新的核心来源(von Hippel, 1986)。开放式创新则聚焦于企业内外部的知识交互,强调企业通过打开组织的边界壁垒,从外部获取知识(内向开放)和从内部输出知识(外向开放)以提升企业的技术水平和竞争优势(Christensen, 2013)。颠覆式创新则关注行业在位者与新进入者的互动关系,认为行业新进入者可以通过进入新兴市场,创新技术、产品和商业模式等,重构传统市场的价值网络,最终实现对行业传统在位者以及行业传统价值链的颠覆与重构(Christensen et al., 2006)。以上美国情境下涌现的典型创新理论多以市场为导向、以经济收益需求为目标(Reinecke and Ansari, 2015)。

2.2.2　欧洲的主要创新理论

近年来，欧洲情境下涌现的设计驱动创新（Verganti，2009）、社会创新（Nicholls and Murdock，2011）、公共创新（Swann，2014）、责任式创新（Owen et al.，2012）等创新理论，多以欧洲的文化和社会价值主张为基础，强调技术创新理论与人文、社会和价值观等属性的融合。设计驱动创新是指产品传递的信息及其设计语言的新颖程度超过技术新颖程度和产品功能时的创新（Verganti，2003），是技术与文化的一种整合，它关注于产品技术属性之外的设计要素对产品价值输出的增值作用，通过引导用户的需求愿景和购买意愿最终实现用户需求的满足（Verganti，2003）。社会创新被视为工业革命时代（1771~1829年）、蒸汽与铁路时代（1829~1875年）、钢铁、电力、重工业时代（1875~1908）、石油、汽车与规模化生产时代（1908~1971年）及信息与通信时代（1971年至今）后的第六次社会宏观变革浪潮（Owen et al.，2012；梅亮等，2018），在本质上不同于经济层面的创新，不是关注新的产品或开拓新的市场，而是通过创新满足市场不能满足的新需求，关注创新在经济属性之外的社会属性。公共创新不同于传统的经济与商业创新理论，涉及非商业创新理论的内容，聚焦于非商业创新理论之外的创新者和创新社群的价值（Swann，2014）。责任式创新也被称为责任式研究和创新，是指通过对现有科学与创新进行集体管理来探索创新的未来（梅亮等，2014b），强调创新活动在达成技术先进性与可行性、经济效率与效益的同时，需要符合道德伦理和社会期望（梅亮和陈劲，2014）。区别于美国涌现的创新理论主要聚焦于市场与商业化的属性目标（Reinecke and Ansari，2015），欧洲涌现的创新理论多聚焦于经济属性之外的创新目标，以及社会层面的更广泛的宏观价值引导。

2.3　东西方创新理论的对话

除了美国和欧洲国家之外，亚洲主要国家的学者基于对本国创新实践的总结提出了自主创新理论。例如，日本学者提出了知识创新（Nonaka and Takeuchi，1995）和精益创新（Womack et al.，2012）。知识创新主要强调知识要素对价值创造的关键作用，其中知识可分为显性知识和隐性知识，通过知识的社会化、外在化、组合化和内在化4种模式的交互作用与螺旋式转化实现知识创新的目标（Nonaka and Takeuchi，1995）。精益创新在本质上代表一种生产方式，主要涉及追求消灭包括库存在内的一切"浪费",并围绕此目标发展一系列具体方法,以实现准时化生产等目标的生产经营管理体系(Womack et al.,2012)。韩国学者主要面向后发国家企业的追赶情境,提出了逆 A-U 模型的追赶路径,强调后发企业的创新追赶是一个从生产能力到工程能力,再到创新能力的演化过程,在本质上具有"模仿创新"和"创新追赶"的范式属性(Kim and Nelson,2000)。朴素式创新是印度情境下涌现的一种代表性创新理论,起源于印度深远的"Juggad"文化,即"突破各种限制条件,用有限资源即兴设计有效的解决方案"(Radjou et al.,2012)。相较于传统创新理论,朴素式创新的属性主要表现为耐用、轻量、灵活便捷、人性化、简单化、新的分销模式、适用性、本地资源依赖、绿色技术及支付可承担等(Weyrauch and Herstatt,2016)。中国是新兴经济体中最重要的发展中国家,中国学者也提出了本土的原创性创新理论。例如,自主创新(陈劲,1994)——主要包含引进消化吸收再创新、集成创新及原始创新 3 个方面,又如,全面创新(许庆瑞,2007)——主要包含战略、市场、技术、组织和文化等的全要素创新(all element innovation),面向组织人员的全员创新及面向组织地域和时间的全时空创新(all time-space innovation)3 个方面。

改革开放 40 多年来,中国创新管理学者基于西方经典创新理论与中国优秀创新实践,构建了一系列具有中国特色的创新理论,其中较为突出的有浙江大学管理学院许庆瑞教授的全面创新理论、清华大学陈劲教授的企业创新生态系统、吴晓波教授的二次创新理论、魏江教授的非对称创新理论等(陈劲等,2017)。

在全球创新与和平发展面临挑战、中国创新驱动发展与和平崛起的大背景下,中国特色创新理论的发展却有一些滞后,存在缺口。通过梳理现有创新理论的演变过程,发现世界经典的创新理论基本上可分为 3 类:第一类,立足于局部思维,如美国学者提出的用户创新、颠覆式创新,欧洲学者提出的设计驱动创新、公共创新,日本学者提出的知识创新,韩国学者提出的模仿创新,侧重于从具体的创新行为、创新方法或创新环节、创新主体等角度理解创新过程,无法摆脱原子论的创新思维方式。第二类,只重视横向的知识、资源和人员等要素的整合,如美国学者提出的开放式创新,中国学者提出的全面创新等,它们缺少愿景驱动的战略引领性,使企业可能面临开放过度、核心能力不足等风险。第三类,过于倚重概念、文化或社会因素而走向另一个极端,如欧洲学者提出的责任式创新、社会创新,印度学者提出的朴素式创新等,虽然这些成果对以气候、变革性技术治理等为代表的全球科技创新重大议题展开讨论,但仍然容易成为政策层面的流行语而无法应用于创新实践。

另外,发达国家虽然对自身的主要创新理论进行了提炼——如有组织的创新对美国繁荣复兴的作用（柯拉尔等，2017），芬兰、瑞典等均具有强盛基础的国家创新系统（Lundvall，2010）等，但是忽视了发展中国家与东方创新理论的作用。研究与实践均呼唤全球范围内跨国家边界与文化背景语境的对话（Vasen，2017），从而有效引导科技创新理论向全球情境下的分治、开放和包容等范式属性转移（Hajer and Wagenaar，2003），实现更广泛的国际公约与全球治理，推动全球的和平与可持续发展（陈劲和黄江，2017）。

以中国为代表的东方文明对全球发展的贡献逐步增大。例如，2008年全球金融危机后中国对国际经济的增长和稳定做出了贡献，以"一带一路"致力打造的"利益共同体、命运共同体、责任共同体"为代表的中国创新与治理对全球发展的价值输出等做出了贡献。关于中国创新实践及对国际发展的价值输出，亟待理论研究者从理论层面提炼与总结中国特色的创新理论，从而助力中国科技创新强国建设，打造世界级创新企业，提升和巩固中国的全球创新领导力，进而为全球创新理论发展和创新实践提供知识和智慧增量。中国当前提出的创新理论中，侧重于从具体的创新行为、创新方法或创新环节、创新主体等角度理解创新过程。然而，新产品、新要素、新方法和新流程乃至新的组织方式的产生，都不是依靠单个方面的改进或提升，也不是自然而然生发出来的，而是有组织、有设计地开展创新的结果，尤其是当前创新理论中，对"战略"引领作用的忽视，忽略了战略设计和战略执行在推动创意落实、获得创新成果、转化创新价值的过程中发挥的引领与前瞻性作用。现代管理思想大师加里·哈默在《管理大未来》一书中提出了创新的四层次模型，包括技术创新、营运创新、战略与商业模式创新及管理创新（哈默和布林，2008）。可见，战略设计对于创新而言具有重要的引领与驱动价值。另外，现有创新理论缺乏东方哲学（中华传统文化、佛教智慧等）中源远流长的全局观，如总体思维、对立统一、有机整合和动态发展等思想，未体现道家哲学提倡的阴阳一体动态演变、天人合一，儒家哲学提倡的允执厥中的"中道"哲学和"和而不同"的和平观，法家在《孙子兵法》中提出的全局战略观，佛教中的"中观"哲学。

进而，"整合式创新"被提出。

专栏2-2-2　　　　　　　　　　西方遇见东方

2010年，国际管理学顶级期刊 *Academy of Management Perspectives* 发表论文，探讨东西管理文化的差异，引导未来管理走向双文化途径。在经济危机发生之后，世界正在寻找新的想法和新的视角。商业研究和实践已经从"西方引领东方"（West leads East）转变为"西方遇见东方"（West meets East），蓬勃发展的中国商业文化不仅是经济伙伴关系的源泉，也是管理智慧的潜在源泉。已有研究认为，东方的管理研究和实践可以帮助西方经济复苏。不幸的是，东西方文化的距离使得中国的例子具有明显的中国特色，其情境特点难以被西方管理者理解，有时也不完全匹配西方公司。像 Stan Shih 这样的优秀企业家，一方面规避了这个缺点，另一方面借鉴了东西方的最佳管理经验，是理想的"中间"榜样。通过采用"双文化"的管理方法，Stan Shih 为东西方的文化沟通和组织指导提供了一个模式。事实上，"中国特色"作为一种思维方式，以平衡和自我-他人"整合"为重点，有望弥合全球分歧，促进具有全球意识的高管的形成。

资料来源：Chen M J, Miller D. West meets east: toward an ambicultural approach to management[J]. Academy of Management Perspectives, 2010, 24（4）: 17-24.

2015 年，国际管理学顶级期刊 *Academy of Management Journal* 发文，探讨东西方管理研究中所涌现出的新概念和理论。20 世纪 50 年代以来，管理学领域的研究得到了巨大的发展。西方研究范式大多起源于 20 世纪 50~80 年代的北美，受到当时经验现象和文化、哲学和研究传统的启发，随后需要逐渐重视东西方在制度、哲学和文化价值观方面的背景差异。

资料来源：Barkema H G, Chen X P, George G, et al. West meets east: new concepts and theories[J]. Academy of Management Journal, 2015, 58（2）: 460-479.

专栏 2-2-3　　　　　　　　杜维明：东西方文明的对话

2010 年北京大学高等人文研究院在美国人文社会科学院院士杜维明的倡导下成立。在这十多年的研究中，主要探索了文明对话、广义的"文化中国"、世界文明和世界伦理的问题。

1. 文明对话

不同文明之间的对话以往就是东西方之间的对话，以前我们总习惯拿自家文化的短处和西方文明的精华去比，这不公平。现在我希望看到，西方经过启蒙发展出来的核心价值和中国传统儒家核心价值，能不能进行平等对话？这方面，这些年我们做了一些尝试，特别是儒家和世界其他主要文明的对话，也包括儒家和伊斯兰文明的对话。

2. 广义的"文化中国"

"文化中国"，包括中国及各个海外华人社群，主要是想探索"文化认同"这个理念，也包括很多和中国没有血缘亲属关系，但是对中国研究长期关注的外籍人士他们对于中国的认识和互动。

3. 世界文明和世界伦理

西方启蒙运动代表了非常强烈的以西方为中心的思想，我们想从多元文明的角度去探讨，从中国文化的角度对西方启蒙运动进行反思，我想这样的视野算是比较开阔的，但是这些年来我们所得的有限，我想这会是一个长期发展的过程。现在世界笼罩在世俗性的人文主义中，面临生态环保的困难、社会秩序的挑战、贫富不均的冲突，如何突破钱和权的铁笼是人类文明所遇到的问题。因此，企业家要有觉悟，了解整个人类和地球的关系，建立一个生命共同体，跳出自己私有的个人中心，既要对我们所生存的地球神圣感有所理解，也要尊重各种不同的宗教传统。对于东西方文明的价值理念的不同，目前我们过于突出西方的价值观念，如自由、平等、理性、人权等，超过了我们传统文化的价值观念，如同情、正义、公平、人与人之间的和谐相处、社会责任的担当等。因此应该把中国深厚的传统价值发挥出来，把个人、社会、自然和天道融合到一个框架，中美之间的对话不应该仅仅是经济、政治方面的，也应该是文化思想上的对话。

资料来源：2019年9月澎湃新闻对杜维明院士的采访、2016年7月8日"新商业文明论坛暨长江商学院–哈佛肯尼迪学院第二届全球论坛"中杜维明院士的演讲。

参 考 文 献

陈劲. 1994. 从技术引进到自主创新的学习模式[J]. 科研管理，15（2）：31，32-34.
陈劲. 2015. 开展迎接创新强国的技术创新研究[J]. 技术经济，34（1）：1-4.
陈劲，陈雪颂. 2010. 设计驱动式创新———一种开放社会下的创新模式[J]. 技术经济，（8）：1-5.
陈劲，黄江. 2017. 创新、和平与发展：和平创新研究初探[J]. 学习与探索，（12）：105-111.
陈劲，王锟，Chieh H C. 2014. 正在兴起的"朴素式创新"[J]. 科技创新导报，（20）：10-14.
陈劲，谢洪源，朱朝晖. 2004. 企业智力资本评价模型和实证研究[J]. 中国地质大学学报（社会科学版），4（6）：27-31.
陈劲，尹西明，梅亮. 2017. 整合式创新：基于东方智慧的新兴创新范式[J]. 技术经济，

36（12）：1-10，29.

陈劲，赵晓婷，梁靓. 2013. 基于科学的创新[J]. 科学学与科学技术管理，34（6）：3-7.

陈雪颂，陈劲. 2016. 设计驱动型创新理论最新进展评述[J]. 外国经济与管理，38（11）：45-57.

杜尔劳夫 S N，布卢姆 L E. 2016. 新帕尔格雷夫经济学大辞典[M]. 2版. 北京：经济科学出版社.

多西 C，弗里曼 C，纳尔逊 R，等. 1992. 技术进步与经济理论[M]. 钟学义，沈利生，陈平，等译. 北京：经济科学出版社.

法格伯格 J，莫利 D，纳尔逊 R. 2009. 牛津创新手册[M]. 柳卸林，郑刚，蔺雷，等译. 北京：知识产权出版社.

方新，柳卸林. 2004. 我国科技体制改革的回顾及展望[J]. 求是，（5）：43-45.

高俊光，孙雪薇，赵诗雨，等. 2017. 企业开放式创新合作策略：文献综述[J]. 技术经济，36（3）：34-45，97.

高忠义，王永贵. 2006. 用户创新及其管理研究现状与展望[J]. 外国经济与管理，（4）：40-47.

哈默 G，布林 B. 2008. 管理大未来[M]. 陈劲译. 北京：中信出版社.

柯拉尔 S C，弗朗汉姆 E，佩里 S J，等. 2017. 有组织的创新：美国繁荣复兴之蓝图[M]. 陈劲，尹西明译. 北京：清华大学出版社.

库恩 T. 2012. 科学革命的结构[M]. 4版. 金吾伦，胡新和译. 北京：北京大学出版社.

赖纳特 E S. 2007. 技术在富国和穷国形成过程中的作用：熊彼特体系中的欠发达问题[C]//赖纳特 E S，贾根良. 穷国的国富论. 贾根良，王中华，等译. 北京：高等教育出版社.

卢启程，陈俊杰，梁琳琳. 2015. 协同创新网络视角下设计驱动式创新实现路径研究[J]. 科技进步与对策，32（14）：65-69.

罗森伯格 N. 2004. 探索黑箱[M]. 王文勇，吕睿译. 北京：商务印书馆.

吕文晶，陈劲，刘进. 2018. 第四次工业革命与人工智能创新[J]. 高等工程教育研究，（3）：63-70.

吕文晶，陈劲，刘进. 2019. 政策工具视角的中国人工智能产业政策量化分析[J]. 科学学研究，37（10）：1765-1774.

马楠，刘元盛，李德毅. 2017. 智能时代与大学创新人才培养[J]. 高等工程教育研究，（6）：164-167.

梅亮，陈劲. 2014. 创新范式转移——责任式创新的研究兴起[J]. 科学与管理，34（3）：3-11.

梅亮，陈劲. 2015. 责任式创新：源起、归因解析与理论框架[J]. 管理世界，（8）：39-57.

梅亮，陈劲，李福嘉. 2018. 责任式创新："内涵-理论-方法"的整合框架[J]. 科学学研究，36（3）：521-530.

梅亮，陈劲，刘洋. 2014a. 创新生态系统：源起、知识演进和理论框架[J]. 科学学研究，32（12）：1771-1780.

梅亮，陈劲，盛伟忠. 2014b. 责任式创新——研究与创新的新兴范式[J]. 自然辩证法研究，30（10）：83-89.

梅亮，陈劲，余芳珍. 2015. 创新演进与范式转移——可持续转型理论的源起、特征与框架[J]. 自然辩证法研究，31（10）：36-40.

梅特卡夫 J S. 2007. 演化经济学与创造性毁灭[M]. 冯健译. 北京：中国人民大学出版社.

纳尔逊 R R. 2001. 经济增长的源泉[M]. 汤光华，等译. 北京：中国经济出版社.

潘云鹤. 2018. 人工智能 2.0 与教育的发展[J]. 中国远程教育，（5）：5-8，44，79.

苏楠，吴贵生. 2016. 用户主导创新理论探源[J]. 技术经济，35（5）：1-5，68.

王伟楠，吴欣桐，梅亮. 2019. 创新生态系统：一个情境视角的系统性评述[J]. 科研管理，40（9）：25-36.

吴贵生，谢䶮. 1996. 用户创新概念及其运行机制[J]. 科研管理，（5）：14-19.

习近平. 2012-07-07. 携手合作共同维护世界和平与安全——在"世界和平论坛"开幕式上的致辞[N]. 人民日报.

夏恩君，王文涛. 2016. 企业开放式创新众包模式下的社会大众参与动机[J]. 技术经济，35（1）：22-29.

邢小强，周江华，仝允桓. 2013. 包容性创新：概念、特征与关键成功因素[J]. 科学学研究，31（6）：923-931.

邢小强，周江华，仝允桓. 2015. 包容性创新：研究综述及政策建议[J]. 科研管理，36（9）：11-18.

熊彼特 J A. 1999. 经济发展理论[M]. 牛引力译. 北京：中国社会出版社.

熊彼特 J A. 2009. 经济发展理论：财富创新的秘密[M]. 杜贞旭，郑丽萍，刘昱岗译. 北京：中国商业出版社.

熊彼特 J A. 2013. 资本主义、社会主义和民主[M]. 杨中秋译. 北京：电子工业出版社.

许庆瑞. 2007. 全面创新管理理论与实践[M]. 北京：科学出版社.

殷开达，陈劲. 2015. "朴素式创新"范式中蕴含的中国传统朴素哲学思想[J]. 学习与探索，（4）：119-122.

张培刚. 1991. 创新理论的现实意义：对熊彼特《经济发展理论》的介绍和评论[J]. 经济学动态，（2）：57-63.

张学文，陈劲. 2017. 开放科学的研发模式：一种独特的创新思想[J]. 清华管理评论，（12）：26-32.

Achinstein P. 1977. The Structure of Scientific Theories[M]. London：University of Illinois Press.

Adner R. 2017. Ecosystem as structure：an actionable construct for strategy[J]. Journal of

Management, 43 (1): 39-58.

Adner R, Kapoor R. 2010. Value creation in innovation ecosystems: how the structure of technological interdependence affects firm performance in new technology generations[J]. Strategic Management Journal, 31 (3): 306-333.

Allen R C. 1983. Collective invention[J]. Journal of Economic Behavior and Organization, 4 (1): 1-24.

Bar T. 2006. Defensive publications in an R&D race[J]. Journal of Economics & Management Strategy, 15 (1): 229-254.

Baumol W J. 2002. The Free-Market Innovation Machine: Analyzing the Growth Miracle of Capitalism[M]. Princeton: Princeton University Press.

Bhatti Y A, Ventresca M. 2012-01-05. The emerging market for frugal innovation: fad, fashion, or fit?[Z]. SSRN Electronic Journal.

Bowen H R. 1953. Social Responsibility of the Businessman[M]. New York: Harper & Brother.

Cajaiba-Santana G. 2014. Social innovation: moving the field forward. A conceptual framework[J]. Technological Forecasting and Social Change, 82: 42-51.

Cardinal L B, Alessandri T M, Turner S F. 2001. Knowledge codifiability, resources, and science-based innovation[J]. Journal of Knowledge Management, 5 (2): 195-204.

Carter A P. 1966. The economics of technological change[J]. Scientific American, 214 (4): 25-31.

Chesbrough H W. 2003. Open Innovation: The New Imperative for Creating and Profiting from Technology[M]. Boston: Harvard Business School Press.

Christensen C M. 2013. The Innovator's Dilemma: When New Technologies Cause Great Firms to Fail[M]. Boston: Harvard Business Review Press.

Christensen C M, Baumann H, Ruggles R, et al. 2006. Disruptive innovation for social change[J]. Harvard Business Review, 84 (12): 94-101, 163.

Coriat B, Orsi F, Weinstein O. 2003. Does biotech reflect a new science-based innovation regime?[J]. Industry and Innovation, 10 (3): 231-253.

Crossan M M, Apaydin M. 2010. A multi-dimensional framework of organizational innovation: a systematic review of the literature[J]. Journal of Management Studies, 47 (6): 1154-1191.

Dell'Era C, Marchesi A, Verganti R, et al. 2008. Language mining: analysis of the innovation of dominant product languages in design-intensive industries[J]. European Journal of Innovation Management, 11 (1): 25-50.

DiMaggio P J, Powell W W. 1983. The iron cage revisited: institutional isomorphism and collective rationality in organizational fields[J]. American Sociological Review, 48 (2):

147-160.

Faulkner W, Senker J. 2011. Knowledge Frontiers: Public Sector Research and Industrial Innovation in Biotechnology, Engineering Ceramics, and Parallel Computing[M]. Oxford: Oxford University Press.

Friedman M. 2009. Capitalism and Freedom[M]. Chicago: University of Chicago Press.

Galtung J, UN General Assembly, Washburn M, et al. 1972. Peace research, education, action[J]. Bulletin of Peace Proposals, 3（2）: 101-109.

Govindasamy B. 2010. Strategic implications of human capital TODAY[Z]. IDSA International Workshop on National Security Strategy.

Hajer M A, Wagenaar H. 2003. Deliberative Policy Analysis: Understanding Governance in the Network Society[M]. Cambridge: Cambridge University Press.

Hang C C, Chen J, Subramian A M. 2010. Developing disruptive products for emerging economies: lessons from Asian cases[J]. Research Technology Management, 53（4）: 21-26.

Hicks D. 1995. Published papers, tacit competencies and corporate management of the public/private character of knowledge[J]. Industrial and Corporate Change, 4（2）: 401-424.

Jepsen L B, Dell'Era C, Verganti R. 2014. The contributions of interpreters to the development of radical innovations of meanings: the role of "pioneering projects" in the sustainable buildings industry[J]. R&D Management, 44（1）: 1-17.

Kapoor R. 2018. Ecosystems: broadening the locus of value creation[J]. Journal of Organization Design, 7（1）: 12.

Kim L, Nelson R R. 2000. Technology, Learning, and Innovation: Experiences of Newly Industrializing Economies[M]. Cambridge: Cambridge University Press.

Kozan K. 1998. Building peace: sustainable reconciliation in divided societies[J]. International Journal of Conflict Management, 9（4）: 376.

Kuhlmann S, Rip A. 2014-09-19. The challenge of addressing grand challenges[EB/OL]. https://ris.utwente.nl/ws/files/13268719/2014_Kuhlmann.pdf.

Lundvall B Å. 2010. National Systems of Innovation: Toward a Theory of Innovation and Interactive Learning[M]. London: Anthem Press.

MacCallum D. 2009. Social Innovation and Territorial Development[M]. London: Ashgate Publishing.

Meyer-Krahmer F, Schmoch U. 1998. Science-based technologies: university-industry interactions in four fields[J]. Research Policy, 27（8）: 835-851.

Mitchell R K, Agle B R, Wood D J. 1997. Toward a theory of stakeholder identification and salience: defining the principle of who and what really counts[J]. Academy of Management Review, 22 (4): 853-886.

Mumford M D. 2002. Social innovation: ten cases from Benjamin Franklin[J]. Creativity Research Journal, 14 (2): 253-266.

Nicholls A, Murdock A. 2011. Social Innovation: Blurring Boundaries to Reconfigure Markets[M]. Berlin: Springer.

Nonaka I, Takeuchi H. 1995. The Knowledge-Creating Company: How Japanese Companies Create the Dynamics of Innovation[M]. Oxford: Oxford University Press.

Öberg Å, Verganti R. 2014. Meaning: an unexplored path of innovation[J]. International Journal of Innovation in Management, 2 (2): 77-92.

Osburg T. 2013. Social innovation to drive corporate sustainability[Z]. CSR, Sustainability, Ethics & Governance.

Owen R, Macnaghten P, Stilgoe J. 2012. Responsible research and innovation: from science in society to science for society, with society[J]. Science and Public Policy, 39 (6): 751-760.

Pavitt K. 1980. Technical Innovation and British Economic Performance[M]. London: MacMillan.

Phillips W, Lee H, Ghobadian A, et al. 2015. Social innovation and social entrepreneurship: a systematic review[J]. Group & Organization Management, 40 (3): 428-461.

Radjou N, Prabhu J, Ahuja S. 2012. Jugaad Innovation: Think Frugal, Be Flexible, Generate Breakthrough Growth[M]. New York: John Wiley & Sons.

Reinecke J, Ansari S. 2015. When times collide: temporal brokerage at the intersection of markets and developments[J]. The Academy of Management Journal, 58 (2): 618-648.

Schot J, Steinmueller W E. 2018. Three frames for innovation policy: R&D, systems of innovation and transformative change[J]. Research Policy, 47 (9): 1554-1567.

Schumacher E F. 2011. Small is Beautiful: A Study of Economics as if People Mattered[M]. New York: Random House.

Stilgoe J, Owen R, Macnaghten P. 2013. Developing a framework for responsible innovation[J]. Research Policy, 42 (9): 1568-1580.

Swann G M P. 2014. Common Innovation: How We Create the Wealth of Nations[M]. New York: Edward Elgar Publishing.

Teece D J. 1986. Profiting from technological innovation: implications for integration, collaboration, licensing and public policy[J]. Research Policy, 15 (6): 285-305.

Tunheim H. 2013. Social innovation policy in the EU: why social innovation became a policy topic in the EU [EB/OL]. https://www.duo.uio.no/handle/10852/37980.

Utterback J M, Vedin B A, Alvarez E, et al. 2006. Design-Inspired Innovation[M]. Hackensack:

World Scientific.

Vasen F. 2017. Responsible Innovation in Developing Countries: An Enlarged Agenda[M]. Berlin: Springer.

Verganti R. 2003. Design as brokering of languages: the role of designers in the innovation strategy of Italians firms[J]. Design Management Journal, 14(3): 1-12.

Verganti R. 2006. Innovating through design[J]. Harvard Business Review, 84(12): 114-122.

Verganti R. 2008. Design, meanings, and radical innovation: a metamodel and a research agenda[J]. Journal of Product Innovation Management, 25(5): 436-456.

Verganti R. 2009. Design-Driven Innovation: Changing the Rules of Competition by Radically Innovating What Things Mean[M]. Boston: Harvard Business Press.

Verganti R, Öberg Å. 2013. Interpreting and envisioning—a hermeneutic framework to look at radical innovation of meanings[J]. Industrial Marketing Management, 42(1): 86-95.

von Hippel E. 1986. Lead users: a source of novel product concepts[J]. Management Science, 32(7): 791-805.

von Hippel E, Krogh G. 2003. Open source software and the "private-collective" innovation model: issues for organization science[J]. Organization Science, 14(2): 209-223.

Weyrauch T, Herstatt C. 2016. What is frugal innovation? Three defining criteria[J]. Journal of Frugal Innovation, 2(1): 1-17.

Womack J P, Jones D T, Roos D. 2012. The machine that changed the world[EB/OL]. https://lifeclub.org/books/the-machine-that-changed-the-world-james-p-womack-daniel-t-jones-and-daniel-roos-review-summary.

第 3 章　中国创新理论——整合式创新的兴起

整合思维要求一种全局性思维，以复合的、动态的灵活方式，为我们提供了选择之路。

——罗杰·马丁（Roger Martin）

"中国要强盛、要复兴，就一定要大力发展科学技术，努力成为世界主要科学中心和创新高地"，"形势逼人，挑战逼人，使命逼人"（习近平，2018）。整合式创新理论的兴起具有其特殊的历史性和时代使命，它源于中华传统文化中的创新因素，并在国家科技工作者结合时代发展趋势、国际性前沿技术先机、引领科技发展方向等需求的基础上而提出，是具有中国特色的创新理论。

3.1　中华传统文化中的创新溯源

除了中国学者所创立的新兴创新理论之外，中国悠久的传统文化当中也包含着诸多创新因素。这些创新因素集聚中国智慧，需要创新研究者们不断进行开发和挖掘，具有巨大的研究价值。

中华传统文化与西方文化之争一度被视为古今之争、旧新之争，中华文化被视为过时的、陈旧的、腐朽的，尤其是从清末开始的社会达尔文主义席卷中国知识分子的心灵世界以来，中华传统文化被视为终究要被历史淘汰的落后文化。但随着学界对文化学的研究的进一步深入，随着中华民族的和平崛起，随着华人文化认同和文化自信的逐渐增强，中西文化之别逐渐被视为类型之别（陈引驰，2005）。中西所属的文化类型虽然有别，但都可以对未来的社会和时代有自己的创造性转化与创新性发展。换句话说，现代化的模式并不是单一的，可以是多元的（陈劲和吴庆前，2019）。杜维明（Tu，2000）指出：现代化进程本身是由根源于各种特定传统的各类文化形式定型的，儒家充分实现了现代化而没有完全西化，这清楚表明现代化可以采用不同的文化形式。

中美贸易纷争、自然灾害和全球疫情，在某种意义上是"让美国再次伟大"和"实现中华民族伟大复兴"的东西两大文明体系的竞争及合作与交融。如果这种纷争乃至对抗最终不走向零和博弈，那么这两大文明体系中对未来时代有创新价值和积极意义的因素必将更好地互补与交融。无论是基于文明冲突与交融的时代背景，还是基于"道路自信、理论自信、制度自信、文化自信"四个自信理念下的中国现代化之路的探索，东方经典创新理论解析都具有重大的意义。

对于中华传统文化中是否存在创新禀赋这一问题，习近平早就精辟透彻地指出："创新是民族进步的灵魂，是一个国家兴旺发达的不竭源泉，也是中华民族最深沉的民族禀赋。"（中共中央文献研究室，2014）关于创新的一个基本定义是"凡是能改变已有资源创造财富的潜力的行为就是创新行为"（李劲，2011）。按照这个定义，中华传统文化里有许多发明、创造乃至理念、创意其实并不能称为创新。然而，放在当今乃至未来来看，数千及数万年来中华文明所积淀的许多发明、创造乃至理念、创意，却有可能成为创新因素，推动中华传统智慧成为当今及未来时代的价值和财富。这也是探讨中华传统文化中的创新因素的意义所在。

文化从其构成要素来看，大致包括思维方式、理念与信仰、组织与制度、器物与科技等方面，下面从这几个方面来分别探索中华传统文化中的创新因素。

3.1.1 传统思维方式

著名国学大家楼宇烈先生曾指出："中国文化的人文思维方式是……动态的、整体的、联系的、随机的、综合的。"（楼宇烈，2015）相对于西方近现代科学更崇尚的局部的、静态的、分析的、还原的思维方式，中华传统文化则更倾向于动态的、平衡的、综合的、整体的思维方式。概括来说，中华文化更擅长整体思维方式。这种整体思维方式具有整体性、全局性、系统性的特征，如中医有生物全息律理论，头痛可以医脚是最耳熟能详的例子。中华文化的整体思维方式还具有动态性的特征，所以整体是动态性的整体。例如，《周易》认为天地一气流行、生生不息。又如，中医的经络是人体精气神运行不息所形成的现象。中华传统文化的整体思维方式又是前瞻性的，因为动态是有迹可循的动态，如中医的"治未病"理论就是前瞻性思维的结晶。中华文化的整体思维方式也是伦理性的，因为整体的各部分之间是一个休戚相关的共同体。例如，《庄子·齐物论》认为"天地与我并生，而万物与我为一"，《礼记·礼运》提倡"以天下为一家，以中国为一人"，北宋理学家张载在《西铭》中提出"民，吾同胞；物，吾与也"的民胞物与的大生命观，北宋理学家程颢认为"仁者以天地万物为一体"。

在现今的国家治理乃至世界秩序治理中，中国人提出的"构建人类命运共同体"的思路与美国人提出的"美国优先"的思路便与中西的两种不同的思维方式颇有渊源。2015年9月，习近平主席在纽约联合国总部发表重要讲话时指出："当今世界，各国相互依存、休戚与共。我们要继承和弘扬《联合国宪章》的宗旨和原则，构建以合作共赢为核心的新型国际关系，打造人类命运共同体。"（中华人民共和国外交部政策规划司，2016）可以说，中国领导人所倡导的命运共同体、利益共同体、责任共同体的理念更多的是源自中华文化的伦理性的整体观，而"美国优先"理念则更多地源自西方的个体主义的、局部的思维方式。

整体思维方式所带来的创新因素不仅影响了当今中国的创新治理，引导国家走上了和平崛起而非殖民称霸的新现代化之路，也引导着国家走向中国特色自主创新道路。中国特色自主创新道路具有鲜明的阶段性和多层次性。阶段性体现在中华人民共和国成立以来我们自主创新的发展历程经历了二次创新、组合创新、全面创新为主的 3 个阶段，目前的发展总趋势是走向开放式全面创新（陈劲和吴贵生，2018）。2003 年许庆瑞教授突破了长期以来形成的欧美创新理论范式，提出了全面创新管理理论（许庆瑞等，2003），被学术界誉为"迄今为止最系统的创新管理模式"。全面创新管理（total innovation management）应该以培养核心能力、提高持续竞争能力为导向，以价值创造/增加为目标，以各种创新要素（如技术、组织、市场、战略、管理创新、文化、制度等）的有机组合与协同创新为手段，通过有效的创新管理机制、方法和工具，实现创新的"三全一协同"——全要素创新、全员创新和全时空创新，实现各创新要素在全员参与和全时空域范围内全面协同（陈劲和吴贵生，2018）。可以说，全面创新管理理论契合了传统整体思维方式的基因，也适应了大科学、大联通时代的要求，正在对中国的自主创新之路产生越来越大的影响力。

3.1.2 传统理念与信仰

谈及中华传统价值理念的创新因素必先谈及中华文化中的创新精神。习近平在 2014 年 6 月 9 日在中国科学院第十七次院士大会、中国工程院第十二次院士大会上的讲话中引用了《礼记·大学》中的"苟日新，日日新，又日新"来提倡创新精神（人民日报评论部，2015）。日新又新在《大学》中的本义应该是指日新其德，但后来的确延伸为自强不息、不断自我革新之意。这种革新精神渊源有自，《周易》六十四卦中就旗帜鲜明地列上了表达创新精神的一卦，也就是"鼎"卦。《周易·鼎卦》曰："鼎：元吉，亨。"《周易·杂卦传》曰："革，去故也；鼎，取新也。"《周易·系辞上》曰："日新之谓盛德。"也就是说，懂得革故鼎新才是大吉大亨之事，日新才是盛德。《周易》六十四卦中的损卦则表达了与时偕行的变通精神，《周易·损卦》曰："损益盈虚，与时偕行。"《周易·系辞下》曰："易，穷则变，变则通，通则久。"这种与时俱进的战略灵活性与战略变通精神也是中华创新精神的重要内涵之一。中华创新精神还包含着深刻的宽容精神，这种宽容精神既包括厚德载物、和而不同的理念，如《礼记·中庸》所讲的"万物并育而不相害，道并行而不相悖"，这种信念铸就了中华文明在世界宗教史上罕见的、从未发动大规模宗教战争的宗教包容精神，也铸就了中华文明海纳百川的开放创新的精神；这种宽容精神也包括了宽容失败的理念，夸父追日、刑天舞干戚等代代相传的古老传说其实都是对失败者的歌颂。可以说，没有这种日新的、变通的、宽容的创新精神，很难想象中华文明能够在李约瑟七大卷的《中国科学技术史》中展开如此大气磅礴的科技创新图卷。

　　站在文明比较的角度来看，中华传统文化诸子百家的诸多理念与信仰，即便是在今日也是极具创新价值的。例如，中华传统的人性论就比西方的人性论要丰富和全面，这些人性论现在依然对治理和管理的理论和实践提供了重要的基础性洞见。儒家基于性善论的洞察而提倡柔性管理、"为政以德"，法家基于人性自私论而提倡法、术、势相结合的刚性管理，道家基于超善恶的自然人性论而提倡"无为而治"等。比起西方占绝对地位的性恶论，中华传统不同学派、不同视角的人性论的综合影响使得中国人在治理民众时对人性有着更灵活也更全面的把握，在待人处世上也因此显得相对灵活和容易变通。

　　又如，中华传统的人格论可以转化为一种积极的创新因素，为推进西方领导力理论的新发展提供许多借鉴。儒释道各家都重视美好人格的养成，儒家提倡智、仁、勇"三达德"（《礼记·中庸》）或仁、义、礼、智、信（《孟子》）"五常"的人格论，道家提倡"居善地，心善渊，与善仁，言善信，政善治，事善能，动善时"（《道德经》）的"上善若水""道法自然"的人格论，佛家提倡"勤修戒定慧，熄灭贪嗔痴"的常乐我净的人格论，兵家提倡智、信、仁、勇、严的"为将五德"的人格论等，这些都对领导者的自我修炼和领导才能提出了严格的要求。当代领导理论与实践的新趋势是越来越注重服务型领导、愿景型领导、有广博知识积累的跨文化领导、变革型领导等（陈劲，2010），而儒释道三家的人格理想对于推进这些新型领导力的养成来说，无疑是具有得天独厚优势的。儒释道对仁爱与慈悲之心的重视，与公仆型、服务型领导的养成有天然契合之处；儒释道对智慧的追求，包括对宇宙、社会、生命的知识和真相的追求及对因时因地因事而变通的智慧的追求，对愿景型、变革型、跨文化型领导的养成也有诸多助益；而且儒释道都很重视伦理型领导，"其身正，不令而行；其身不正，虽令不从"（《论语·子路篇》），这对企业领导能够道德自律并引领企业积极承担社会责任也是大有帮助的，2008年的全球金融危机已经让世界意识到没有道德自律的企业将可能造成多么可怕的世界危机。

中华传统文化还有许许多多的价值理念可以为今日的治理创新和管理创新观带来有益借鉴。习近平总书记在中共中央政治局第十三次集体学习时的讲话（2014年2月24日）上指出："深入挖掘和阐发中华优秀传统文化讲仁爱、重民本、守诚信、崇正义、尚和合、求大同的时代价值，使中华优秀传统文化成为涵养社会主义核心价值观的重要源泉。"（人民日报社理论部，2015）其中，"和文化"作为中华民族的重要精神，已经成为今日治理创新的重要发展方向，为建设今日中国的道德观、社会观、国际观、宇宙观指明了目标。

3.1.3 传统组织与制度

比思维方式、理念与信仰相对具象化、相对更具操作性的，是组织与制度。中华文化源远流长，在组织与制度方面的探索积累了许多宝贵经验，也极大影响了今日中国的国家治理与企业管理。习近平总书记提出了四个自信，即中国特色社会主义道路自信、理论自信、制度自信、文化自信，在道路、制度等的探索上，中国的确走上了一条受到传统文化影响的独特道路。

在政治治理方面，可以说作为中华传统制度基因的多元而一体的"大一统"观，帮助中国人开辟着一条政治现代化的创新之路。"'大一统'是中华传统文化的重要特征。在西方，帝国解体之后便是一个个独立的国家。在中国历史上，尽管分分合合，但'分'不是终极目标，'分'的目标仍然是'合'。'大一统'并不是说利益的一元化，相反，'大一统'通过内部多元而得以持续发展"（郑永年，2016）。在大一统观念下，"中国政治历来有统一的权威，现在这种统一的权威就是政党"（张维为，2011）。通过开放，把社会上的不同利益群体吸纳进政治进程中，政府治理可以代表最广大人民的根本利益，其中就包括推动混合经济成为中国经济的常态；通过选举民主和协商民主，政府治理可以避免西方多党制"为了否定而否定"的政治困境及由此导致的社会撕裂与对立的社会困境。

对多元而一体的大一统来说，多元是相互包容的，因此才可能成为一体。"我们历史上有朝贡制度、藩属制度、将军都护府制度、改土归流制度、郡县制等，这种制度多样性和包容性在西方现代'民族国家'的理念下是难以想象的，但在中国这个'文明型国家'中，各种制度可以相处得非常自然。中国可以实行'一国两制'和区域自治制度"（张维为，2011）。从实践来看，这个多元的一体已经产生了巨大力量，乃至形成了中国式创新道路的持续竞争优势，"跟西方不同的是中国在创新方面的战略引领和中国体制。我们是在走'党的领导、举国体制、群众路线、开放包容'为主要特色的中国式创新道路"（陈劲，2018a）。

对于企业的组织制度来说，儒道两家在当今中国的企业制度建设方面逐渐发挥出了相当大的乃至独特的创新价值。例如，儒家提倡"天下一家""民胞物与"的精神，因此，礼主法辅的拟家庭化组织可以说是儒家的典型制度特色，这种制度特色也影响到许多儒商企业的制度创新，方太集团即这方面的典范。企业的拟家庭化就是要把企业乃至企业所构建的商业生态系统建设为一个让员工、客户乃至合作伙伴有归属感、成就感，能帮助自我实现的大家庭，乃至最终形成"生死相依、休戚与共的命运共同体"（黎红雷，2017）。中国企业的拟家庭化也曾受到日本企业文化的影响，如"终身雇佣制"的理念等，但也逐渐走出了自己的路。中国的拟家庭化的企业注重员工的利益分配（如身股制等）与福利制度，注重对员工乃至员工家庭的关心和照顾，注重员工的生命成长和幸福体验，注重员工的归属感、责任感、使命感，成就感，乃至注重顾客的幸福，"以顾客为中心，以员工为根本"。在幸福大家庭的建设中，礼乐制度与法治建设同样不可或缺。现代儒商企业的礼乐制度建设主要包括陶冶员工气质及养成行为规范的日常礼仪、在员工或企业重要生命节点举办的企业仪式、注重晋升机制及激励机制的典章礼制等方面。《论语·为政》曰："道之以政，齐之以刑，民免而无耻；道之以德，齐之以礼，有耻且格。"对于员工来说，礼乐所带来的仪式感、神圣感、责任感、使命感、向心感及身心成长的快意感还是很受欢迎的。

除了儒家，受道家影响的无为而治的制度化建设、受法家影响的"循法而治"的法治化建设乃至受兵家影响的军事组织化建设，都逐渐影响到了许多企业的制度创新实践。不同类型的制度类型之间其实或多或少有重叠，并非截然可分。因此，我们甚至可以说，基于传统文化基因的影响，中国的企业家有着职责上以及制度建设上的独特性："一个企业老板，实际上是集上述三种身份于一身：企业是军队，老板就是'军长'；企业是家庭，老板就是'家长'；企业是学校，老板就是'校长'。"（黎红雷，2017）中国的企业家越来越关注员工的全面成长，越来越关注员工的幸福问题，这里的幸福至少包括身体和精神双成长、家庭和事业双丰收；甚至不仅要为员工谋多方位的幸福，也要为客户谋多方位的幸福，而不仅是为客户提供产品、技术和单一服务。在这个意义上，我们可以说，中国的企业组织将会越来越成为一种学习型组织、修炼型组织、成长共同体组织。

3.1.4 传统器物与科技

科技尤其是器物则可以是传统文化中最为具象化的层面。关于传统器物，其所包含的创新因素、创新价值在当代实践尤其是文创实践中得到了多方位的发掘和肯定。有着深厚历史文化底蕴的传统饮食、医药、服饰、建筑、家具、器皿、书画等给中国文化产业带来了无穷的启迪，形成了令人叹为观止的无尽创意，并有许许多多的创意成功实现了商业化。

在科学技术方面，传统科技则一般被认为过时的，或者认为传统中国只有技术和工程而无科学。然而，仅就思维方式来说，随着相对论、量子力学、信息技术、生态文明等新科技理论的兴起，系统思维方式应运而生，系统科学也逐渐发展。系统科学给新的科学形态带来了巨大的变化："从实体中心论转向关系中心论；从孤立地研究事物（封闭系统）转向在相互联系中研究事物（开放系统）；从以静止的观点研究事物（存在的科学）转向以动态演化观点研究事物（演化的科学）。"（苗东升，2007）系统科学时代的到来必将给相对擅长整体思维的中国人提供许多推进科技突破的机遇。耗散结构论的创始人普利高津曾说："中国传统的学术思想着重于研究整体性和自发性，研究协调和协和，现代新科学的发展，近些年物理和数学的研究，如托姆的突变理论、重正化群、分支点理论等，都更符合中国的科学思想。"（王渝生，2012）创建协同学的哈肯也指出："事实上，对自然的整体理解是中国哲学的一个核心部分。在我看来，这一点西方文化中未获得足够的考虑。"（王渝生，2012）可以预见，在这个大科学、大数据、大联通、大格局的时代，中国人完全可能在科技创新中发挥更大影响力。

就科学方面来说，认为传统中国只有技术而无科学，这种"西方科学"视角所带来的偏见很可能导致中国人错失对自己传统科学中的创新因素的发掘。传统中国有无"科学"，这个问题正如传统中国有无哲学、宗教等。若以西方的科学范式来评判，则或许没有；若以自己的类型为另外一种范式，则传统中国当然有哲学、宗教及科学。英国著名科学史家李约瑟在其7卷本34分册的巨著《中国科学技术史》中及英国另外一位著名科学史家贝尔纳在其名著《历史上的科学》中都写到了传统中国的许多科学成就。阴阳、五行、八卦、干支等理论实际上构成了中华传统科学的基础理论，农学、中医药学、天文学和筹算数学等都是传统科学的代表形态。以中医药学为例，中医药学早就形成了严密而有效的理论体系，也无法否认中医药几千年来救人无数的事实。实践是检验真理的唯一标准，在这个意义上，我们不妨对未来的科学发展持更开放的心态，科学也是存在多种范式的，中华传统科学为未来科学的发展注入新思想、新范式还是有可能的。

因此，重新发掘传统科技中的创新因素、创新价值是非常有意义的，前人在这一点上取得了诸多成果。例如,"德国哲学家和数学家莱布尼茨在获悉易图八卦后,惊讶地发现同他 1678 年发明的二进制运算法则……进化论的创立者达尔文在其名著《物种起源》(1859 年)中大量引用了他称为'中国百科全书'中关于遗传变异的记载,据查是出自北魏贾思勰《齐民要术》到明末李时珍《本草纲目》、宋应星《天工开物》中的内容……中国古代铸造中的失腊法,在现代已形成精密铸造产业。当代电子计算机打孔程序控制技术受到源自中国古代纺织中提花技术的启发而发明……天体演化、大地构造、地震预报、气候变迁、海平面升降、环境演替、生物进化等当代重大科学热点乃至社会热点,是与自然史和历史自然科学相关的问题。浩如烟海的中国古文献中有大量类型多、系列长、连续性好、地域覆盖广阔、综合性强的有关自然现象,特别是异常现象的观察记录,这是中国古人几千年来留给今人、贡献给世界的一个自然史信息宝库,它在射电天文学、地震震中分布图和烈度区划图、5 000 年气候史重建、500 年旱涝史重建及其隐含周期的发现中发挥了重要作用……"(王渝生,2012)。我们也相信中华传统文化数千年科技智慧的沉淀可以为正在到来的人工智能和基因编辑时代的科技创新提供更多启发。

3.2 习近平关于创新的重要指示引领理论发展

习近平关于科技创新重要论述集中体现在《习近平关于科技创新论述摘编》,中共中央、国务院印发的《国家创新驱动发展战略纲要》,党的十九大报告等重要文件及习近平系列重要讲话中。习近平总书记在 2018 年两院院士大会上的重要讲话,强调要坚持党对科技事业的领导,坚持建设世界科技强国的奋斗目标,坚持走中国特色自主创新道路,坚持以深化改革激发创新活力,坚持创新驱动实质是人才驱动,坚持融入全球科技创新网络。这"六个坚持"是我们学习领会、贯彻落实习近平总书记关于科技创新重要论述的"方向盘"和"金钥匙"。习近平科技创新重要论述的理论体系,可以归纳整理为 4 个层面(刘立和刘磊,2019)。

3.2.1 第一个层面:什么是创新

习近平总书记鲜明地提出了"创新是引领发展的第一动力"的论断,并扩展了学术界关于创新内涵的理解,提出创新是包括科技创新、理论创新、体制创新、制度创新、文化创新等多种创新的全面创新，其中科技创新是核心。

3.2.2　第二个层面：为什么创新

习近平总书记提出了遵循历史规律而必须创新的科技创新历史规律论、满足经济社会发展需要而必须创新的"三个面向"科技创新方针论、建设世界科技强国而必须创新的科技创新目标论。

第一，科技创新历史规律论：创新始终都是推动一个国家、一个民族向前发展的重要力量。习近平总书记指出："历次产业革命都有一些共同特点：一是有新的科学理论作基础；二是有相应的新生产工具出现；三是形成大量新的投资热点和就业岗位；四是经济结构和发展方式发生重大调整并形成新的规模化经济效益；五是社会生产生活方式有新的重要变革。"①习近平总书记对我国近代落后的原因进行历史考察，认为主要原因在于"近代以后，由于国内外各种原因，我国屡次与科技革命失之交臂，从世界强国变为任人欺凌的半殖民地半封建国家"（习近平，2016）。

第二，科技创新方针论："三个面向。"2014年，习近平总书记对《中国科学院"率先行动"计划暨全面深化改革纲要》②做出批示，强调要面向世界科技前沿、面向国家重大需求、面向国民经济主战场（"三个面向"）。后来，"三个面向"被确立为《国家创新驱动发展战略纲要》中的"基本原则"。2016年习近平总书记在全国科技创新大会、两院院士大会、中国科协第九次全国代表大会上作的《为建设世界科技强国而奋斗》讲话中，再次强调科技创新工作的"三个面向"（习近平，2016）。"三个面向"是对1985年中共中央发布的《关于科学技术体制改革的决定》提出的"面向依靠"科技方针（经济建设必须依靠科学技术，科学技术工作必须面向经济建设），在新的历史时期的发展，应该成为我国科技创新在新阶段的指导方针。

第三，科技创新目标论：建设世界科技强国。习近平总书记在中央财经领导小组第七次会议中提出："到本世纪中叶建成社会主义现代化国家，科技强国是应有之义。"③2016年5月，中共中央、国务院印发《国家创新驱动发展战略纲要》，明确提出，到2050年建成世界科技创新强国，成为世界主要科学中心和

---

① 习近平：科技创新、制度创新要两个轮子一起转[EB/OL]. http://cpc.people.com.cn/xuexi/n1/2019/0201/c385476-30605179.html, 2019-02-01.
② 参见2014年8月18日习近平在中央财经领导小组第七次会议上的讲话。
③ 参见2014年8月18日习近平在中央财经领导小组第七次会议上的讲话。

创新高地，为我国建成富强民主文明和谐的社会主义现代化国家、实现中华民族伟大复兴的中国梦提供强大支撑。2016年5月底，习近平总书记在全国科技创新大会、两院院士大会、中国科协第九次全国代表大会上发出了建设世界科技强国的总动员令，并提出了建设世界科技强国的新思路和具体要求（习近平，2016）。

3.2.3 第三个层面：如何创新

习近平总书记提出了科技体制改革顶层设计到重要工作战略部署的一系列科技创新理论，如"非对称"赶超战略论、科技成果转移转化论、科学普及地位论和科技创新国际合作论等。

第一，科技体制改革顶层设计论：科技体制改革要做好三个分工：一是政府和市场分工。能由市场做的，要充分发挥市场在资源配置中的决定性作用，政府从分钱分物的具体事项中解脱出来，提高战略规划水平，做好创造环境、引导方向、提供服务等工作。二是中央各部门功能性分工。有的重点抓基础性研究，有的重点抓应用性研究，有的则要重点抓产业化推广。三是中央和地方分工。中央政府侧重抓基础，地方要更多抓应用。另外，要加强党对科技工作的领导。

第二，科技创新赶超论："非对称"赶超战略。习近平总书记对我国科技创新的状况做出了准确判断，即"正处于从量的积累向质的飞跃、点的突破向系统能力提升的重要时期"（习近平，2018）。必须清醒地认识到，与发达国家相比，我国科技创新的基础还不牢固，创新水平还存在明显差距，在一些领域差距非但没有缩小，反而有扩大趋势。我国科技如何赶超国际先进水平？习近平总书记十分重视并大力倡导在科技创新尤其是自主创新上实行"非对称"赶超战略。"非对称"赶超战略，就是"在知己知彼的情况下，利用自己的独特优势，采用不被竞争者所知的非常规策略战术、方式方法、途径手段，实现超越竞争者目标的一种指导思想。可以说，'非对称'赶超战略思想的核心要点就是要做到'人无我有、人有我强、人强我优、人优我变'"（刘立，2016）。总体而言，非对称创新就是要在关键领域与科技强国不断缩小差距的基础上，利用不同创新体之间存在的信息非对称、认知非对称、前期投入非对称、决策优先级非对称等差异，在科技强国不知晓、不明晰、不情愿、不重视的科学技术领域果断布局，在科技强国"没想到""没想好""不情愿""不迫切"的领域寻求突破，积极参与和主导新标准、新规则的制定，以实现弯道超车的战略目标（陈元志和华斌，2018）。非对称创新战略的成功实施，应该以重视基础科学为前提，遵循科学技术的客观规律，充分考虑国情国力，将战略性跨越与经济性跨越相结合。

第三，科技成果转移转化论：打通科技和经济转移转化的通道。针对科研与经济"两张皮"这一我国多年来存在的一大痼疾，习近平总书记提出："要深化科技体制改革，坚决扫除阻碍科技创新能力提高的体制障碍，有力打通科技和经济转移转化的通道。"（中共中央文献研究室，2016）他还指出，要修订《中华人民共和国促进科技成果转化法》。2015~2016 年我国密集出台了科技成果转化政策法规"三部曲"，即《中华人民共和国促进科技成果转化法》（2015 年修订）、《实施〈中华人民共和国促进科技成果转化法〉若干规定》和《促进科技成果转移转化行动方案》。随后，科技成果转化"三部曲"进一步落地：2016 年 8 月教育部、科学技术部联合发布了《关于加强高等学校科技成果转移转化工作的若干意见》，中国科学院、科学技术部联合印发《中国科学院关于新时期加快促进科技成果转移转化指导意见》，我国形成了较为完备的科技成果转移转化政策体系。

第四，科学普及地位论：科技创新、科学普及是实现创新发展的两翼。2016 年全国科技创新大会、两院院士大会、中国科协第九次全国代表大会讲话中，习近平总书记提出："科技创新、科学普及是实现创新发展的两翼，要把科学普及放在与科技创新同等重要的位置。""使蕴藏在亿万人民中间的创新智慧充分释放、创新力量充分涌流。"（习近平，2016）这是对党的科普思想的重大发展。

第五，科技创新国际合作论。习近平总书记十分重视科技自主创新上的对外开放合作。事实上，在开放与合作中推进科技自主创新，也是欧、美、日等发达国家普遍采取的做法。我国 40 多年来的改革开放实践也充分证明，没有对外开放，我们就不可能快速地建立起今天日益完整的、强大的国民经济体系和科学技术体系，也不可能拥有今天强大的国防和人民日益提高的生活水平。2017 年 10 月 18 日，习近平总书记在党的十九大报告中向全党全国人民也是向全世界做出了庄重承诺："中国开放的大门不会关闭，只会越开越大。"（习近平，2017a）在开放中进行交流和合作，加强与世界各国和地区的密切联系，不仅是习近平总书记对我国推进自主创新、发展科学技术提出的基本要求，也是唯物辩证法所揭示的基本规律，是马克思主义关于联系与发展之题中的应有之义（谭文华，2018）。

3.2.4 第四个层面：谁来创新

在这个层面，习近平提出了科技创新人民中心论和人才是第一资源的创新人才论。

第一，科技创新人民中心论。科技创新人民中心论的基本要点有三个：一是科技创新要为了人民；二是科技创新要依靠人民；三是科技创新成果为人民所共享。习近平总书记指出："以人民为中心的发展思想，不是一个抽象的、玄奥的概念，不能只停留在口头上、止步于思想环节，而要体现在经济社会发展各个环节。"（习近平，2017b）就科技创新而言，2014 年习近平在上海考察时指出，"要加大科技惠及民生力度，推动科技创新同民生紧密结合"（中共中央文献研究室，2016）。这指出了改善民生是科技创新的终极使命。在依靠人民方面，习近平总书记在 2016 年召开的全国科技创新大会、两院院士大会、中国科协第九次全国代表大会上进一步强调："没有全民科学素质普遍提高，就难以建立起宏大的高素质创新大军。"（习近平，2016）在人民共享成果方面，在党的十九大报告中，习近平总书记在"过去五年的工作和历史性变革"部分指出："深入贯彻以人民为中心的发展思想，一大批惠民举措落地实施，人民获得感显著增强。"（习近平，2017a）这说明了科技创新的成果要以惠民、全民共享为根本宗旨。科技创新人民中心论的观点，强调把以人民为中心贯彻到科技创新活动之中，做到发展为了人民、发展依靠人民、发展成果由人民共享，更好增进人民福祉，更好发展中国特色社会主义事业。这些重要论述彰显了我们党始终都坚持以人民为中心的价值追求和执政为民的责任担当。

第二，创新人才论。习近平总书记指出"人才是创新的第一资源"①。人才以用为本，"要着力改革和创新科研经费使用和管理方式，让经费为人的创造性活动服务，而不能让人的创造性活动为经费服务"，使科研人员通过科技成果转移转化做到"名利双收"（习近平，2016）。习近平总书记关于科技人才的重要论述，把创新的重点从发挥"物"的作用转移到调动激发"人"的积极性、主动性和创造性上，从培养人才转移到使用人才上，进一步拓展了对科技创新人才的新认识，指出了实施人才强国战略的新方向。

3.3 整合式创新的提出

中国自 1978 年改革开放以来，成功实现了经济增速时间最长、人口基数扩大最多、消除绝对贫困人口规模最大等多个发展突破。作为后发追赶的经济体，为了适应经济增长由高速度向高质量的转型、避免陷入"中等收入陷阱"、保证

---

① 参见 2018 年 3 月习近平在参加十三届全国人民代表大会一次会议广东代表团的审议时的讲话。

持续稳定发展，中国政府实施了"创新驱动发展战略"，以逐步实现经济发展由传统的"要素驱动""投资驱动"向"创新驱动"进行转型（柳卸林等，2017）。超级计算机、载人航天和探月工程、载人深潜、深地探测、国产航母等重大科技创新成果的涌现，标志着中国创新型国家建设行动的有效推进（穆荣平，2017）和中国科技创新全球贡献率的大幅提升（陈劲，2018b）。

"发展是人类社会永恒的主题"①。创新是否能够、如何能够驱动发展一直都是西方经济管理领域所探索的问题。以熊彼特为代表的奥地利学派提出"企业家精神"作为经济发展的外生驱动力，为创新对经济增长的影响提供了理论解析，其认为企业家能够执行新企业、新技术、新供应源和新组织模式的新组合并形成创造性破坏（Schumpeter，1982），富有冒险精神和创新行为的企业家（Aghion and Howitt，1992）是促进市场经济增长的中坚力量。Swan（1956）和Solow（1956）建立了新古典经济增长模型（Solow-Swan 模型），并认为长期、可持续的经济增长必须依靠外生性的技术进步。Arrow（1962）将技术进步看作资本积累的副产品。然而，资本质量的提升需要巨大的资本投入，Romer（1986）认为，只有在垄断竞争市场结构之下的厂商，才有足够的资本能力进行资本质量升级，而这种典型的资本投入方式就是研发投入，进行新产品研发或产品质量提升。可以发现，关于技术创新与发展的研究，是基于传统经济学当中的经济增长模型，"创新"被封装为"技术进步"或"全要素增长率"变量，更多的研究是围绕西方经济学界所解释的创新与经济发展之间的因果关系，对于经济学界之外及发达国家之外的国别情境缺少讨论。

随着中国在经济实力上的突飞猛进和在国际地位上的日益提升，西方管理学界也开始出现了一些以中国为代表的、基于东方思维观和文化情境而涌现的管理现象和理论议题，如竞争与合作、双元（Li and Tsui，2002；Tsui et al.，2004）、关系（Xin and Pearce，1996）、网络资本化（Boisot and Child，1996）、市场转型理论（Nee，1992）等。但上述研究及其中国特色现象的涌现主要集中在一般管理领域，对在中国特色的经济基础、市场结构、社会制度、文化传统、政府治理（Uz，2015）等情境影响下，科学研究、技术发展、工程应用过程中的自主创新理论并未进行解释。以中国国家科技创新的重大工程（如载人航天、国产航母、国产大飞机等）为例，西方一般管理、创新管理的主流理论范式较多以原子论的范式出发（Wittgenstein，1929；Russell，2009），聚焦特定创新活动的某个局部，如重大创新工程中的知识转移（Lifshitz-Assaf，2018）与开放创新问

---

① 参见习近平在 2016 年 12 月 4 日致信祝贺"纪念《发展权利宣言》通过 30 周年国际研讨会"开幕。

题，国家创新系统（Lundvall et al.，2002）对科技创新活动的支持作用，重大创新工程中的政府作用与政策影响等（Mazzucato，2015），缺少对重大科技创新工程为何成功与如何成功的系统思考。简单地引进或移植西方情境下的创新理论，无法有效解释中国创新活动的典型特征，更无法指导中国情境下的创新实践。因此，基于对中国本土创新实践的归纳提炼，建构本土情境下的创新理论范式具有理论与实践意义（白长虹，2017；杨俊，2018）。整合式创新理论的提出正是基于这一背景。

基于整合式创新的创新管理范式，则是整合式创新管理（holistic innovation management，HIM）。整合式创新的 4 个核心要素，即"战略"、"全面"、"开放"和"协同"，战略引领、全面、开放创新与协同，四者互为联系，有机统一于整合式创新的整体创新理论中，缺一不可。

整合式创新框架：战略引领下的新兴创新范式如图 2-3-1 所示。

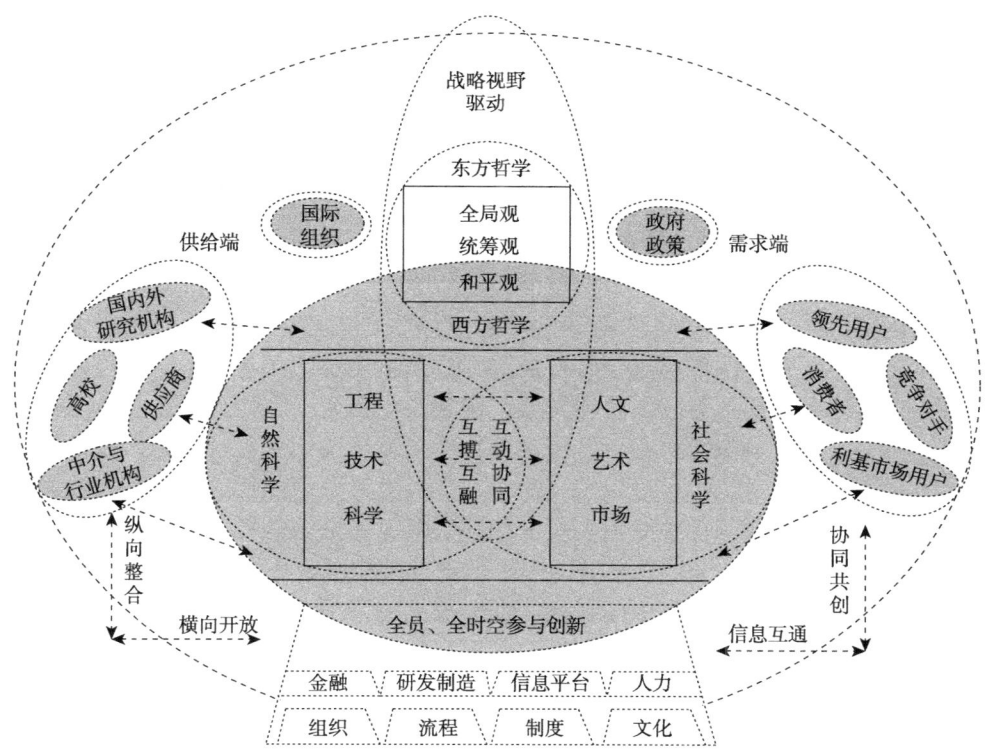

图 2-3-1　整合式创新框架：战略引领下的新兴创新范式

整合式创新的提出，是一个创新管理理论不断演化发展的过程，它是在自主创新、开放创新、协同创新和全面创新的基础上,将"战略引领"置于统领位置,强调升维思考和全局观而形成的创新范式。整合式创新的理论溯源与演化如图 2-3-2 所示。

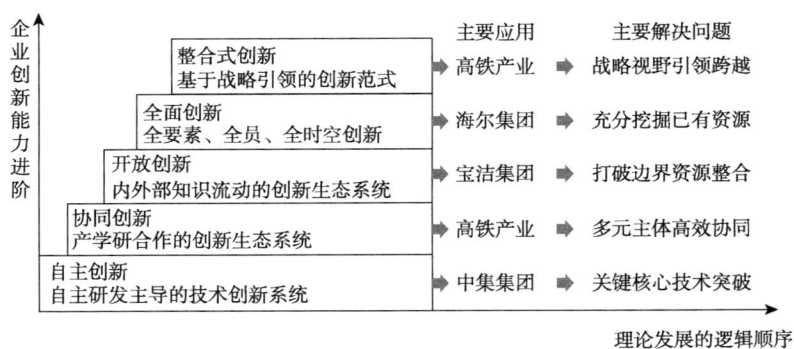

图 2-3-2　整合式创新的理论溯源与演化

在开放式创新生态系统的时代背景下,整合式创新是整体管理变革下的创新,是东西方哲学思想引领下基于自然科学和社会科学跨界融合的"三位一体"。整合式创新思想蕴含的全局观、统筹观及和平观,符合东西方哲学的核心价值追求,有助于在跨文化的国内外竞争过程中实现工程、技术、科学与人文、艺术及市场的互搏互融,并突破传统的企业边界,促进企业与外部需求端和供给端甚至国内外的政策端等各创新利益相关主体联合构建合纵连横的创新生态系统,在动态协同中开发市场机会和科技潜力,创新企业产品与技术,通过跨界创新与竞合推动产业变革与区域协同发展,实现"创新为了和平、为了全球可持续发展、为了人的幸福与价值实现"的终极目标。整合式创新理论认为,在新型国家和企业创新生态系统建设过程中,既要避免过度开放而导致的核心能力缺失,又要防止因为过度强调自主而丧失对全球创新资源和机遇的最大化利用。这一思想和中国哲学中的"中道""允执厥中"思想一脉相承,更与中国现代国家治理的制度逻辑相吻合,是具有中国特色、世界意义的管理学新思想,对建设新型国家创新生态系统、加速企业发展和培育世界一流创新领军企业具有重要理论与实战价值。

对于国家而言,整合式创新蕴涵着中国特色的和平观、举国体制下的战略执行优势和系统驱动的中国式创新经验与智慧,同时顺应了中国的创新战略需求,即不能再仅依靠工业化、信息化、城镇化和农业现代化的"四化"实现社会经济的创新发展,需要放眼全球、着眼全局,同时兼顾消除贫困、保护环境、促进健康、建设国防和推进国际事务等方面，通过各方面的有机整合，实现富民强军，推动全球和平发展。在重大科技创新领域，如航天系统、高铁技术、量子通信、人工智能和工业互联网等领域，不仅需要单纯的技术创新，更需要从国家中长期发展战略入手，实现科技战略、教育战略、产业战略与金融、人才、外交战略的有机整合，通过战略引领各要素的横向整合和纵向提升，为建设科技创新强国提供源源不竭的动力，为全球的经济与社会可持续发展做出重大的引领性贡献。基本技术的积累和应用决定了当前的基本生存能力，关键核心技术的掌握和优势的发挥决定了当前的核心竞争力，而对行业先导技术的判断、研发和开拓应用能力将决定未来的竞争力。通过整合式创新实现对当下关键核心技术的掌握和面向未来的前沿技术的把握，是中国企业超越追赶、实现创新引领发展的关键所在。对于那些有志持续实现跨越式发展的企业，更为重要的是在非连续性技术创新和战略前沿技术创新方面保持领先，由此才能充分掌握和制定新的发展规则，在全球竞争中赢得领先优势。

对于企业而言，应从大处着眼（think big）、立足高远（aim high），通过前瞻性的战略设计引领自身及所处生态系统的发展演变方向，在战略执行中行动迅速（act bold），打通横向资源整合和纵向能力整合的脉络，依托协同创新思维，实现总体思想下的技术集成和产品创新，达成竞争与合作双赢局面（Chen and Miller，2010；Chen，2013）。根据整合式创新理论，创新不只是研发部门的责任，而是需要纳入企业整体发展战略中，以战略创新引领技术创新和管理创新，实现全价值链的动态整合，真正落实"人人都是创新者"的理念。在整合式创新过程中，企业不但要注重通过全员、全要素、全时空创新强化技术要素，还要注重对非技术要素的发掘和利用，打造属于自己的独特"双核"——技术核心能力和管理核心能力，从而在新竞争环境下超越中国企业"引进→消化吸收→再创新"的传统追赶模式，加快实现颠覆性技术突破。整合式创新和传统创新理论最大的区别在于，整合式创新倡导战略引领，强调从系统观和整体观出发，思考企业技术创新体系的建设和创新过程的管理，重视对国内外环境、行业竞争趋势、技术发展趋势的战略研判，以战略创新引领技术要素和非技术要素的融合发展。展望未来，企业在应用整合式创新，打造自身动态核心能力，加快颠覆性技术突破的同时，要进一步加强科技创新的整合思考，以未来使命和战略视野引领持续的创新跃迁。企业在提升经济效益之外，也要不断赋能组织内外个体的能力改善、价值实现和幸福感提升，在此基础上创造更多、更可持续的社会价值，推动产业、国家乃至全球的可持续发展。

3.4 创新理论的共演

3.4.1 整合式创新与钱学森思想

整合式创新的研究对象，主要是一些大型、复杂的系统性创新工程和技术项目，而这些工程和技术项目往往含有多个子系统，具有明显的系统复杂性。如何协调子系统之间的关系，使得每一个子系统都能够相互辅助、相互协同且不发生冲突，是整合式创新需要解决的问题，而钱学森关于系统工程、系统科学和系统观的研究，为整合式创新提供了重要参考。

战略引领之所以重要，是因为对于战略的分析有利于企业识别当前所面对的机遇和挑战，并且分析企业在当今社会环境之下所承担的历史使命和重要任务。随着中国经济体制改革的不断深化，国家的经济增长模式已经从不可持续向着可持续发展、集约型发展和环保节约型经济发展进行转变，并且逐渐依靠管理和技术实现增效。在这样的宏观经济发展新常态背景之下，企业对于战略的分析有利于深入谋划和布局，并设计出符合自身转型升级的道路，逐渐形成其核心竞争力。整合式创新是战略引领下的创新范式，能够从全局性、统筹性和总体的思想创新政策设计视角，将科技、教育、经济、文化、民生、生态等结合起来，形成系统合力，引导战略驱动下的全面创新、开放创新与协同创新①。

1. 系统工程

国内关于系统工程的研究主要源于钱学森。1978年钱学森提出了"系统工程"和"系统工程学"两个概念。在钱学森看来，系统工程应该研究三个主要方面，包括过程研究的整体化、技术的综合化和管理的科学化。同时，他认为系统工程的关键执行部门是党委的领导、机关和总体设计部。随后，在1978年6月5日成都军区的学习会议上，钱学森较为系统地讲解了系统工程的理论内涵和实现路径，包含现代科学技术体系、现代科学技术的组织管理、电子计算机革命和系统工程人才培养等。同年9月27日，钱学森和许国志、王寿云共同撰写的《组织管理的技术——系统工程》在《文汇报》上发表，自此以后创立了"系统工程中

---

① 参见2018年7月6日清华大学技术创新研究中心举办2018创新前沿理论与实务分享主题论坛中陈劲教授的演讲"东方创新学的崛起"。

国学派"。系统工程主要是指为了更好地完成系统的整体目的,需要对系统的组成要素、组成结构、信息流和控制机构等进行分析研究的一种方法,从而使得系统的整体与局部之间形成协调的关系并完成相互配合,最终实现整个系统的最优运行。

在系统工程的分析方法当中,主要包含 3 个特点。第一,系统工程将研究对象作为一个整体进行分析,主要分析总体中的各个部分之间相互联系和相互制约的关系,从而能够实现各个部分之间的相互协调、实现整体最优;同时,在分析局部性的问题时,也需要从整体目标和整体协同进行考虑,选择整体最优的方案,并评估该方案的整体效果。第二,在进行定性分析和定量分析方法选择时,需要依据学科和技术特点进行选择,通常采用定性和定量分析相结合的方法。第三,需要重视系统的外部环境和变化规律,从而使得系统能够不断地适应外部环境的变化,具有动态能力。

2. 系统科学

系统科学主要是源于钱学森所提出的"开放的复杂巨系统"的系统科学理论。钱学森认为,开放的复杂巨系统是指系统与外部环境具有物质、能量、信息等方面的交换,并且在系统的内部具有诸多子系统,而这些子系统之间具有明显的层次结构,各个层次结构之间还存在着相互影响和相互制约的复杂关系。另外,每一个子系统既参与了系统整体的活动,又受到内部系统和外部环境的双重影响,形成了复杂的相互作用、具有高度的非线性关系。开放的复杂巨系统不会只包含某一个单一的子系统,而是由多个子系统进行交互而构成,由低级到高级、由简单到复杂,多个子系统之间呈现出螺旋上升的发展趋势,从而获得了系统的复杂性。在研究开放的复杂巨系统时,往往不能依靠传统意义上的某个学科或某个技术来进行处理,在运用其研究方法时,需要站在更高层次来进行事物剖析从而解决问题,也不能采用单一的范式或单一的原则来进行研究,而需要从复杂性的角度来思考各个子系统之间如何共享资源、减少常识性研究、进行交叉研究。

现在科学技术可以分为基础科学、技术科学和应用技术 3 个层次,而这 3 个层次具有整体性、结构性和系统性。现代科学技术并不是研究某一个事物或某一个现象,而是研究事物现象发展变化的过程,以及事物之间的相互关系。由此可见,现代科学技术是一种非常严密的综合体系,这也是现代科学技术的一个重要特点。系统工程之所以能够逐渐发展成为系统科学,是因为系统工程的体系当中逐渐囊括了多个学科(自然科学、建筑科学、社会科学、数学科学、思维科学、人体科学、军事科学、行为科学、地理科学等)。在钱学森的观念当中,工程包含技术因素、管理因素、经济因素、文化因素等，是技术的综合集成。这种技术的综合集成并不是技术的简单叠加，而是一个创新过程，一方面它需要依靠工程需求来对整个创新活动进行拉动，另一方面强调以人为主，从定量到定性等综合集成的方法来对整个技术综合集成过程进行研究。

随后，钱学森提出了以人为主、人机结合、从定性到定量的综合集成方法。综合集成方法是一个从定性到定量的综合集成技术，可称为"综合集成工程"。它是一种思维学科的应用技术，既要用到思维学科的成果，又要促进思维学科的发展，涉及计算机、网络与通信技术、人工智能技术知识工程等高新技术问题。综合集成方法论的本质是将专家数据和信息通过体系设计和计算机系统设计来进行有机结合，形成一个高度智能化的人-机、人-网相结合的系统，这个系统本身也具有开放性和复杂性的特点。其应用能够有效发挥系统的综合优势、整体优势和智能优势，能够将人的思维成果、思维过程、经验知识、智慧、外部情报、资料和信息等统一集成起来，从而能够将多方面的成果通过定性认识达到定量认识的提升。在此基础上，中国系统工程学会前理事长顾基发研究员等学者从中国的东方文化特色出发，提出了"物理-事理-人理"（wuli, shili, renli, WSR）的系统方法论。对于中国而言，系统科学和综合集成方法，具有重要的社会意义，因为建立和完善社会主义市场经济体系是一项复杂的社会系统工程，落实科学发展观、构建社会主义和谐社会也是一项系统工程，它涉及经济活动、社会活动、自然活动等社会经济发展的方方面面，需要采用系统科学的综合集成方法来分析问题、解决问题，从复杂因素、复杂层次和复杂方面入手，进行经济社会发展、社会形态、自然形态发展的分析。

综合集成方法具有统一性和结合性的特点。统一性，是指综合集成方法是将定性和定量分析方法相结合，既不同于东方传统的整体论，又不同于西方的还原论，而是实现了整体论与还原论的平衡、东西方思维方式的统一。而且，在进行具体问题分析的时候，需要将经验知识与科学理论相结合、宏观层次与微观层次相结合、定量思维与定性思维相结合、形象思维与抽象思维相结合、单一学科与交叉学科有机综合，是一种辩证统一的分析方法。结合性，是定量和定性综合集成的方法特点。延伸到人和机器的统一，形成人机结合的综合状态，其中"人"不是指个人，而是具有综合素质的专家体系，他们是实施综合集成方法的主体；"机"是指高性能计算机，它能够将专家体系所具备的知识、信息、经验、智慧、外部情报资料等进行快速处理，帮助专家完成各方面信息和意见的统一，形成仿真模型、进行仿真实验。

综合集成方法，为整合式创新提供了研究路线和技术路线的启发。对于整合式创新而言，也需要定量技术和定性技术相结合的方法。从分析问题上来看，需要从整体到部分，再从部分到整体，将宏观与微观层次进行统一，最终从解决部分问题到解决整体问题，实现整合式创新。因此，系统工程中的综合集成方法，是整合式创新的重要方法论依据之一。

3.4.2 整合式创新与全面创新

整合式创新本质上是对全面创新的一种继承和发展。对于整合式创新而言，具有战略、开放、协同、全面这 4 个要素。全面创新包含在整合式创新之中，全面创新涉及全要素、全员、全时空的创新，主要是通过全要素的整合、全员的参与，以及全时空的推进来整体性地提高企业的竞争能力，促进创新成果的实现。如果从全要素、全员、全时空来看，全面创新的诸多理论成果和方法论，与整合式创新不谋而合，然而整合式创新强调的是一种更高维度的看待问题和分析问题的方法，将战略提升到了引领整个创新发展的高度。换句话说，在全面创新当中，战略被认为创新发展过程中一个重要的要素与其他创新要素具有平等的关系，然而在整合式创新当中战略具有引领性地位，如图 2-3-3 所示。

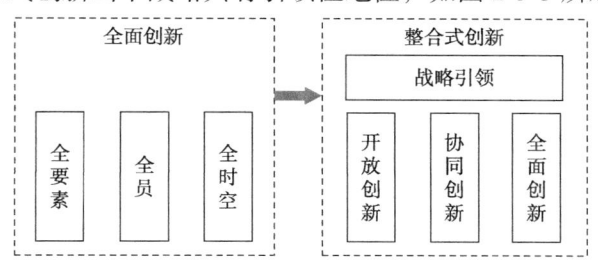

图 2-3-3　整合式创新与全面创新的关系

在企业技术创新管理中，战略视野观要求企业领导者不能将技术创新视为单一的活动，而应将之内嵌于企业发展的总体目标和企业管理的全过程，根据全球经济社会和科技的大趋势，借助跨文化的战略思维，确定企业和生态系统的发展方向，从而实现"战略引领看未来"。产业和国家也需要根据所处的国内外环境和创新体系现状制定全局性战略，使各要素相互连接，构建竞争优势。

在全面创新管理理论中，战略创新表现为基于发展观的战略性创新，主要是从企业的发展角度出发，将创新管理嵌入企业战略管理的范畴之中，从而能够有效提升企业的核心竞争力和创新能力，从而实现企业价值创造。在复杂多变的市场环境当中，如果没有战略的指导，别的创新活动往往会陷入消耗大量资源的竞争当中，而将创新管理嵌入企业战略管理之中后，企业的战略活动将会服务于经营战略的实施，从而有效提升企业的创新效果。许庆瑞指出，在研究创新管理理论时，尤其需要关注战略的主导作用，创新活动必须以企业经营战略作为重要的依据和出发点，从而能够服务于企业核心能力建设。全面创新管理是一种以战略为主导的创新管理模式，从而能够形成企业内部整体框架之中的全要素、全员、全时空等创新活动的系统性安排，满足战略实施的需要并更加高效地完成企业目标。

全面创新中的战略引领，具体体现为以下3个方面。

第一，战略决定了全要素创新。战略主要决定了企业的目标制订及有限资源的配置，它取决于企业的技术发展方向、技术水平、产品研发、组织架构、业务单元设计、运作流程设计和规范、企业文化等。因此，战略与组织结构设计两者是相互支持、相互配合的。同样地，创新与战略之间的互动关系也具有一致性。在全面创新中，对于战略的进一步理解是，创新是企业的一种战略性活动，无论是技术创新还是非技术创新，都必须服务和满足企业战略并纳入战略框架之内，从而更好地满足企业战略制定和实现。

第二，战略指导了全员创新。在企业内部的每一个员工都是创新的主体，也是企业战略的制定者和实施者。战略的制定会指导全员的创新活动，进而适应战略的要求。同时，战略管理活动会将企业的总体目标分解到每一个员工，并配置相应的资源和权利，从而使得员工成为战略实施的主体。同样的，也只有将目标、资源和权力下放到每一位员工身上，全员创新才能够实现。

第三，战略规定了全时空创新。战略的制定和实施在一定程度上反映并规范了企业在特定时间和空间范围内的企业边界与价值主张。在当前竞争环境日益动荡、外部不确定性显著增加的背景之下，企业战略需要更加柔性化、动态化，并进行不断的调整，而战略在特定时空范围内的动态调整，需要全体员工随时随地地对企业内部和外部的资源进行有效的整合、协调和配置，即实施全时空创新，从而适应战略发展和动态调整的新需要。

在整合式创新战略当中，战略引领是关键实现路径之一。除了关注企业战略以外，战略引领需要将企业的边界和价值主张扩大，延伸到社会、政治、经济、环境、政策等宏观因素当中，从而为企业识别出宏观发展的趋势，更加具有针对性地提出企业愿景和战略定位。

3.5　整合式创新的"三角思维"及其对二元逻辑的超越

组织二元性（ambidexterity）是管理学理论中的一种重要的研究理论。

Duncan（1976）率先将"二元性"应用于组织运营管理过程中，它认为企业在管理过程中面对着诸多选择困境和两难局面（Lewis，2000），如组织发展过程中的灵活性和稳定性（Duncan，1976）、组织间关系的强关联和弱关联（Ring and van de Ven，1994）、技术创新的渐进选择与颠覆选择（Christensen et al.，2018）、知识流动的开放选择与封闭选择（West et al.，2014）、企业发展目标的经济价值和社会价值（Jo and Harjoto，2011）等。二元逻辑给组织管理所提供的启示是需要在动态环境中不断调整竞争手段、组织间关系、利益诉求等，以适应和平衡复杂的社会情境（周俊和薛求知，2009）。关于二元性的解决方式上，往往意味着组织在两种截然不同的方式中追求在特定时间、特定空间、特定制度场域、特定技术状态之下的综合平衡，从而打破能力约束和创新陷阱（March，1996），达成组织在差异化情境之下、多样化主体之间、资源与结构固定之下的多目标和多条件兼容性和动态平衡（Gibson and Birkinshaw，2004）。

在二元逻辑的组织管理思维之下，整合式创新提出了"三角思维"方式，突破了二元逻辑在选择之间的平衡与取舍，而是将企业组织管理，尤其是创新管理决策设定为3个维度的决策考量，详细如图2-3-4所示。

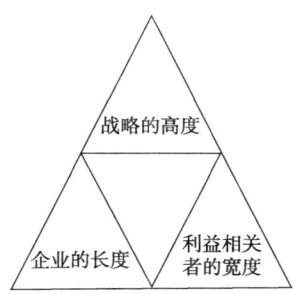

图2-3-4　整合式创新的三角思维方式

具体内涵如下：

（1）企业的长度是企业能够得以延续和存续的时间，组织必须具备可持续性的目标和动力，才能够做到基业长青，因此企业对于其内在能力的充分关注，包括企业内外部资源、资源调动能力、学习能力、动态能力等。然而极度地探索长度维度会带来短期利益最大化而忽视长期利益、企业活动的负外部效应。

（2）利益相关者的宽度是对其他主体福利的外向关怀，对社会责任、利益相关者之间的目标平衡、处理外部性问题等的重视。这在全球化和重大全球性挑战不断出现的社会情境下,具有很大的社会意义。无论是个体、组织还是国家,如果过度地关注长度而忽视了宽度,会带来个体或组织的孤立。随着全球化进程的不断加快,每个个体和组织都牵涉在共同发展进程之中、处于相互联系的社会网络之内,关注利益相关者即是在关注自身发展。

(3)战略的高度是具有引领性和社会意义的目标,意义引领是战略高度最重要的特点。意义是符号、历史与情境、复杂现象和模糊思维的统称,意义引领下的战略强调对战略意义的探寻、运用和表达,需要在特定语境之下、在特定历史情境之中,通过解决复杂现象来形成相对明晰的逻辑思维和相对模糊的创新思维。在传统的战略研究中,关于意义的探讨往往与企业社会责任相关,将企业符合制度、惯例、文化、道德和通俗意义的行为看作企业在应对制度压力之下的反应,具有被动性。在战略的高度谈及意义,则是强调一种主动积极的创新视角和战略管理视角,将被动性结果转变为企业获得竞争优势的重要前置条件。在更高层次的整合思维之下,不再是单纯考虑二元逻辑之间的选择和平衡,而是在二元悖论的解决过程中,以目标为导向、跳出二元维度的决策空间,以战略来决定二元性之间的平衡,并通过引入战略实施与实现来寻求二元措施处理的优先度和辅助度。

在三角思维的推广下,诸多组织边界之内的运营管理、技术管理、创新管理问题都可以借助三角思维方式得以抽象。三角思维方式在组织中的应用示例如图 2-3-5 所示。

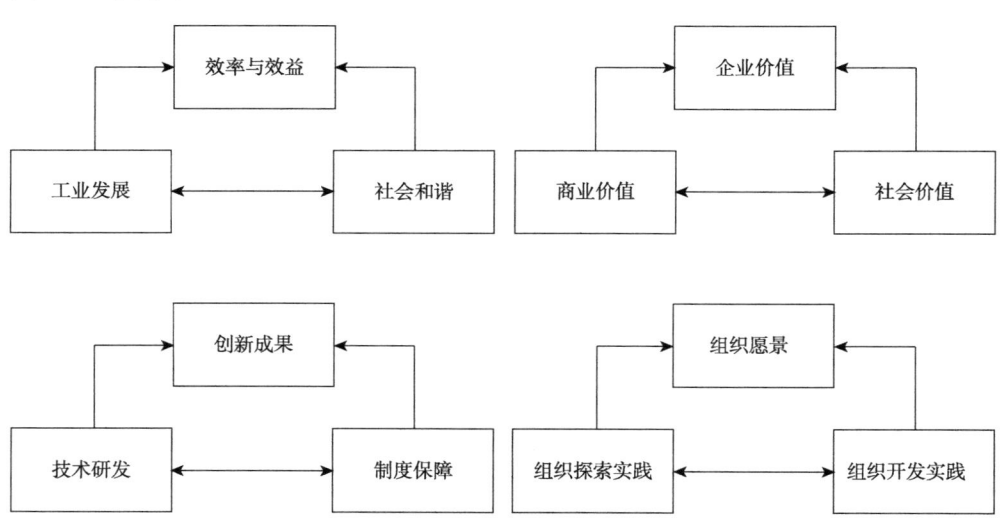

图 2-3-5 整合式创新三角思维方式的推广

参 考 文 献

白长虹. 2017. 管理学术研究：基于实践，引领实践[J]. 南开管理评论，20（6）：1.
陈劲. 2010. 管理学[M]. 北京：中国人民大学出版社.
陈劲. 2018a-11-19. 中国创新学派的最好时代[N]. 人民网.
陈劲. 2018b-09-06. 以全球视野推动科技创新[N]. 人民日报.
陈劲，吴贵生. 2018. 中国创新学派：30 年回顾与未来展望[M]. 北京：清华大学出版社.
陈劲，吴庆前. 2019. 中华传统文化中的创新因素与第四代管理学[J]. 科研管理，40（8）：12-19.
陈劲，尹西明，梅亮. 2017. 整合式创新：基于东方智慧的新兴创新范式[J]. 技术经济，36（12）：1-10.
陈引驰. 2005. 类型与时代：中西文化之别——"多元现代性"视野下的回顾[J]. 史林，（2）：8-15.
陈元志，华斌. 2018. 非对称创新战略的内涵实质与理论诠释——习近平新时代中国特色社会主义科技创新思想探析[J]. 海派经济学，16（3）：14-24.
黎红雷. 2017. 儒家商道智慧[M]. 北京：人民出版社.
李劲. 2011. 德鲁克谈管理[M]. 深圳：海天出版社.
刘立. 2016. 以非对称赶超战略推进科技强国建设——习近平科技创新思想的重大时代意义[J]. 人民论坛·学术前沿，（16）：60-69.
刘立，刘磊. 2019. 习近平科技创新重要论述的理论体系及政策实践[J]. 高校马克思主义理论研究，5（1）：59-66.
柳卸林，高雨辰，丁雪辰. 2017. 寻找创新驱动发展的新理论思维——基于新熊彼特增长理论的思考[J]. 管理世界，（12）：8-19.
楼宇烈. 2015. 中国的品格[M]. 成都：四川人民出版社.
苗东升. 2007. 系统科学大学讲稿[M]. 北京：中国人民大学出版社.
穆荣平. 2017. 强化创新第一动力 增添持续发展动能[J]. 人民论坛，（S2）：106-107.
人民日报评论部. 2015. 习近平用典[M]. 北京：人民日报出版社.
人民日报社理论部. 2015. 人民日报理论著述年编[M]. 北京：人民日报出版社.
谭文华. 2018. 论习近平科技自主创新观及其时代价值[J]. 社会主义研究，（5）：24-30.
王渝生. 2012. 传统文化与中国科技发展[J]. 科技导报，30（36）：15-18.
习近平. 2016-06-01. 为建设世界科技强国而奋斗——在全国科技创新大会、两院院士大会、中国科协第九次全国代表大会上的讲话[N]. 人民日报.

习近平. 2017a-10-28. 决胜全面建成小康社会 夺取新时代中国特色社会主义伟大胜利——在中国共产党第十九次全国代表大会上的报告[M]. 北京：人民出版社.

习近平. 2017b-01-11. 习近平谈"人民"[N]. 人民日报海外版.

习近平. 2018-05-29. 在中国科学院第十九次院士大会、中国工程院第十四次院士大会上的讲话[N]. 人民日报.

许庆瑞, 郑刚, 喻子达, 等. 2003. 全面创新管理（TIM）：创业创新管理的新趋势——基于海尔集团的案例[J]. 科研管理, （5）：1-7.

杨俊. 2018. 新时代创新研究的新方向[J]. 南开管理评论, 21（1）：4-5.

张维为. 2011. 中国震撼：一个"文明型国家"的崛起[M]. 上海：上海人民出版社.

郑永年. 2016. 契合中国文化的制度安排[J]. 理论导报, （5）：28, 29.

中共中央文献研究室. 2014. 十八大以来重要文献选编（上）[M]. 北京：中央文献出版社.

中共中央文献研究室. 2016. 习近平关于科技创新论述摘编[M]. 北京：中央文献出版社.

中华人民共和国外交部政策规划司. 2016. 中国外交[M]. 北京：世界知识出版社.

周俊, 薛求知. 2009. 双元型组织构建研究前沿探析[J]. 外国经济与管理, 31（1）：50-57.

Aghion P, Howitt P. 1992. A model of growth through creative destruction[J]. Econometrica, 60（2）：323-351.

Arrow K J. 1962. The economic implications of learning by doing[J]. The Review of Economic Studies, 29（3）：155-173.

Boisot M, Child J. 1996. From fiefs to clans and network capitalism: explaining China's emerging economic order[J]. Administrative Science Quarterly, 41（4）：600-628.

Chen M J. 2013. Becoming ambicultural: a personal quest-and aspiration for organizations[J]. Academy of Management Review, 39（2）：119-137.

Chen M J, Miller D. 2010. West meets east: toward an ambicultural approach to management[J]. Academy of Management Perspectives, 24（4）：17-24.

Christensen C M, McDonald R, Altman E, et al. 2018. Disruptive innovation: an intellectual history and directions for future research[J]. Journal of Management Studies, 55（7）：1043-1078.

Duncan R B. 1976. The ambidextrous organization: designing dual structures for innovation[J]. The Management of Organization, 1（1）：167-188.

Gibson C B, Birkinshaw J. 2004. The antecedents, consequences, and mediating role of organizational ambidexterity[J]. Academy of Management Journal, 47（2）：209-226.

Jo H, Harjoto M. 2011. Corporate governance and firm value: the impact of corporate social responsibility[J]. Journal of Business Ethics, 103（3）：351-383.

Lewis M W. 2000. Exploring paradox: toward a more comprehensive guide[J]. The Academy of

Management Review, 25（4）: 760-777.

Li J, Tsui A S. 2002. A citation analysis of management and organization research in the Chinese context: 1984-1999[J]. Asia Pacific Journal of Management, 19（1）: 87-107.

Lifshitz-Assaf H. 2018. Dismantling knowledge boundaries at NASA: the critical role of professional identity in open innovation[J]. Administrative Science Quarterly, 63（4）: 746-782.

Lundvall B Å, Johnson B, Andersen E S, et al. 2002. National systems of production, innovation and competence building[J]. Research Policy, 31（2）: 213-231.

March J G. 1996. Continuity and change in theories of organizational action[J]. Administrative Science Quarterly, 41（2）: 278-287.

Mazzucato M. 2015. The Entrepreneurial State: Debunking Public VS. Private Sector Myths[M]. New York: Anthem Press.

Nee V. 1992. Organizational dynamics of market transition: hybrid forms, property rights, and mixed economy in China[J]. Administrative Science Quarterly, 37（1）: 1-27.

Ring P S, van de Ven A H. 1994. Developmental processes of cooperative inter-organizational relationships[J]. The Academy of Management Review, 19（1）: 90-118.

Romer P M. 1986. Increasing returns and long-run growth[J]. Journal of Political Economy, 94（5）: 1002-1037.

Russell B. 2009. The Philosophy of Logical Atomism[M]. London: Routledge.

Schumpeter J A. 1982. The Theory of Economic Development: An Inquiry Into Profits, Capital, Credit, Interest, and the Business Cycle[M]. London: Transaction Publishers.

Solow R M. 1956. A contribution to the theory of economic growth[J]. The Quarterly Journal of Economics, 70（1）: 65-94.

Swan T W. 1956. Economic growth and capital accumulation[J]. Economic Record, 32（2）: 334-361.

Tsui A S, Schoonhoven C B, Meyer M W, et al. 2004. Organization and management in the midst of societal transformation: the People's Republic of China[J]. Organization Science, 15（2）: 133-144.

Tu W M. 2000. Implications of the rise of "confucian" East Asia[Z]. Chinese American Forum.

Uz I. 2015. The index of cultural tightness and looseness among 68 countries[J]. Journal of Cross-Cultural Psychology, 46（3）: 319-335.

West J, Salter A, Vanhaverbeke W, et al. 2014. Open innovation: the next decade[J]. Research Policy, 43（5）: 805-811.

Wittgenstein L. 1929. Some remarks on logical form[J]. Proceedings of the Aristotelian Society, 9: 162-171.

Xin K K, Pearce J L. 1996. Guanxi: connections as substitutes for formal institutional support[J]. Academy of Management Journal, 39(6): 1641-1658.

第 4 章　新时代创新范式——整合式创新的理论框架

只有理论才能激发和发扬发明创造精神。

——〔法〕巴斯德

（引自 W.I.B.贝弗里奇所著《科学研究的艺术》）

4.1　整合式创新的内涵解析

整合式创新，即"战略驱动下的开放创新、协同创新与全面创新"，强调通过战略引导下的开放、协同、全面创新，有效配置和利用创新活动所需的资源，以实现创新成果的产出。对于发展中的中国创新实践，整合式创新提供了一种基于整体观、系统观及重大创新工程为基础的创新理论基础（陈劲等，2017；Chen et al.，2018）。

4.1.1　整合式创新中的"战略导向"

已有关于企业成长和发展的战略管理研究形成了系统的理论演进过程与方法论基础（谭力文和丁靖坤，2014）。作为研究的重要构念，"战略导向"关注的是企业如何定义它们的市场领域（创业问题）、如何构建体系和流程（管理和技术问题）、如何获取价值（Miles et al.，1978；Porter，1980）。关于"战略导向"的研究，Miles 等、Porter 提供了两种主要框架。Miles 等（1978）将企业战略导向划分成进攻型、防御型、分析型。进攻型企业通常积极寻找并发展新的产品与市场机会，企业内的产品研发和市场营销对战略的定位与选择有重要的影响

（Chaganti and Sambharya，1987）；防御型企业通常占有一个安全而稳定的利基市场，它们往往倾向"集约式发展"（intensive development）（Cusumano et al.，1998；Cooper，2017），不采取向外拓展，而是对现有的财务和生产流程进行优化以提升效率；分析型企业介于进攻和防御两者之间，它们更加谨慎地对待新产品领域和新市场，同时又维系并保护既有的产品与客户群。Hambrick（1983）认为，这种分类方式主要是针对企业层面的经营现象进行解释，对企业战略本身的解释度不够。随后，Hambrick和Mason（1884）对这种分类进行了延伸，在战略导向的基础上，增加了外部者导向（outsider orientation）和职能导向（functional orientation），更加详细地解释了企业战略的形成过程。Porter（1980）以取得竞争优势为目的，将企业战略导向的核心阐述为"竞争战略"，并分成了成本领先战略、差异化战略和集中战略3种类型。然而，创新系统中的战略导向，与一般企业的战略导向有所不同，其具备了更多的非对称性、不确定性和结构多样性，因此创新活动中的很多现象已经很难用均衡、路径依赖、可逆性、线性等传统理论来解释，需要更多地融入非二元、复杂性系统观点（Fischer and Fröhlich，2001）。另外，在西方战略管理理论当中，重点强调的是借助有价值的、稀缺的、不可模仿的、不可替代的资源来建立竞争优势（Barney，1991）。对于资源优势和竞争能力并不突出的发展中国家而言，这种竞争战略和思维逻辑并不适用。在有限的创新能力和基础资源的约束下，善于联合外部资源、创造性地进行资源整合，才有可能获得内外部资源的充分协同，赢得竞争优势（Slater et al.，2006）。作为这种资源整合的战略选择，整合式创新理论中所强调的战略导向可以包含进攻型战略导向与防御型战略导向两种选择。

在企业案例中：以中国高铁产业企业为例，中国南车集团公司[①]自成立以来，在国家推进"引进国外先进技术，联合设计生产，打造中国品牌"的高铁发展战略的驱动下，客观分析自身面临的内外部机遇和挑战，制定并实施了"归核→强核→造核→扩核"的集团发展路径，通过整合内外部资源、在集团宏观层面进行战略协调实现了全球竞争优势的提升。另一个企业案例是，华为技术有限公司自1987年成立以来，经过30多年的技术积累与发展，从一家民营通信科技公司逐步成长为全球最大的电信网络解决方案提供商、全球规模第二的电信基站设备供应商。军人出身的华为总裁任正非正是将军事战略思维成功应用于企业创新管理的典型。他反复强调，华为在创新过程中"不能在非战略机会点上消耗公司的战略竞争力量"。华为围绕技术研发制定了适应全球化发展的产品开发战略、

[①] 中国南车股份有限公司和中国北车股份有限公司于2015年组建中国中车集团有限公司。

人才战略和组织管理激励战略，助力其保持在电信领域的全球领先优势（陈劲等，2018）。例如，华为制定的集成产品开发战略，由市场管理、流程重组和产品重组三大模块构成，该战略的实施使得产品开发周期缩短 50%、不稳定性降低了 2/3，是华为在技术创新方面赢得全球领先优势的重要源泉①。

4.1.2 整合式创新中的"开放"

随着技术创新工作的复杂化和学科交叉化，单独依靠某一个企业内部资源（资产、组织管理、结构、工艺、流程、人员、信息、知识等）（Wernerfelt，1984），已经无法负担复杂或重大技术创新的资源需求；加之技术创新的不确定性逐渐增强、成本提升，创新风险和难度都在急剧增加。2003 年，Chesbrough（2003）对朗讯、思科等企业进行对比，发现内部研发能力弱的公司能够利用外部资源来提高创新速度和回报率。基于此，他提出了"开放式创新"的概念，强调外部技术、资源获取来弥补内部资源不足的缺陷，共同承担创新风险。通常情况下，开放式创新是以企业为主体，研究企业的开放行为（点的开放，single open）或组织与组织之间的交互（线的开放，bilateral open）。企业的开放行为是企业主动性的外部知识搜索、外部合作及共享行为。企业之间的开放创新能够实现内外部技术的整合，并通过企业资源与互补性资产的整合实现参与主体的价值获取（Teece，2006）。同时，开放式创新主张创新合作中分担风险和成本、充分利用创新主体的资源能力，实现优势互补、缩短创新周期、提高创新效率（Chesbrough et al.，2014）。企业主体之外，具有先进技术能力的零组件供应商、具有市场知识的用户等都是创新的重要来源，可以为企业提供有价值的产品设计创意、提高创新效率（von Hippel，1986；Clark，1989）。本质上，开放式创新强调一种跨越企业边界的知识流动（Chesbrough et al.，2018），并以企业内部的开放合作与跨企业边界的双边合作为主要载体（Bogers et al.，2012）。随着开放进程的不断深入、开放广度和深度的不断加强，开放式创新的复杂度和网络化程度也在不断增加，如表现为价值网络和价值星系（Normann and Ramirez，1993）的出现。这使得知识流动和交易过程的"多边"趋势成为必然。Vanhaverbeke 和 Cloodt（2006）由此总结提出了组织内部、组织间双边和异质组织群多边三种类型的开放式创新知识流动与交易关系。因此，基于开放式创新的分类形式，整合式创新中的"开放"可以划分为点的开放、线的开放和面的开放

---

① 相关信息和资料来自笔者研究团队的内部研究与项目报告。

（multilateral open）3个类别。

在企业案例中：以海尔集团为例。在开放式创新的新竞争环境下，海尔开放合作伙伴生态系统（Haier open partnership ecosystem，HOPE）平台于2013年10月正式上线。通过"人单合一"模式以及构建与发展创新生态系统的多年实践，海尔基于HOPE平台构建了企业与用户交互的创新生态圈，同时基于自主经营体与小微创新的组织管理模式，实现了用户参与、全员创新的生态成员交互模式，从而进一步优化了海尔的企业创新生态系统（吕文晶等，2019；张小宁和赵剑波，2015；赵剑波，2014）。

4.1.3　整合式创新中的"协同"

生物技术、能源技术、信息技术等高科技前沿技术的快速发展和迭代，要求实现众多技术创新环节并行化、资源聚集化和主体协同化（陈劲，2012），致使特定技术创新所嵌入的系统的复杂性显著增加，协同成为管理组织系统复杂性的核心（陈春花等，2018）。系统中的各个子系统、要素之间的相互协调、合作、联合和集体行为，通过大量非线性作用而在整体层面涌现协同效应，使得整个系统在特定时空中能够实现特定功能并构成自组织（Haken，2013）。当前关于"协同创新"的研究，主要是基于协同主体和主体间关系，在不同的场景中，采用不同的链接手段促进知识、资源等的交互与组合，实现价值创造。在协同创新过程中，通常是企业、大学、科研机构、政府、中介组织等创新主体共建创新平台，组建研发共同体、协同创新组织和利益共同体（叶伟巍等，2014）。需要重点关注知识产权的归属、经济利益分配比例、创新目标管理、合作方式（Fontana et al.，2005）、合作协议时限、合作关系的正式化程度、信息不对称性、交易费用结构（Jensen et al.，2003）等。各个创新主体之间需要在价值观、文化、行为准则、战略和利益目标上达成相互认同与匹配一致，实现"战略协同"（Haken and Mikhailov，2012）；由于不同的创新主体具有不同的利益目标，目标之间并不是完全互洽的，有可能存在相互冲突的情况，需要建立利益共赢的相容机制并实现"风险和利益协同"（Harland et al.，2003）；通过信任、沟通和交流来实现"愿景协同"（Campbell and Yeung，1991）；在主体间知识转移、吸收、消化、共享、集成、利用、再创造（Koschatzky，2002）过程中，需要保护知识产权、重视显性和隐性知识（Nonaka，1994）的输入与输出，达到"知识协同"（Gold et al.，2001）。系统是否具有自组织性，能够典型区别于合作、战略联盟等合作方式。"协同创新"强调构建协同关系和合作模式，如围绕特定科研目标与成果转化（Etzkowitz and Leydesdorff，2000；Etzkowitz，

2008)的产学研协同创新，聚焦重大科技创新工程与国家创新能力建设的国家创新系统的高效协同等（Lundvall，2010），都是创新研究关注的重要议题。本质上，这些协同创新议题都强调了系统性思考，主张协同主体、协同场景、协同手段之间的协调匹配，也即应对有不同目标的科技创新活动，基于不同的组织、产业等场景，需要采取相适应的手段将创新主体有效的联结在一起，实现资源的合理配置、价值的公平分配（洪银兴和安同良，2015）。由此，整合式创新中的"协同"，可以由协同主体（synergetic agent）、协同场景（synergetic context）和协同手段（synergetic approach）3个维度予以解构。

协同创新有两个特点。第一，强调科技创新的整体性，即创新生态系统是各要素的有机集合而非简单相加，其存在方式、目标和功能都表现出统一的整体性。第二，动态性，即创新生态系统是不断动态变化的。在科技、经济全球化的环境下，以开放、合作、共享为特征的协同创新被实践证明是有效提高创新效率的重要途径。充分调动企业、大学和科研机构等各类创新主体的积极性，跨学科、跨部门、跨行业地组织实施深度合作和开放创新，对于加快不同领域、不同行业及创新链各环节之间的技术融合与扩散尤为重要。整合式创新是战略驱动、纵向整合、上下互动和动态发展的新范式。在开放式创新环境下，技术创新管理不再是单一技术要素的组合、管理和协同，身处开放式创新生态系统的企业、大学和科研机构及个体，都需要以战略性、全局性和整体性的视野看待创新，实现战略、科技、人文与市场等的互搏互融，最大限度地调动全民的创新创业活力。

协同攻关、协同创新，首先，要更好发挥集中力量办大事的制度优势。中华人民共和国成立70多年以来，我们成功地运用了举国体制，在"两弹一星"、航空航天等领域集中攻关，取得了举世瞩目的科技突破。近些年来中国高铁的发展成就，则为新型举国体制的有效性提供了最新的实践证明。中国高铁形成世界上最丰富的产品谱系，综合技术指标达到世界先进水平、部分指标国际领先，创造多个世界纪录。中国高铁之所以能够获得成功，是因为在高铁的研发和试制生产过程中，整合了包括中国科学院、清华大学、北京大学在内的近30家国内一流科研院所与高校，与近50家骨干企业组成产学研用密切结合的自主创新联合体，形成了强大的协同创新势能，从而实现了多项高水平的技术创新。未来，能体现国家战略意图的重大科技项目，要更好运用新型举国体制，通过各方协同、团结协作形成整体的创新势能。其次，需要更好处理政府和市场的关系，激发市场主体的创新活力。企业对市场需求感知最灵敏，也是最具活力的创新单元，突破核心技术更需要激发企业创新的微观活力。当前，互联网创新发展与新工业革命形成历史性交汇，全球新一轮科技革命和产业变革将重新改写全球经济格局，中国的科技企业面临难得的发展机遇。阿里巴巴的云计算、百度的人工智能、大疆的无人机等，企业创新活力能够得到充分释放，就能在某个领域占据一席之地，甚至是进入第一梯队。同时，在传统行业，中国企业的创新活力也在进一步激发，如中国家电企业海尔和美的分别建立了高水平的科技创新开放平台，实现了家电产业的技术赶超。可以说，当越来越多的企业进入创新行列，就能有无数个分散的创新引擎，客观上形成"协同创新"的合力（陈劲，2019）。

在企业案例中：中国南车通过搭建创新平台，推进了集团内外部资源的协同。经过多年的创新资源积累和能力建设，中国南车搭建了"协同仿真平台"、"试验验证体系"及"技术标准化信息平台"，三大体系之间实现了有效协同。此外，作为 CRH380A 自主创新的核心组织，中国南车自主实现了四大理论与十大核心技术的协同。中集集团作为一家为全球市场服务的多元化跨国产业集团，为了通过不断的组织和技术变革应对不断变化的外部环境，于 2010 年发布了《中集集团升级纲要（2010 版）》，全面启动战略驱动下的创新升级，横向整合各层面的子模块及外部信息和合作资源，纵向集成金融、人力资源、文化和信息平台等对营运和技术创新的支持系统。在整合式创新战略理念的指导下，中集集团实现了对遍布全球的 300 多家成员企业和 100 多个国家的客户与销售网络的管理服务优化，全面提高了全球综合竞争力，巩固和强化了在物流装备和能源装备供应领域的世界领先地位。

4.1.4　整合式创新中的"全面"

全面创新管理是以技术创新为中心，以组合创新、技术能力、创新能力为基本点，以提升持续性竞争力为导向、以价值创造为最终目标（许庆瑞等，2004），将创新过程中所需要的各种要素（技术、组织、市场、战略、管理、文化、制度等）通过有效的创新管理机制、方法和工具进行组合、协同，激发创新成果（许庆瑞等，2006）。全面创新管理强调创新过程调动全要素与全员，并在全时空情境下进行展开。全要素创新是基于资源观和系统观的思想，统筹组织内部的技术资源、市场资源、组织管理资源、战略资源、文化资源等与创新过程和创新绩效有直接关系的资源要素（许庆瑞，2007）。全员创新是将创新活动的参与者从传统的研发人员、技术人员等扩展到组织全体人员的共同行为，并进一步延伸至组织外部的广泛利益相关者（用户、供应商、渠道商、股东等）（许庆瑞等，2004）。全时空创新包含全时创新和全空间创新，它要求企业去实施即兴创新、即时创新、24/7 创新（每天 24 小时、每周 7 天创新），同时在全球化和网络化的背景下，充分整合企业内外部资源，在全价值链和全流程中，实现时时处处有创新（许庆瑞，2007）。

全面创新管理是重要的中国本土创新管理理论范式。全面即"全要素、全员和全时空",其强调以培植组织核心能力、提高竞争力为导向,以价值增加为目标,通过创新全要素的整合、创新全员的参与及创新全时空的推进,持续提高企业竞争力。进一步,延伸至产业及国家等研究层次,以重大科技创新工程为载体的创新活动依赖宏观层面更大系统中的创新要素整合、创新主体参与及创新时空配合,从而真正实现"以科技创新为核心的全面创新"的发展目标(中共中央文献研究室,2016)。基于此,整合式创新"全面"聚焦全要素创新、全员创新、全时空创新3个方面。

在企业案例中:以中国南车为代表的国内高铁企业有效整合内外部资源,打造了基于核心能力的企业创新生态系统,实现了集团要素、人员和时空的全面创新。中国南车打造了以减震技术、降噪技术、轻量化技术、绝缘技术和水处理技术五大技术为基础的企业核心技术体系,并在核心技术体系之外进一步聚焦科技人才培养、仿真能力、试验能力、研发与技术及核心业务创新产品开发,延伸业务开发(贺正楚,2019)。

4.2 整合式创新的关键特征

2019年2月20日,习近平在会见探月工程嫦娥四号任务参研参试人员时指出,"实践告诉我们,伟大事业都基于创新。创新决定未来。建设世界科技强国,不是一片坦途,唯有创新才能抢占先机",并进一步强调"要深刻把握世界科技发展大势,弘扬科学精神,瞄准战略性、基础性、前沿性领域,坚持补齐短板、跟踪发展、超前布局同步推进,努力实现关键核心技术重大突破,提升国家创新体系整体效能,不断增强科技实力和创新能力,努力在世界高技术领域占有重要一席之地"[①]。改革开放以来,中国企业技术创新能力和国家创新实力正在从模仿和追赶为主的阶段转向"跟跑、并跑、领跑"并存的阶段,科技创新强国建设也正步入关键的转折点——从需求引致的创新之路转向基础研究和重大技术突破引领的创新之路,成功转型的关键在于加快颠覆性技术创新和核心技术突破,加强创新的整合性思考,加快培育世界一流企业。

作为战略引领下的全新创新理论,整合式创新的关键特征包括3个方面。

---

① 参见习近平会见探月工程嫦娥四号任务参研参试人员代表[EB/OL]. http://www.gov.cn/xinwen/2019-02-20/content_5367237.htm,2019-02-20.

第一，整合式创新是战略引领、协同创新、全面创新和开放创新的综合体。世界一流企业创新之路的共同特征是，在开放创新的环境下，通过统筹全局的战略设计创新，调动全要素参与，实现各个部门主体与利益相关者的协同创新。在整合式创新理论下，企业的创新之路包括战略引领、组织设计、资源配置和文化营造4个方面，具体可细化为"战略引领看未来""组织设计重知识""资源配置优质化""文化宽严为基础"。只有将战略、组织、资源与文化进行有机整合，着眼长远，实现动态创新，企业才能构建稳定、柔性和可持续的核心竞争力。在整合式创新的思维逻辑（图 2-4-1）之中：开放创新、协同创新和全面创新是重要的创造性活动（如创新思维和创意设计），自主创新作为一种重要的研究性活动为整合式创新思维提供补充和工具方法；"战略"被放置在引领位置，创新成果需要在战略引领下来服务于企业、产业乃至国家的创新。

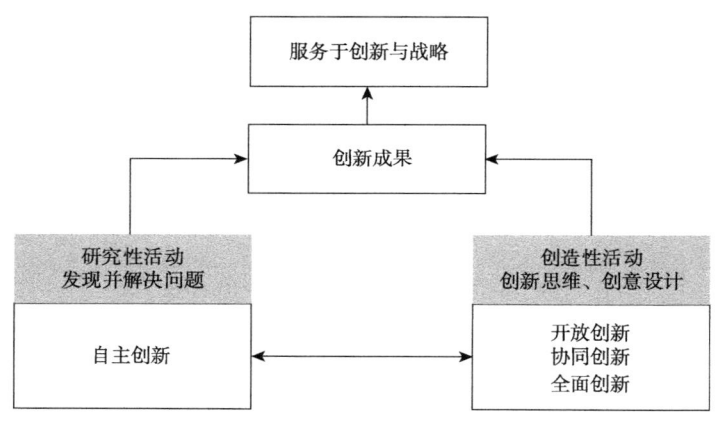

图 2-4-1　整合式创新的思维逻辑

在企业案例中，美的集团股份有限公司是典型代表。1968 年成立于中国广东的美的集团股份有限公司，是全球领先的消费电器、暖通空调、机器人与自动化系统、智能物流（供应链）的科技集团。基于核心技术、研发体系等技术要素，美的集团股份有限公司通过强化技术创新管理和战略创新等非技术要素，进一步提升了集团的创新能力。首先，美的集团股份有限公司在战略层面推进集团的战略转型与创新。在对国内行业巨头海尔集团、格力电器长期进行战略跟随的基础上，美的集团股份有限公司于2012年提出"333战略转型"，聚焦于消费者主导的核心能力建设，明确集团的战略定位，即利用约 3 年做好产品、夯实基础、提升经营质量，利用约 3 年从家电三强中脱颖而出而成为行业领导者，利用约 3 年在全球家电行业占有一席之地，实现全球经营。在战略视野的驱动下，美的集团股份有限公司进一步打造研发与生产的全球创新生态系统，建设与发展基于产学研协同的创新生态系统，并打造基于"美创平台"的创新生态系统（图2-4-2），从而实现了创新生态系统伙伴和资源的全面汇聚、价值互动和创新溢出，营造了包容性创新文化，大力提升了集团的制造效率、资源利用效率、自动化水平和库存运作优化能力等。整合式创新为美的集团股份有限公司参与全球竞争、构筑在全球家电市场的竞争优势和行业领先地位奠定了基础，其品牌价值得到显著提升。

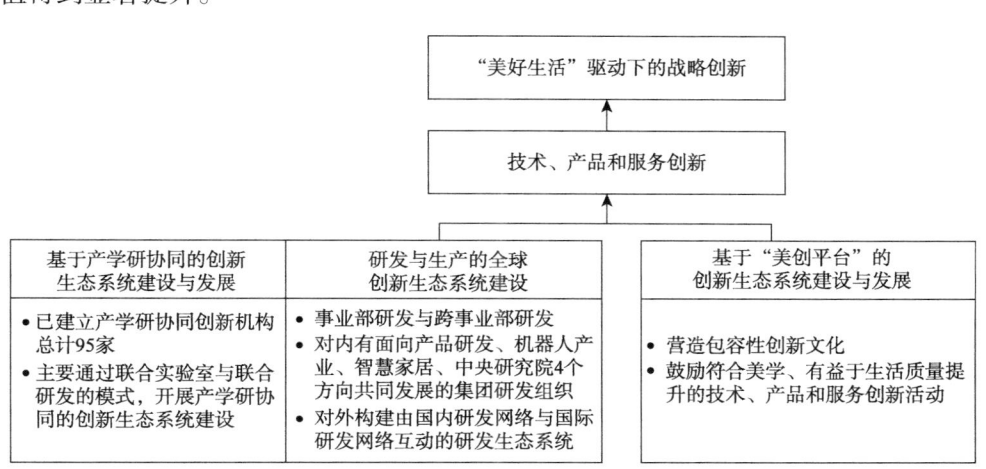

图2-4-2　美的集团股份有限公司：战略转型驱动下的整合式创新框架

第二，整合式创新在战略引领的哲学全局视野下，将自然科学的聚合思维与社会科学的发散思维进行有机整合，既体现了东方文化的价值，也结合了中国特色的创新实践经验，顺应了中国创新的战略需求。具体而言，整合式创新基于系统科学的系统观和全局洞察，通过顶层的目标确定和战略设计，超越知识管理，突破传统企业的组织边界，同时着眼于企业创新发展密切相关的外部资源供给端（如高校、研究机构、供应商、技术与金融服务机构等）、创新政策与制度支持端（政府、国内外公共组织和行业协会等）及创新成果的需求端（消费者、领先用户、竞争对手和利基市场用户等），借助东方文化孕育的综合集成、全域谋划和多总部协同等智慧，助力企业调动创新所需的技术要素（研发、制造、人力和资本等）和非技术要素（组织、流程、制度和文化等），构建和强化企业的核心技术与研发能力，打造开放式创新生态系统环境下企业动态、可持续的核心竞争力。整合式创新理论强调了战略驱动、顶层设计、中长期发展导向等在创新过程中的重要意义，强调了全局观、统筹观及和平观对于创新理论的重要性，强调了东方文化与中国情境的作用。这一创新理论的提出，对于理解中国重要科技领域和典型企业的创新实践，帮助企业管理者落实基于战略创新的技术创新能力提升策略、实现企业创新绩效最大化具有重要的实践价值。

阿里巴巴集团基于东方全局观的哲学智慧，依托达摩院，逐步形成了以阿里云大数据技术为基础架构、以商业生态系统（包括淘宝、天猫、聚划算、阿里出版和阿里全球购等的电子商务集团）和科技生态圈（包括支付宝以及以菜鸟物流为核心的智能物流骨干网）为主体的"合纵连横"创新生态系统，逐步在中国各地构筑了基于数字经济的"城市大脑"，如图 2-4-3 所示。基于"城市大脑"战略的创新，是企业在进行创新活动的过程中，借助整合式创新所提倡的全局视野，完成企业创新价值和社会价值之间的平衡，推动生产效率和经济效率的全面提升。

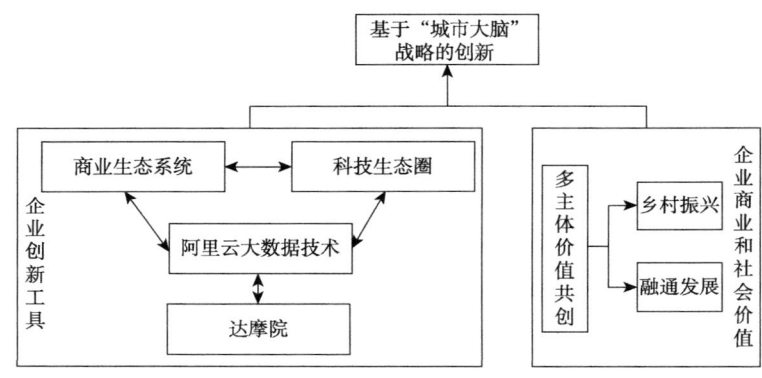

图 2-4-3 阿里巴巴的基于"城市大脑"战略的整合式创新

第三，整合式创新是一种总体创新、大创新的创新思维范式，其精髓在于整体观、系统观和着眼于重大创新。整合式创新突破了传统的研发管理、制造管理、营销管理和战略管理相互独立的原子论思维范式，通过战略引领和战略设计，将企业管理的多个方面进行有机整合，为企业和国家实现重大领域、重大技术的突破和创新提供支撑，是量子理论时代具有量子管理学思想的创新观。

在中国航天产业中，国家以举国体制的优势，聚焦国家发展战略目标，在顶层设计与自上而下的大系统思路的指导下，由中央调配全国产业资源，以国家级重大项目为研究与运作平台开展创新实践。例如，在选择"长征三号"火箭第三级发动机的过程中，为了实现推力较大的低温高能液氢液氧发动机的创新，国家利用体制优势进行系统性协调，在全国范围内汇聚研发与创新的优势资源，有效协同中国航天科技集团公司第一研究院（703 所）、兰州空间技术物理研究所、钢铁研究总院和北京有色金属研究总院等顶尖研发与创新资源，并整合上海市的相关材料焊接专家资源，形成国家支持的技术创新攻关组织来改进工艺，最终形成了焊接技术的解决方案,实现了发动机的研发创新(刘纪原,2013)。中国作为一个发展中国家,在全球产业追赶跃升的情境下,在总体创新与大创新的引导下整合全国资源的体制优势,有利于克服国家核心技术的相对劣势和基础工业的研发能力短板,实现产业竞争力的提升与发展。中国作为一个发展中国家,在工业基础相对落后的背景下,之所以能取得航天事业的重大突破,成为继苏联和美国之后第三个独立把航天员送上太空的国家,得益于中国共产党领导的中国特色社会主义制度的优越性。这种优越性充分体现在中国特定经济社会环境下举国体制所表现出的资源调动效率和能力,以及对群众创新创业激情的充分调动方面。一个国家建立什么样的产业发展体制、走什么样的发展道路必须从本国的社会实际、产业发展基础出发。因此,无论是在中国航天事业发展的早期,还是进入21世纪的今天,通过举国体制和群众路线来解决我国基础工业技术短板问题,一直都是航天事业取得持续成功的法宝之一。

4.3 整合式创新的实现路径

从整合式创新理论出发,结合企业创新实践探索,可通过以下路径加快实现创新发展,如图 2-4-4 所示,自上而下分别如下:战略引领、创新筑基和制度赋能。这三大路径是从技术要素向非技术要素升级、从战术层面向战略层面进阶和升华的过程,也是由单一技术创新向技术创新、制度创新、文化创新、战略创新演进的整合突破(尹西明等,2019)。

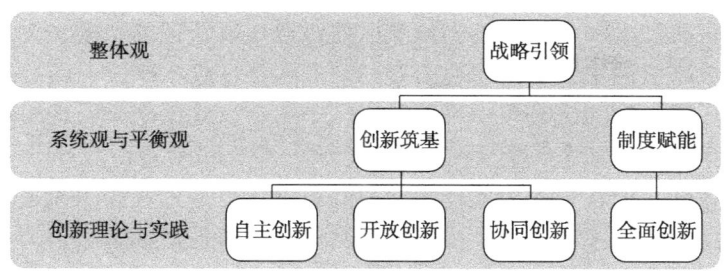

图 2-4-4　整合式创新的实现路径

4.3.1　战略引领

战略引领的重点在于分析影响社会、政治、经济、环境、客户、政策的长期因素，识别影响企业发展的大趋势，明确自身的愿景和战略定位。管理层需在此基础上建设基于共同愿景的协同平台，针对未来趋势共同谋划，形成企业发展路线图，结合自身的资源禀赋制定中短期战略。通过创新战略的动态调整与优化，以创新战略引领和加速颠覆性技术突破和核心能力建设。例如，创立于1847年的西门子公司，不但依靠强大的研发能力和以中央研究院为核心的技术创新管理体系，在电气化和自动化领域保持了持续领先优势，而且通过著名的"未来之窗"战略开发工具动态调整技术战略，正引领数字化变革、医疗健康领域和绿色节能技术的变革。坚持"不在非战略机会点上消耗战略性资源"的华为公司，依靠自主创新基础上的战略引领，正在从全球领先的通信技术设备提供商，向以5G和物联网技术规模化应用为核心的"智能社会"的使能者和推动员转变。

依靠制度赋能、创新筑基打造的核心能力，能够为企业提升整体生产效率和赢得短期竞争优势提供强大的保障，也是诸多初创企业成功跃过"创业死亡谷"、实现规模化发展的关键所在。然而，回顾企业成长史和产业变迁史，可以看到像柯达、诺基亚、施乐等许多知名企业都曾经在技术创新和市场竞争中取得辉煌业绩，但由于没有抓住革命性技术带来的新机遇，在技术变迁的浪潮中错失良机。这种在短期内取得耀眼成绩却在长期错失转型最佳契机从而退出历史舞台或被后发者颠覆的现象，被称为"创新者的窘境"（Christensen，2013）。究其根源，是这类企业虽然在某类核心技术、产品或市场上占据领先优势，但企业管理者缺乏对社会、经济、产业发展趋势的超前判断与布局。战略视野的短视往往会导致企业管理者忽视技术变革的非连续性、非线性和非对称性，最终难以成功地从现有技术和产业高地跃迁至新的技术和产业高地。

那些不被短期的技术和商业模式优势"锁定"、能够及时进行组织更新和文化重构、在多次技术和产业浪潮中精准抓住机遇实现跃迁的企业，大都非常重视战略引领。战略引领主要体现为超前布局前沿颠覆性技术研发、精准定位企业未来技术方向，加强短期战略和中长期战略的平衡，在此基础上实现组织战略、制度文化和技术创新的动态匹配（陈劲等，2017；O'Reilly and Tushma，2008）。战略视野是区别一般管理者和卓越领导者的关键，更是企业和国家在复杂多变、模糊不定的发展环境中识别和抓住重大战略机遇、实现指数型增长的关键。

4.3.2 创新筑基

创新对企业技术突破和国家高质量发展具有基础性、关键性和引领性作用。建设具有全球竞争力的一流企业、适应和引领经济高质量发展，根本上要靠创新。企业可以通过自主研发、引进吸收、开放共创3种途径加快技术创新，具体选择哪一种途径，需要企业结合自身资源禀赋、技术路线和所在行业的竞争环境综合做出选择，并根据不同发展阶段的需求和竞争环境的变化及时调整。

与技术引进和模仿式创新相比，自主研发的投入周期更长，面临的不确定性更高，但相应的潜在回报也更高。自主研发对企业颠覆性技术突破和掌握核心技术具有长远的战略意义，在开发新产品乃至开辟新市场方面具有不可替代的价值。例如，格力电器2001年在海外谋求中央空调压缩机技术引进被拒后，开始在中国空调行业率先开展自主研发，先后建立了14家企业研究院和74个研究所，并提出"研发投入，不设上限"的口号，赋予科研团队充分的财务和决策自由。得益于长期持续的自主研发、自主人才培养机制和质量零缺陷的完美质量管理模式，格力实现了98%的核心技术自主可控、拥有了24项国际领先技术，成为以自主创新推动中国制造品牌升级的领军者。

此外，在自主投入的基础上积极寻求引进吸收的整合，也是一种可行的技术突破模式。技术创新往往需要长期的知识积累，而技术和经验的缺失，往往是后发企业的劣势所在。西方发达国家优秀企业的技术积累，为中国企业提供了潜在的知识基础，对于具备资本运营实力的中国企业而言，并购吸收是实现"弯道超车"、加速技术突破的有效途径。例如，吉利控股作为国内的后发型民营汽车企业，2010年并购瑞典沃尔沃汽车，之后一方面加快沃尔沃汽车的国产化进程，另一方面加快对沃尔沃技术的吸收和整合。2012年，吉利与沃尔沃联合出资共建汽车技术基础模块平台，并于2013年在欧洲设立研发中心，整合沃尔沃和吉利各自的优势资源，推进新一代汽车架构及相关部件的协同开发，不但实现了豪华汽车品牌出口欧美国家的首创，而且于2016年推出了共创的新品牌——领克汽车，成为并购吸收、整合突破的双赢典型。

然而，对于许多企业而言，自主研发面临着周期长、风险高、成果应用难度大等诸多挑战，而且可能因其封闭性产生效率低下、对外部资源和市场需求把握不准等风险。开放共创是在自主研发的基础上，借鉴开放式创新的理念，引入外部合作者，将供应商、用户乃至竞争对手作为企业技术创新的外部来源，实现内外协同、多元共创和价值共享，是降低技术创新的风险、提高新技术和新产品研发效率的有效途径。此外，开放共创能够有效发挥多元异质性主体的比较优势，通过"将蛋糕做大"实现联合技术突破和市场共赢。

4.3.3 制度赋能

伊藤穰一在其著作——《爆裂：未来社会的9大生存原则》中指出，如今知识生产和传播的模式已经发生结构性变化，"涌现"时代取代了权威时代，专业和知识开始从互联网等分布式网络中涌现，进而促进和加速非线性创新。在开放式创新时代，提升企业科技创新能力的责任早已不止于企业内部的研发团队，而是企业的全体员工，以及包括用户、供应商乃至竞争对手在内的多个外部利益相关者。在复杂的利益相关者协同问题上，制度赋能能力决定了企业能否真正激活组织、激活组织内的个体和外部合作伙伴，以及企业能否达成高效协同、联合推进技术创新的目标。

制度赋能是指企业通过组织更新、打造包容创新的内部制度、借助政府所提供的宏观和中观产业来赋能组织内外的创新个体，进而实现内外高效协同和上下有机整合，形成开放、协同、全面的创新范式（陈劲等，2017）。科技创新的目的在于构筑企业核心技术能力，为长期发展奠定基础。但是仍然有许多技术和产品强劲的企业未能成功地实现持续的技术创新并从创新中盈利，重要原因就在于它们忽视了管理核心能力的打造。无论是自主研发、开放共创，还是并购吸收，科技创新的加速突破均需要依靠鼓励冒险、包容失败、奖励学习的制度和文化来持续赋能，由此才能实现全员、全要素、全时空的持续创新（许庆瑞等，2018）。企业需要及时调整组织管理模式来积极应对外部市场和环境变化，满足不同阶段的发展目标。企业现有的制度往往是符合短期发展目标的最佳模式，容易形成组织固化，导致企业对新机遇、新挑战及新的市场需求不敏感，不利于企业的长期发展。互联网和数字技术带来的商业模式变革，共享经济、零工经济等新经济模式的深入发展，对科层制企业的组织更新速度和效率提出了重大挑战，也为企业管理变革带来了压力和机遇（陈春花，2016；陈春花和刘祯，2017）。通过组织和制度更新，来培育和鼓励创新、包容失败的文化，能够有效激发组织内外的个体和团队持续开展创造性活动并保持创新合作的积极性。谷歌、3M、微软、甲骨文等世界一流企业均要求员工拿出 10%~20%的时间开展兼职项目，赋予员工自主探索和自由合作的空间，这非但不会对公司创新绩效产生负面影响，长期来看反而激励了员工创新的激情和从失败中学习的积极性，并由此实现了一系列技术创新和产品创新。

以海尔集团为例，进入互联网时代，从家电制造业起家的海尔集团不但要应对个性化、碎片化、定制化的用户需求，而且面临着利润下滑、缺乏新增长点、技术创新知识源单一等多种挑战。为了实现与用户的真正零距离，以及尽可能地调动用户参与技术定制和产品创新的积极性，激发内部员工创新活力，海尔开启了无边界组织管理模式探索，引入去中心化的理念，建立开放式创新的 HOPE 平台，推动分布式管理模式的应用。2015 年开始，海尔集团搭建了投资驱动平台和用户付薪平台两个支撑平台，从开放式创新平台转变为依托 HOPE 平台的开放并联生态圈治理模式（许庆瑞等，2018）。这种制度和管理模式的突破，不仅颠覆了传统的科层制管理模式，也极大地激活了海尔集团内外创新主体的积极性，切实落实了"一切以用户为导向，一切以用户为核心"的技术创新文化导向。如今，海尔的 HOPE 平台已经成为国际知名的一流开放创新平台，形成了链接超过 380 万家一流资源节点的开放创新网络体系，海尔获取外部资源的能力大幅提升，每年输出创意 6 000 余个，解决技术难题和孵化创新项目 200 多个，新产品开发周期优化缩短 50%以上。海尔的制度赋能模式已经在能源、日化、电力等多个行业得到复制，成功实现了跨界应用。

参 考 文 献

陈春花. 2016. 如何面对不确定性[J]. 企业管理，（11）：6-11.
陈春花，刘祯. 2017. 水样组织：一个新的组织概念[J]. 外国经济与管理，39（7）：3-14.
陈春花，朱丽，刘超，等. 2018-11-14. 协同管理国内外文献比较研究——基于科学计量学的可视化知识图谱[EB/OL]. http://kns.cnki.net/kcms/detail/42.1224.G3.20181023.1335.026.html.
陈劲. 2012. 协同创新[M]. 杭州：浙江大学出版社.
陈劲. 2019-05-23. 激发协同创新的强大势能[N]. 人民日报.
陈劲，尹西明，梅亮. 2017. 整合式创新：基于东方智慧的新兴创新范式[J]. 技术经济，36（12）：1-10，29.
陈劲，尹西明，赵闯. 2018. 高附加制造：超越追赶的中国制造创新战略[J]. 技术经济，37（8）：1-10，19.
贺正楚. 2019. 企业国际化横向合并与技术差距——以轨道交通装备制造企业为例[J]. 湖北社会科学，（8）：91-96.
洪银兴，安同良. 2015. 产学研协同创新研究[M]. 北京：人民出版社.
刘纪原. 2013. 中国航天事业发展的哲学思想[M]. 北京：北京大学出版社.
吕文晶，陈劲，刘进. 2019. 工业互联网的智能制造模式与企业平台建设——基于海尔集团的案例研究[J]. 中国软科学，（7）：1-13.
谭力文，丁靖坤. 2014. 二十一世纪以来战略管理理论的前沿与演进——基于 SMJ（2001-2012）文献的科学计量分析[J]. 南开管理评论，17（2）：84-94.
许庆瑞. 2007. 全面创新管理[M]. 北京：科学出版社.
许庆瑞，李杨，吴画斌. 2018. 企业创新能力提升的路径——基于海尔集团 1984-2017 年的纵向案例研究[J]. 科学学与科学技术管理，39（10）：68-81.
许庆瑞，谢章澍，杨志蓉. 2004. 全面创新管理（TIM）：以战略为主导的创新管理新范式[J].

研究与发展管理，16（6）：1-8.

许庆瑞，郑刚，陈劲. 2006. 全面创新管理：创新管理新范式初探——理论溯源与框架[J]. 管理学报，3（2）：135-142.

叶伟巍，梅亮，李文，等. 2014. 协同创新的动态机制与激励政策——基于复杂系统理论视角[J]. 管理世界，（6）：79-91.

尹西明，陈劲，海本禄. 2019. 新竞争环境下企业如何加快颠覆性技术突破?——基于整合式创新的理论视角[J]. 天津社会科学，（5）：112-118.

张小宁，赵剑波. 2015. 新工业革命背景下的平台战略与创新——海尔平台战略案例研究[J]. 科学学与科学技术管理，36（3）：77-86.

赵剑波. 2014. 管理意象引领战略变革：海尔"人单合一"双赢模式案例研究[J]. 南京大学学报（哲学·人文科学·社会科学），51（4）：78-86.

中共中央文献研究室. 2016. 习近平关于科技创新论述摘编（二）[M]. 北京：中央文献出版社.

Barney J. 1991. Firm resources and sustained competitive advantage[J]. Journal of Management，17（1）：99-120.

Bogers M，Granstrand O，Holgersson M J. 2012. The dynamics of multi-layered openness in innovation systems: the role of distributed knowledge and intellectual property[Z]. R&D Management Conference.

Campbell A，Yeung S. 1991. Brief case: mission, vision and strategic intent[J]. Long Range Planning，24（4）：145-147.

Chaganti R，Sambharya R. 1987. Strategic orientation and characteristics of upper management[J]. Strategic Management Journal，8（4）：393-401.

Chen J，Yin X，Mei L. 2018. Holistic innovation: an emerging paradigm of sustained competitive advantage[J]. International Journal of Innovation Studies，2（1）：1-13.

Chesbrough H W. 2003. Open Innovation: The New Imperative for Creating and Profiting from Technology[M]. Boston：Harvard Business School Press.

Chesbrough H W，Christopher L，Thomas R. 2018. Value creation and value capture in open innovation[J]. Journal of Product Innovation Management，35（6）：930-938.

Chesbrough H W，Vanhaverbeke W，West J. 2014. New Frontiers in Open Innovation[M]. Oxford：Oxford University Press.

Christensen C M. 2013. The Innovator's Dilemma: When New Technologies Cause Great Firms to Fail[M]. Boston：Harvard Business Review Press.

Clark K B. 1989. Project scope and project performance: the effect of parts strategy and supplier involvement on product development[J]. Management Science，35（10）：1247-1263.

Cooper R. 2017. Supply Chain Development for the Lean Enterprise: Interorganizational Cost

Management[M]. London: Routledge.

Cusumano M A, Nobeoka K, Kentaro N. 1998. Thinking Beyond Lean: How Multi-project Management is Transforming Product Development at Toyota and Other Companies[M]. New York: Simon and Schuster.

Etzkowitz H. 2008. The Triple Helix: University-Industry-Government Innovation in Action[M]. London: Routledge.

Etzkowitz H, Leydesdorff L. 2000. The dynamics of innovation: from national systems and "mode 2" to a triple helix of university-industry-government relations[J]. Research Policy, 29(2): 109-123.

Fischer M M, Fröhlich J. 2001. Knowledge, Complexity and Innovation Systems[M]. Berlin: Springer Science & Business Media.

Fontana R, Geuna A, Matt M. 2005. Factors affecting university-industry R&D projects: the importance of searching, screening and signalling[J]. Research Policy, 35(2): 309-323.

Gold A H, Malhotra A, Segars A H. 2001. Knowledge management: an organizational capabilities perspective[J]. Journal of Management Information Systems, 18(1): 185-214.

Haken H. 2013. Synergetics: Cooperative Phenomena in Multi-component Systems[M]. Berlin: Springer-Verlag.

Haken H, Mikhailov A. 2012. Interdisciplinary Approaches to Nonlinear Complex Systems[M]. Berlin: Springer Science & Business Media.

Hambrick D C. 1983. High profit strategies in mature capital goods industries: a contingency approach[J]. Academy of Management Journal, 26(4): 687-707.

Hambrick D C, Mason P A. 1984. Upper echelons: the organization as a reflection of its top managers[J]. Academy of Management Review, 9(2): 193-206.

Harland C, Brenchley R, Walker H. 2003. Risk in supply networks[J]. Journal of Purchasing and Supply Management, 9(2): 51-62.

Jensen R A, Thursby J G, Thursby M C. 2003. Disclosure and licensing of university inventions: "the best we can do with the s**t we get to work with" [J]. International Journal of Industrial Organization, 21(9): 1271-1300.

Koschatzky K. 2002. Networking and knowledge transfer between research and industry in transition countries: empirical evidence from the slovenian innovation system[J]. Journal of Technology Transfer, 27(1): 27-38.

Lundvall B Å. 2010. National Systems of Innovation: Toward a Theory of Innovation and Interactive Learning[M]. New York: Anthem Press.

Miles R E, Snow C C, Meyer A D, et al. 1978. Organizational strategy, structure, and process[J]. Academy of Management Review, 3（3）: 546-562.

Nonaka I. 1994. A dynamic theory of organizational knowledge creation[J]. Organization Science, 5（1）: 14-37.

Normann R, Ramirez R. 1993. From value chain to value constellation: designing interactive strategy[J]. Harvard Business Review, 71（4）: 65-77.

O'Reilly C A, Tushman M L. 2008. Ambidexterity as a dynamic capability: resolving the innovator's dilemma[J]. Research in Organizational Behavior, 28: 185-206.

Porter M E. 1980. Industry structure and competitive strategy: keys to profitability[J]. Financial Analysts Journal, 36（4）: 30-41.

Slater S F, Olson E M, Hult G T M. 2006. The moderating influence of strategic orientation on the strategy formation capability-performance relationship[J]. Strategic Management Journal, 27（12）: 1221-1231.

Teece D J. 2006. Reflections on "profiting from innovation"[J]. Research Policy, 35（8）: 1131-1146.

Vanhaverbeke W, Cloodt M. 2006. Open innovation in value networks[C]//Chesbrough H, Vanhaverbeke W, West J. Open Innovation: Researching a New Paradigm. Oxford: Oxford University Press: 258-281.

von Hippel E. 1986. Lead users: a source of novel product concepts[J]. Management Science, 32（7）: 791-805.

Wernerfelt B. 1984. A resource-based view of the firm[J]. Strategic Management Journal, 5（2）: 171-180.

第 5 章　引领创新实践——整合式创新的方法论

行是知之始，知是行之成。

——陶行知

整合式创新是在中国创新驱动发展、改革开放逐渐进入"深水区"、中国高新技术产业飞速发展并逐渐进入"无人区"这一历史背景之下所形成的理论创新的产物。整合式创新来源于中国创新实践，同时也指引着中国创新实践的发展。创新理论为中国创新驱动发展的诸多实践提供了理论支持和科学指导。创新实践过程当中所面临的具体的、全新的问题也将反哺于理论，促进理论不断完善，从而能够更加全面地解释现实问题。任何一种创新范式都需嵌入特定的政治环境、文化背景、经济条件、社会状况、生态要求、战略定位、技术水平等并随之共同演进才能发挥实际意义（梅亮，2018；梅亮和陈劲，2015）。党和国家统筹推进"五位一体"总体布局、协调推进"四个全面"战略布局，实现了对新时代坚持和发展中国特色社会主义的政治意义、文化意义、战略意义、经济意义、社会意义、生态意义、安全意义等的全面融合。党的十八大以来，习近平总书记围绕科技创新发表了一系列重要讲话，站位高远、内涵丰富、剖析深刻，是新时代开展中国科技创新管理理论和实践研究的根本指引。

在本章中，以"道、法、术、器、势、志"中的道、法、术和志来剖析整合式创新在实践过程中所需要遵循的原则，形成整合式创新实施过程中的方法论指导。其中，"道"是指核心思想、理念、本质规律；"法"是指法律、规章、制度、方法，是以"道"为基础而制定的不可违背的实践原则；"术"是指行为与技巧；"志"是指需要达成的目标。

5.1 基于东方智慧的"道"

智慧是对事物能够进行认识、辨析、判断、处理和发明创造的能力。在中华传统文化当中，东方智慧要求人们保持主体性、独立性和能动性，向天地万物学习、尊重自然和顺应自然。两次世界大战之后，许多西方的政治家和哲学家都在反思西方文化当中的工具性与片面性，提出建立新的人文主义精神，并且一致性地认为这种新的人文主义精神存在于东方、存在于中国。

5.1.1 总体思想

东方智慧当中的总体思想，主要是指系统观和整体观。总体思想是一种看待事物的基本方法和观点，每一种事物都是一个系统，包含其所组成的相关要素，或是复杂系统之下的子系统。钱学森从马克思主义观点出发，总结了科学技术发展和推动社会发展的"科学—技术—产业—社会"一体化发展趋势。他认为，科学革命、技术革命、产业革命和社会发展之间存在着相互作用与相互关联的影响。如果从现代科学技术体系的整体观和动态观出发，当代科学技术革命和社会发展之间的关系就必须用更加整体性、更加宏观性的研究视角来对研究对象进行剖析和分析。

总体思想更像是一种思维方式。中国共产党第十九次全国代表大会报告中指出，创新是引领发展的第一动力，是建设现代化经济体系的战略支撑（习近平，2017）。中国的创新，如果想要实现从"跟跑"到"领跑"，来自中国的"总体思想"则能够给当今创新中国的建设提供重大启示。现代科学技术的建立和发展，主要是以西方的源于古希腊哲学的还原论思想为基础，是将复杂问题不断分解为简单问题、简单对象，将全局问题不断进行分解，将它看作诸多局部问题来逐一解决。还原论是现代自然科学发展取得重大突破的主要方法和理论基础。在17世纪，还原论的代表人物，笛卡尔[①]（2011）提出了如何使用还原论及其基本原则：把所观察到的每一个难题都尽可能地细分为细小部分，直到可以解决的程度。但是，随着当今自然科学发展复杂度的不断提升，还原论也逐渐暴露了其无法突破的瓶颈。在19世纪以后，由于发现了粒子之间场的属性，还原论的部分

[①] 标准翻译应为"笛卡尔"——编者注。

方法已经无法完全使用，取而代之的就是整体论为主体的研究思路，尤其是在量子力学确定和发展的过程当中，整体论的研究思路就更加明显，且受到广泛欢迎。对于高度复杂的系统，需要以整体的总体思想来考察事物。整体观是基于功能主义，通过了解系统的整体功能来将问题进行简化。系统观在各个领域和实践当中都得到不断的探索和拓展。现代科学领域的整体观，是一种主流的科学观流派。彼得·圣吉在系统动力学的影响下，于20世纪90年代提出了学习型组织的理论（Senge，1995），并强调组织的系统思考，来引导整个组织的管理和变革（圣吉，1997）；之后又在东方禅宗思想的影响之下提出了U理论，倡导企业需要进行彻底的、整体的、系统的思考（Senge et al.，2004）。世界复杂性科学的重要研究圣地圣塔菲研究所（Santa Fe Institute，SFI）一直都将系统工程、系统科学和系统观作为重要的科学和理论突破口。越是复杂的问题和严峻的形势，就越需要系统思考来引导问题的处理和解决。在系统观的思想当中，各个事物都具有普遍的联系，同时存在一个永恒的运动。想要全面系统地解决问题，就需要综合地探索各个要素和非要素之间的关联、把握系统和环境之间的相互作用及变化规律。

中国工程院院士、中国工程院原副院长樊代明提出了总体思想，强调了系统论和整合观的契合（樊代明，2016）。但运用整合式创新和系统观去进行问题的分析，就不同于以往的分析体系，要求形成一个新的知识体系而不是在碎片化的知识分科当中讨论问题。整合与混合不一样，混合是一种无序的融合，而整合是在战略的引领之下，实现体系设计并最终完成整体目标。

5.1.2　超越知识

东方智慧当中的超越知识，主要是指个体从心底对外部世界的感悟和自知，得到提升与超越，形成了智慧。"超越知识"本质上是对创新人才教育的一种方式，创新人才的教育不仅要靠知识的积累，还要依靠创新人才本身对知识的理解与超越。其中，重要因素在于知识、好奇心和想象力、价值取向。第一，知识。知识的积累并不意味着创新。人工智能当中的机器深度学习就是一个典型案例，对于人工智能而言，学习过程就是大量知识的积累，而人工智能所做出的行为和决策并不意味着创新，只是根据已有行为和痕迹的模仿。第二，好奇心和想象力。钱颖一在国务院参事室公共政策研究中心和新华网思客共同主办的《参事讲堂》中提到，"创造性思维=知识×好奇心和想象力"的教育公式。既有的知识都具有其固定的框架和基本设定，这往往会使个人的思维禁锢在原有的知识框架当中，而好奇心和想象力将会促使个体挑战既有的知识框架，从而突破传统思维和逻辑，产生创新的可能性。第三，价值取向。目前，社会盛行短期功利主义的价值取向，对于创新成果的度量包括发论文数量、申请专利数量和公司上市等。对于内在的非功利价值取向而言，追求真理、改变世界、让社会变得更加幸福，诸如此类的价值取向却往往不能受到重视。

5.1.3　洞察与远见

东方智慧当中的洞察与远见，主要是指洞悉事物的内在内容和本质，并具有长远的见解。一个具有洞察与远见能力的企业是靠机会驱动的，而机会来源于环境中的诸多变化。洞察与远见则善于捕捉这些细微的变化。在数字化和信息化逐渐深入的社会当中，高速的信息流动使得新技术和新工艺很快被模仿，因此，通过对机会的快速把握、利用资源、人才和制度安排来形成创新的氛围，则是在全球竞争当中形成企业独特竞争优势的核心所在。

《洞见远胜创意：世界最富创意的广告公司 BBDO》一书中提到，洞察是创意的"最后一公里"，如果洞察是"道"，创意就是"术"（杜森伯里，2014）。在数字化转型社会中，洞察与远见包括对消费者、大数据、新兴技术的洞察与远见。

第一，对于消费者的洞察与远见而言，当代中国正在迎来新一轮的消费升级浪潮，社会消费逐渐转变为经营生活和享受生活的过程。诸多企业已经认识到，要成功进行市场开发，必须正确地分析消费者的需求及价值。在理解消费者时，往往是通过消费者的生活场景和消费场景去观察与理解其消费行为，随后用投射的方式来建立消费框架，最后用模拟购物的方式来验证其商业假设。这一研究过程可以得到大量的一手研究资料，从而使得对于消费者行为的理解更加全面和系统。对于消费者的洞察和远见则需要在这些大量研究资料中，分析产品属性、功能性利益、工具性利益和价值观等不同层次、不同深度的消费者的偏好和动机。同时，洞察仅仅是一个开始，从洞察到创新的过程，需要对消费者需求理解的远见予以支持。创新的方式多种多样，洞察是一个重要的环节，而远见的作用，则是从长期利益的角度出发，为创新过程提供发展方向。例如，场景消费、社交消费、短视频消费、文化产业消费、知识消费、智能化消费等。

第二，对于大数据的洞察与远见而言，大数据可以帮助管理者将企业的业务进行量化，从而提升决策的质量和企业业绩的表现。近年来处理海量高速率和多样化的大数据技术纷纷出现，这些技术往往都是开源的、通用的平台，整合了实体硬件和开源软件。同时视觉化工具和大数据统计学也相继涌现。不仅能够处理海量的数据集，还能够通过设计数据实验的技能来弥补数据之间呈现的复杂关系与因果关系之间的鸿沟，从而帮助企业管理者将公司所面临的重大挑战转变为大数据可以解决的形式。大数据不仅需要进行数据分析，而且更多的是对数据进行理解。目前在大数据时代真正获得成功的企业，不仅是拥有更多或者更好的数据资源，而且是企业的领导层能够通过大数据更加清晰地设定目标、找对问题。大数据的力量并不会抹杀对于人性化的洞察和远见的需求。相反，洞察与远见更能够帮助企业的领导者抓住时代所给予的机会、懂得如何开拓市场，并且用自己的创新和创意来提供更有价值的产品和服务，从而成功地赢得客户（麦卡菲和布林约尔松，2016）。

第三，对于新兴技术的洞察与远见而言，新兴企业之所以能够快速崛起，主要是因为它们能够更早和更准确地看到未来技术的发展趋势，这些洞察和远见直接关系到创业企业的方向及企业转型的方向，尤其是对于首席创新官而言，必须明确频繁出现的新兴技术将如何影响他们的行业和业务。全球领先的信息技术研究和顾问公司Gartner发布了2019年新兴技术当中不容错过的29项技术，并提出了新兴科技的发展趋势。目前科技创新已经成为企业进行差异化竞争的关键所在，科技创新的发展速度不断加快，突破性技术和颠覆性技术不断涌现，企业需要时刻保持对科技创新的跟踪和理解，并且随时紧跟前沿技术发展的脚步。Gartner发布了五大新兴科技趋势，包括传感和移动（sensing and mobility）、人体机能增进（augmented human）、后经典计算和通信（postclassical compute and comms）、数字生态系统（digital ecosystems）、高级人工智能与分析（advanced AI and analytics）（Panetta，2019）。在洞察这些新兴技术并对其未来发展进行预判时，重点需要关注以下问题：该技术是否能够为社会和经济带来足够的收益；该技术是否能够为社会生活做出一些改变；该技术是否能够引起公司内部和外部投资者的兴趣；该技术是否能够在未来几年获得重大的进展。

5.1.4　默观与战略

东方智慧当中的默观与战略，主要是指个人对于历史的透视和关照，进而提出发展战略。邵雍在《百病吟》中曾提到"若论真事业，人力莫经营"（邵雍，2015），其意义在于事业的成功与外部环境有极为密切的关系、与事物发展周期和规律有关。在看待问题时，需要具备"默观之眼"去发现事物的本质及其规律。"默观"常常被认定为一种宗教中的祷告形式，然而"默观"实质上是一种独处和安静思考状态，领悟事物的源头。在洞察事物本质的基础上，制定发展的战略能够更加契合。

"伟大事业都基于创新"①。对于创新的默观,需要明确创新活动的意义,不仅是对短期、局部利益追求,更应当以哲学思考和人文精神为指引,追求社会整体福利的帕累托改进,并且明确创新本身应当具备的社会、人文乃至哲学意义,强调社会文化、人文关怀和哲学思考在创新过程中的"回归"。创新的默观与战略使得企业创新实践的思考层面从"科技层面"和"市场层面"上升到"人文层面"乃至"哲学层面"。伴随着科学技术的颠覆式发展与经济文化的变革式演化,人类社会面临着从工业经济向知识经济时代的历史性转型,市场不确定性不断激增。一方面,社会发展与人类进步的多样性、复杂性、迫切性需求在传统的经济管理与企业战略决策框架下无法得到有效回应;另一方面,在日益加剧的国际竞争与高速变化的环境冲击下,传统创新范式资源场域中的要素已不足以支撑不断追求卓越的企业创新战略,全新的资源协同视角与创新范式正在兴起(陈劲和曲冠楠,2018)。"黑天鹅"事件的不断上演,显示出决策者对未来环境的预判变得愈发困难,以往基于风险的决策框架不断受到不确定性的冲击。对于创新这种长周期、高投入且回报不确定的企业活动而言,高度不确定的环境将导致无法评估的风险。企业决策者不得不"主动"将其注意力转向关注更加长期与深层次的社会意义与人类发展大趋势。当科学技术的发展依赖自身逻辑在现有路径上狂奔而愈发失去约束的时候,企业需要用默观与战略来进行哲学思考与人文思想的引领。

5.2 基于中国特色社会主义的"法"

基于中国特色社会主义的"法",主要是指在中国特色社会主义发展的实践过程中所积累、总结得到的经验做法和实践指南,能够有效指导科技创新在中国特色社会主义的情境之下发挥其科学、经济、社会效益。整合式创新是将自然科学的聚合思维与社会科学的发散思维进行有机整合,不仅强调了技术、商业等领域的创新,还体现了东方文化的价值,也结合了中国特色的创新实践经验,顺应了中国创新的战略需求。其中,包含中国在上下五千年历史发展和社会主义建设过程中所累积的经验,包括和平发展、新型举国体制和以人民为中心。

---

① 参见习近平会见探月工程嫦娥四号任务参研参试人员代表[EB/OL]. http://www.gov.cn/xinwen/2019-02/20/content_5367237.htm,2019-02-20.

5.2.1 和平发展

和平发展始终都蕴含在中华民族的文化传统中,整合式创新所坚持的和平发展的研究将在中国涌现出大量蓬勃的研究话题和机会。从倡导"人类命运共同体"意识,到提出"持久和平、共同繁荣的世界梦",从致力于构建新型大国关系,到推进周边互联互通、推动亚洲经济一体化(新华社中央新闻采访中心,2013)……在创新、协调、绿色、开放、共享的发展理念引导下,中国正不断以实际行动践行中华民族和平发展理念。2000 年以来,中国国家创新能力在迅速加强,创新环境、创新资源、创新成果和创新效益 4 个方面的得分不断提高,到 2050 年中国的创新能力将大幅提升(陈劲,2017a)。我们相信,整合式创新所坚持的和平发展的研究将会促进更多国家或区域的经济社会平衡发展,并对世界和平及人类命运共同体的发展做出深远的贡献。我们生活在前所未有的科技进步之中。2015 年,全球研发支出超过万亿美元,相比于 2000 年,全球的研发投入至少翻了一番(Clauser,1979)。然而全球发展的挑战依然严峻:世界上的很多地区仍旧遭受大量地方性的暴力冲突,全球依旧有超过七亿人生活在贫困水平以下,弱势群体继续面临着社会的排斥,社会动荡不安、种族或教派冲突、人口贩卖等问题凸显,在那些存在贫困、歧视及流行病或武装冲突频发的地区尤为严重。实现和平和可持续的社会与经济发展,是这个时代亟待思考和面对的挑战(陈劲和黄江,2017)。

和平与发展是当今时代的两大主题。和平与冲突的研究在 1991 年冷战结束后大幅增长,主要探讨的是冲突引发的原因和预防方式。同时,全球一批技术创业公司、天使投资和社会企业家开始在政府和慈善机构的帮助下,希望利用创新来构建更加和平和积极发展的社会。但是创新领域和和平领域的学者目前为止却几乎没有任何互动(Miklian and Hoelscher,2016)。科技创新在和平发展中可以发挥十分重要的作用,但需要我们对创新的认识和行动发生彻底的转变,才能促进整合式创新的实现,真正实现创新驱动和平与发展。

1. 和平的含义与建设

1)和平的解释

一般而言,和平意味着不受战争和暴力的侵扰。被国际学术界称为"和平学之父"的挪威学者约翰·加尔通(Johan Galtung)曾将暴力分为 3 种类型:直接暴力,主要指通过言语、肢体等方式对身体、心灵或精神造成的暴力伤害;结构性暴力,是指利用社会结构上的渗透、分割、分裂和边缘化等形式,实现政治上、经济上的镇压和剥削;文化暴力,是指隐含在宗教、法律、意识形态、语言、艺术和科学研究等中的文化侵蚀,通常在媒体和教学机构等公众渠道中传播(Galtung,1996)。1969年加尔通的经典之作《暴力、和平与和平研究》首次将和平的概念区分为"消极"和平与"积极"和平。"消极"和平是指不存在直接或肢体上的暴力,如战争、帮派袭击、性侵犯、随机杀人等身体伤害;"积极"和平意味着有利于所有公民福祉的社会和文化结构的建立。联合国也指出了和平作为一种文化和教育理念带来的深远影响。

2)和平的建设

"欲免后世再遭今代人类两度身历惨不堪言之战祸",这是联合国创始人历经两次世界大战蹂躏后建立联合国的主要动机。特别是冷战结束后,联合国建立和平的工作开始发挥更加积极的作用。对联合国而言,建设和平是指通过加强国家冲突管理的能力,帮助各国和各地区从战争向和平过渡并降低其陷入冲突或再次陷入冲突的风险,为可持续和平与发展奠定基础。其中包括监测停火、战斗人员复员及重返社会、协助难民和流离失所者返乡、帮助组织并监督选举新政府、支持司法和安全部门改革,以及加强人权保护和促进暴行后的和解等行动,并致力于解决"冲突的最深层次原因",如经济崩溃、社会不公和政治压迫。联合国对于和平建设的定义,多偏向于局外人的立场,是"自上而下"的和平建设方式。也有很多研究从当局者角度进行讨论,提供"自下而上"的发展框架。其中,和平的建设工作主要分为5个方面(van Tongeren,2013):安全有保障的环境,人民的生活能力不受系统或大规模暴力的威胁;平等的法治,人民平等地享受公正的法律保护,有可信赖的司法制度制约所有人并保护人权,确保他们的安全和保障;稳定的政府治理,人民能够通过非暴力的途径取得或分配权利,享受国家集体的福利和服务;可持续发展的经济,人民能在依法治国的经济制度中追求谋生的机会;社会福祉,人民不用为最基本的生存条件挣扎,并且可以与社区中的其他群体和平共处、共同进步。

2. 整合式创新中的和平发展

和平发展是一项内涵非常丰富的工作,和平发展的主体也分布在社会的各个组织和人群中(Diamond and McDonald,1991)。整合式创新所坚持的和平发展,主要包含以下几个主体:①企业和行业协会,为人们提供所需的商品和服务,并更注重社会需求,如人们健康生活的品质、自然资源的可持续利用和少数人群的生活需要;②大学和教育机构,研究导致冲突的原因和建设和平的方式,向学生和社会开展和平教育;③政府,可以规范司法制度,提供平等的教育机会和就业机会，保证公平的市场经济运营，保护当地健康和环境；④媒体和新闻工作者，包括从事文学、艺术、音乐、体育等领域的工作者，可以向公众展现有关冲突起因、后果和和平建设的信息与途径，培育宽容与互爱的价值观；⑤所有个体或团队，包括各个年龄和生活水平的妇女和青年，甚至所有少数群体，都可以从当地开始，通过创新推动和平建设；⑥非政府组织，通过在危机时期提供人道主义援助，促进和平的长期发展；⑦国际组织，如联合国，制定法律规范，通过外交手段和支持当地冲突后恢复活动，创造持久和平的各种条件。

整合式创新所坚持的和平发展主体也可以采用其他的分类方式，如参考哈佛大学 The Third Side 项目对冲突解决的参与者角色的划分，角色可分为十类：提供者，帮助满足人们生活（如食物、安全或自由）和情感的需求（如爱与尊重）；教育者，帮助人们培养包容平和的价值观和化解冲突的能力，更好地理解和处理多元化的差异；关系搭建者，良好的关系是防止冲突的关键，这些人可以通过搭建关系平台、项目或活动，增进群体间的关系和了解；治愈者，帮助人们化解冲突中愤怒、恐惧、屈辱、仇恨、不安全和悲伤的负面情感，取得心灵上的释怀；见证者，通过仔细观察，他们可以发现警报信号，及时呼吁采取行动，防止冲突升级甚至挽救生命；均衡者，联合其他志愿者，赋予弱势群体更多的影响力，帮助他们得到公正的对待；调解人，帮助明晰和协调各方的利益，帮助双方解决争端；仲裁者，决定如何处理矛盾和争端；裁判员，限制斗争方式，采用破坏性更小的武器和方法；冲突制止者，当冲突超出一定限制时，他们会采取必要措施来制止正在发生的有害冲突。或者按照和平建设主体的工作层次划分，整合式创新所坚持的和平发展主体可分为 3 层：社区层，包括当地居民、妇女、青少年、少数民族、卫生工作者、小微企业或组织，以及地方社区组织等，着手基础的工作，如社区生活建设、和平教育与活动或改善当地的经济增长；中层，包括地方政府、学者、媒体工作者，以及体育、商业、工会等非政府组织，促进经济社会发展，建立价值观，提高区域应对冲突的能力；高层，包括具有决策权的政治、经济、军事和宗教领导人，能够对高层谈判、停火协议等进行战略性指引和支持（Lederach，1997）。

根据和平建设包含的内容，我们认为，整合式创新中的和平发展的贡献主要可以概括为两个方面：经济增长与社会发展。

第一，创新与经济增长。经济增长，特别是长期可持续的经济增长，一直以来都是学者和政策制定者讨论的焦点。早期已有很多文献尝试提出可能对经济增长产生影响的长期因素。例如，Romer（1986）、Lucas（1988）对内生经济增长理论的开创性工作强调了知识作为生产投入的重要作用。在他们的模型中，推动长期经济增长的是技术进步和产业创新。此外，熊彼特也是早期重要的对创新进行讨论的理论家，当熊彼特讨论"创新"这一概念时，他的重点不仅在于"破坏"，也强调"创新"。从熊彼特的时代开始，工业革新的进程开始被视作经济增长的重要推动力。到 20 世纪末，已有大量的经济学文献检验技术创新与经济增长之间的关系，证明研发和创新可以显著地提高国家的经济生产力。其中，对创新贡献的一个重要衡量指标就是全要素生产率（total factor productivity，TFP），包括中国的很多国家至今依然沿用这一指标来衡量国家创新的贡献。几十年来，现代的创新学者远远超过熊彼特时期对创新的认识，已经构建起完善的创新体系概念，为创新驱动的经济发展提供了重要的理论框架，但关注创新如何影响不同的人或者不同的发展目标的不多，导致全球逐渐出现了创新过于关注商业盈利、追求短期回报、创新带来的益处分布不均等现象。有人开始认为，科学和技术在以全球富人而不是穷人的利益为主导，所以创新的研究议程的某些方面需要更加注重世界"发展中"国家及其需求。例如，联合国在 1969 年委托的一项研究（后来被称作"苏塞克斯宣言"）中呼吁大量增加投资和资金，建立机构和基础设施以支持发展中国家的科学与技术发展。

第二，创新与社会发展。"发展"一词在不同的历史时期有着不同的含义。第二次世界大战后，西方学者多用它来反映国家经济增长和技术变革的成果，这一理解深深地根植于当时欧洲对社会进步所需具备要素的认识。当联合国、世界银行和各国政府等各组织使用"社会发展"一词时，也经常将社会发展和经济增长分开来讨论，这样的解读方式使得社会发展与经济增长长期脱节。很多国家将经济增长作为首要目标，只有在经济发展水平达到一定程度后，才开始讨论社会发展的问题，并保证国家的主要精力依然放在经济增长上。一味追求经济发展，使得很多国家在发展后期开始暴露出明显的问题。1996 年的联合国报告总结出了 5 类失败的经济发展（growth failure）：没有带动就业的经济增长（jobless growth）、仅惠及少数人的经济增长（ruthless growth）、缺乏考虑民主特别是女性平等的经济增长（voiceless growth）、文化认同缺失的经济增长（rootless growth）和环境与资源开发不可持续的经济增长（futureless growth）。回顾几十年的发展，已有学者注意到，经济增长固然重要，但它是社会发展体系中的一部分，并与社会发展的其他部分互相影响和共同演进。这一观念的转变，极大地影响了世界对社会发展的重新认识，之后"发展"一词逐渐演变为对社会发展更综合的描述。例如，联合国的人类发展指数，包括了对一国人民收入、平均寿命和受教育程度的全面考量。同样，千年发展目标（millennium development goals，MDGs）的价值观基础包括尊严、自由、平等、团结、宽容、尊重自然和分担责任。可持续发展目标（sustainable development goals，SDGs）不但基于这些价值观，而且明确地将以人权为基础纳入目标。例如，人权和尊严、平等、包容、幸福、和平、正义和可持续性是未来几年要遵循与实现的目标。世界经济论坛发表的《2017年包容性增长与发展报告》指出，若不及时调整经济增长模式和衡量方式，众多国家正在错失振兴经济增长并同时降低社会不平等状况的重要机会。保障人民生活水平持续且全面提升，即在收入、经济机会增加，生活质量与生命安全保障方面均有提升，才是政策制定者衡量国家经济发展的"最低目标"，而非传统的GDP增长率。如今，创新研究开始逐渐将影响对象转向社会发展。2003年的"信息社会世界峰会原则声明"（The World Summit on the Information Society declaration of principles declaration of principles）中就承认新技术对发展中国家的人民社会经济状况、医疗保健、就业机会、教育发展、农业生产、商业增长、环境管理、减轻贫困，以及改善运输和基础设施将产生重大和有益的影响。一些宏观研究也证明了技术创新对人类发展的贡献。同时，学术界也涌现出一批新的创新概念，如社会创新（Young Foundation，2006）、朴素式创新（Radjou et al.，2012）、包容性创新（George et al.，2012）、责任式创新（梅亮和陈劲，2015）、绿色创新（Driessen and Hillebrand，2002）等，在不同的社会结构层面上发展和提出一些新的观点和解决方案（包括产品、服务、商业模式、生产过程等），来尝试改善人们的生活质量和自然资源保护。

3. 整合式创新中和平发展的特征

整合式创新中的和平发展有一般创新的重要特征，它通过科学技术或者运营模式创新来实现。相比于其他创新，整合式创新中的和平发展在以下几个方面有较为突出的特点。

1）整合式创新中的和平发展的目的

整合式创新中的和平发展的最终目标是对和平建设做出贡献，其创新的内容更偏向于社会发展，而不仅是实现商业价值。这一点与社会创新所强调的目的有所重合，即除了致力于缓和战争与暴力冲突的产生与后果，创新创造的价值主要是为了整个社会，特别是照顾弱势群体，关注人类与自然的和谐。相关的包容性创新、绿色创新等目的也是其中一部分。将创新的目的从商业扩展到社会，会帮助创新实现更广泛、更贴近社会基本福祉的价值贡献。Swann在 *Common Innovation: How We Create the Wealth of Nations* 一书中区分了创新实现的两种价值，经济上的物质财富与生活上的健康幸福，并根据创造价值的不同将创新分为商业创新与公共创新。他指出，过去的商业创新的一大特点是熊彼特提出的"破坏式创新"，但人们在评价创新带来贡献的同时，却忽略了被"破坏"或被"淘汰""赶出市场"的个体所遭受的打击与损失。公共创新旨在满足人们生活的需要，其不抱有营利的目的，因此并不涉及竞争与互相排斥，而且能帮助更多人群、区域或者行业享受到创新带来的益处。这一点与用户创新的理论中，用户往往乐意将自己的发明无偿分享给身边的朋友乃至网上从不相识的人的特点相近。

2）整合式创新中的和平发展的主体

整合式创新中的和平发展的主体更加多元化。在过去的创新中，企业往往被认为是创新的主要力量。而在整合式创新中的和平发展中，由于和平建设内容的丰富性和层次性，整合式创新中的和平发展的主体将从企业为主的模式，扩展到包括个人、非政府组织、军队、媒体、教育机构、政府等综合的互相协调的主体系统。过去在研究企业对社会发展与和平建设的作用时，囿于管理学的框架，讨论的范围主要集中于企业社会责任的提升与实现方面。企业并不是创新的唯一源泉，如用户（von Hippel，2016）、"草根"往往能带来大量的想法和应用。特别的，女性的赋权（empowerment）与行动在和平建设中也发挥出重大的作用（Usta et al.，2019）。更重要的是，除了企业和个体，整合式创新中的和平发展的主体还包括其他形式和背景的组织与行业，而这些在过去往往分散在社会学、公共管理、新闻、教育、军事等其他学科的研究中，较少被创新领域进行系统的研究。

3）整合式创新中的和平发展的产生机制

整合式创新中的和平发展的来源更加丰富。以往，产学研的三螺旋框架是加速和改进企业创新的主要基础。但整合式创新中的和平发展中，创新的实现过程由于涉及更多的分布在不同的行业和层次的主体，并受到文化等社会制度的影响，通过创新改进和平的建设将需要各个创新主体间更加密切和协调的配合。与系统工程思想相近，创新的产生不仅需要梳理复杂系统内部各环节的分解与合作，协调不同学科、不同领域的相互交叉、结合与融合的综合集成研究，也要关注创新内部机制和外部环境之间的关联关系（王英，2006）。同时，整合式创新中的和平发展对于各地区甚至各国间的互相交流与协同也提出了更高的要求。

4）整合式创新中的和平发展的价值实现

整合式创新中的和平发展更加强调转化与行动。创造和实现价值是创新的最根本特征，整合式创新中的和平发展非常关注创新过程中的后半段，即创新的转化和应用实践。从某种程度上来说，整合式创新中的和平发展甚至更强调行动，创新的科技和理论如果仅停留在实验室或者研究文稿中，将更难化解冲突与和平建设中面临的现实问题。整合式创新中的和平发展的转化和实践有两个角度的理解，一个角度是能够更快满足或让更多人享受到，如朴素式创新，通过创新商业模式、价值链、生产流程和产品设计等，降低产品及其价值链的复杂程度和成本，提供质量合格的、耐用易用的、能满足需求的产品或服务（陈劲等，2014），让贫困或者资源受限地区的人们也能享受到基本的保障。但这一转化不仅在商业，在非营利性质的各个行业也应该采取相应的方式，使创新技术或过程尽可能地发挥价值。另一角度是和平思想、观念、文化等意识上的转化，社会发展的背后隐含的是道德规范的变迁。社会发展中包含的一些内在价值观念，如对人的尊重、多元化、尊重自然、平等和社会正义感等，这些在社会发展的讨论中经常被忽略（Abramovitz，1986）。和平建设不仅是物质和身体安全方面的保障，更是精神上对和平、包容、非暴力等的追求。整合式创新中的和平发展的精神传播，不仅是靠之前创新领域常见的企业、个人、政府等途径传播，媒体、教育领域等也将发挥巨大的价值。而在此之前，创意或娱乐行业的（如视频游戏、艺术设计、广告和广播）创新往往被创新研究忽视，甚至被称作"隐藏的创新"（hidden innovation）（Cunningham，2016）。

5）整合式创新中的和平发展的衡量

整合式创新中的和平发展的衡量不仅限于经济指标，这一特点也与其目的和内容相吻合。例如，过去对于国家创新发展的表现的衡量指标大多为专利数、科学技术进步贡献率等经济指标。而未来国家的发展目标将更加全面和完善，如Sen（1999）指出："发展目标必须被视为对最恶劣形式的贫困进行有选择的攻击。发展目标必须按逐步减少和最终消除营养不良、疾病、文盲、肮脏、失业和不平等因素来界定。在制定发展模式时，应该集中关注更多的生产和更好的分配。"未来国家的创新能力的衡量需要加入更多社会发展维度的指标，如收入和贫困水平、就业、保健、教育、住房、性别、卫生、安全饮用水、碳足迹、政府治理等方面。创新的目的应该是改变世界，而不仅仅是为了衡量它（Walker and Unterhalter，2007）。

创新与经济学、社会制度之间的相互作用对于了解增长与发展至关重要（Friman and Perez，1988）。利用创新来解决社会问题不能继续"在路灯下寻找丢失的钥匙"，创新研究需要大胆地扩大研究范围，采用跨学科的方法深入探寻。具体来讲，按照和平建设研究的几个维度，未来整合式创新中的和平发展的研究方向可以按以下几个方面进行探索。

第一，在经济可持续发展方面，整合式创新中的和平发展的研究可以讨论如何通过创新实现区域间经济的平衡增长、降低贫富差距、赋予更多人平等地享受工作的机会和社会福利、保护自然资源或减少对某一特殊自然资源的依赖、满足少数弱势群体的需要、均衡教育资源分布等。第二，在改善社会福利和文化建设方面，整合式创新中的和平发展的研究可以帮助探讨如何利用创新的手段提高生活健康水平、解决老龄化问题、加强不同群体之间的交流、鼓励更加中立公平的媒体、完善国家和世界的历史教育、建设和平发展的价值观等。第三，在安全治理方面，整合式创新中的和平发展的研究可以通过科学技术创新加强治安手段的先进性和有效性，加强武器的流通管理、冲突防范监督等。第四，在政治法律环境方面，整合式创新中的和平发展的研究可以思考如何利用创新提高政府和司法工作的民众参与、鼓励包容性的治理方式、提高生活幸福感和满意度等。

5.2.2 新型举国体制

1. 新型举国体制的实施历程

在2014年6月9日，中共中央总书记、国家主席、中央军委主席习近平在中国科学院第十七次院士大会、中国工程院第十二次院士大会上指出："我国社会主义制度能够集中力量办大事，是我们成就事业的重要法宝。我国很多重大科技成果都是依靠这个法宝搞出来的，千万不能丢了！要让市场在资源配置中起决定性作用，同时要更好发挥政府作用，加强统筹协调，大力开展协同创新，集中力量办大事，抓重大、抓尖端、抓基本，形成推进自主创新的强大合力。"（习近平，2014）这一描述为新型举国体制厘清了历史传统、适应环境、学理基础和制度路径。2015年1月，国务院印发《关于深化中央财政科技计划（专项、基金等）管理改革的方案》，这一方案中聚焦国家重大战略产品和重大产业化目标，发挥举国体制的优势，在设定时限内进行集成式协同攻关[①]。这一改革方案优化了科技计划的布局。2015年11月，习近平在关于《中共中央关于制定国民经济和社会发展第十三个五年规划的建议》的说明中指出，需要发挥市场经济条件下新型举国体制优势，集中力量、协同攻关，为攀登战略制高点、增强我国综合竞争能力、保障国家安全提供支撑[②]。2016年3月16日第十二届全国人民代表大会第四次会议批准的《中华人民共和国国民经济和社会发展第十三个五年规划纲要》中指出，在重大关键项目上发挥市场经济条件下新型举国体制优势。2016年5月，中共中央、国务院印发《国家创新驱动发展战略纲要》，要求要发挥社会主义市场经济条件下的新型举国体制优势，集中力量，协同攻关，持久发力，久久为功，加快突破重大核心技术，开发重大战略性产品，在国家战略优先领域率先实现跨越。中国人民大学经济学教授、长江学者特聘教授贾根良在2016年清华大学技术创新研究中心的学术委员讨论会上作了"美国企业家型国家与我国新型

[①] 参见《国务院印发〈关于深化中央财政科技计划（专项、基金等）管理改革方案〉的通知》[EB/OL]. http://www.gov.cn/zhengce/content/2015-01/12/content_9383.htm, 2015-01-12.

[②] 参见习近平：关于《中共中央关于制定国民经济和社会发展第十三个五年规划的建议》的说明[EB/OL]. http://www.xinhuanet.com//politics/2015-11/03/c_1117029621.htm, 2015-11-03.

举国体制"的报告,他提出:美国之所以能够取得高技术领先位置,是来自市场经济体制下的相对分散和分布的网络型举国体制,而中国则具有社会主义的体制优势,需要发挥国有企业作为创新驱动先锋和国家创新意志的政策工具的重要作用,建立比美国更加集中的网络型举国体制。2017年10月23日,科学技术部举办"国家科技重大专项进展及工作方法"专题讲座,提出:科学技术部、国家发展和改革委员会、财政部会协同部门、地方和企业,充分发挥市场经济条件下的新型举国体制优势,推动重大专项从实施到全面跟踪,从发展到领跑、并跑、跟跑"三跑"并存的新格局,从而取得举世瞩目的重大突破性成果,在关键核心技术领域、颠覆式技术领域、卡脖子技术领域取得研究成果和占据制高点。2018年12月9日,十三届全国人大常委会委员、全国人大财政经济委员会副主任委员尹中卿,在2018年三亚财经国际论坛上,提及关于如何加快增强自主创新能力、抢占新一轮科技竞争制高点时提出,需要探索和建立新型举国体制,在科研经费使用和管理方面、科技评价制度方面、激励制度方面需要进行全新的探索,集中力量实施核心技术、产品"攻坚"工程和自主创新产品迭代应用计划,加快解决"卡脖子"问题,实现核心技术的全面突破。

"嫦娥四号"率先在月背刻上了中国足迹,既标志着中国科技实力的不断攀升,更为进一步实现核心技术突破提供了启示:既有集中攻关的国家能力,也有航天企业、科研人员的自主奋斗,才形成了这场向着月球的豪迈进军。能够集中力量办大事,是中国的体制优势,也是在科技创新领域实现超前布局的基础。不仅是太空探索,在更多基础和前沿科技领域,国家能力都是超前布局的保障。例如,中国敏锐捕捉到人工智能所酝酿的改变全球竞争格局的巨大动能,密集开展了各类人工智能发展部署。中国共产党第十九次全国代表大会报告明确要求,"推动互联网、大数据、人工智能和实体经济深度融合"(习近平,2017)。目前,中国人工智能的论文发表数量与引用率均居世界前列,为其进一步的应用打下了良好的基础。同时,企业是创新的主体。实现超前布局,还需要发挥企业和市场的力量。中国持续的创新崛起,关键是一批能够掌握关键核心技术的科技型企业的集群式崛起。中国的移动通信技术从1G的落后、2G的跟随、3G的突破、4G的并跑,到5G的领先,就是因为通信企业在标准制定、频谱规划、技术试验、基建筹备等多方面做出了超前布局。当前,全球新一轮科技革命和产业变革同中国经济优化升级交汇融合,中国的科技企业和世界站在同一个起跑线上,完全可以在这次浪潮中实现更多科技突破。

2. 来自国家创新体系建设的经验

英国学者 Freeman（1987）通过研究日本产业发展的经验，正式提出"国家创新体系"概念，强调了政府对技术创新的有效干预。丹麦学者 Lundvall（1999）着重于国家创新系统的理论研究，特别强调"学习"在创新中的重要性，提出了科技与教育结合的国家创新体系框架，呼吁重视职业技术教育，积极开发面向学习型经济的国家创新体系。2003 年前后，中国学术界开始对国家创新体系进行深入研究。国家科技决策和管理部门对相关研究成果高度重视，并对国家创新体系建设进行了 3 次重要部署。2006 年发布实施的《国家中长期科学和技术发展规划纲要（2006—2020 年）》指出："全面推进中国特色国家创新体系建设"，"国家创新体系是以政府为主导、充分发挥市场配置资源的基础性作用、各类科技创新主体紧密联系和有效互动的社会系统。"针对科技强国的战略要求，在新型国家创新体系建设中，以下方面应被关注。

1）构建新型的企业创新体系

在新型企业创新体系中，要充分发挥国有企业与民营企业的战略互补性、大型企业与中小企业的能力互补性，建设国有民营联动、大中小企业协同的企业创新体系。首先，积极发挥大型企业在科技创新方面的作用。对于大型国有企业而言，应积极发挥其在国家战略性、基础性、公共性科技创新方面的作用，充分释放其在高端人才储备、共性技术平台建设、集成创新和原始性重大创新方面的较大优势。例如，通过制度创新进一步激发国有企业科研人员的积极性和创造性。就大型民营企业而言，应充分发挥其在竞争性领域的创新示范作用。其次，进一步扶持中小企业积极实施颠覆性创新。进一步重视民间创新智慧的获取和吸收，积极运用互联网平台，吸收用户和群众的创新智慧，并进一步发挥产业技术工人在创新中的作用，实现群智共享、智慧共创（陈劲，2018）。

2）构建包括农业、制造业和服务业等在内的全方位的产业创新体系

加大公共科技能力建设，积极组建行业性高端研发机构和国家级应用研究平台，努力加强产业工程技术、关键技术、颠覆性技术和前沿引领技术的开发。积极探索新型研发机构建设，努力实现产业共性技术研发和试制的显著突破。

3）建设高效协同的区域创新体系

进一步开发具有整合效应的区域创新体系，突出区域创新体系的战略协同。例如，积极打造北京、上海等区域创新体系，使之成为具有世界影响力的科技创新中心。积极加强各区域科技创新平台建设。加强区域创新体系中中介服务体系的建设，特别是加强科技成果转移转化体系、知识产权交易体系、风险投资体系和法律服务体系的建设，为科技创新工作提供坚实的保障。

4）完善国家创新体系

首先，加强科教融合，培养更多的拔尖创新人才。科技创新强国建设离不开教育强国的人才支撑，人才是实现科技创新强国的根本所在。要高度重视教育创新对于科技强国建设的战略意义，积极培养具有家国情怀、科技能力、创新品质和人文素养的战略性科学家、创新型工程科技人才和企业家。为此，要大力加强社会主义和爱国主义教育的力度，大力强化创造力、工程实践能力的开发和创业精神的培育（陈劲，2018）。其次，进一步加强军民融合。通过军民融合创新，推动科技与军事的融合发展，对完善国家创新体系、发挥军事科技对国民产业创新的保障及支撑作用，具有重大意义。最后，实现科技与金融、贸易等的整合式发展。当前全球价值链具有受大规模跨国投资驱动、中间品贸易高增长的特征，且已步入深度结构调整期，突出表现为全球价值链发生结构性变化与重构，这对国际贸易、国际投资、全球经贸治理乃至世界经济繁荣稳定都将产生深远影响。在开放创新时代，要加强和跨国公司的竞合，加快建设以中国为主导的新型开放型全球创新体系。依靠技术创新，主动在产业结构和产品结构的调整中有效实施品牌战略，打造自主品牌，通过创新推动中国企业深度参与和融入全球价值链，提升中国在全球价值链上的地位。

3. 整合式创新中新型举国体制的发展探索

整合式创新中的新型举国体制，实际上是中国特色社会主义制度能够集中力量办大事的优越性，换句话说，是举国家的人力、物力和财力等资源，以国家利益为最高目标去攻克那些对于国家战略意义特别重大项目的工作体系和运行机制。它充分发挥了中国共产党在统筹协调和资源整合方面的作用，同时也发挥了中央人民政府的政策规范和社会引导作用。中国的科技管理工作中，整合式创新必须发挥新型举国体制的优势，以协同创新范式作为科技创新管理的支撑。建设新型国家创新体系，是中国科技强国建设的关键。在2018年的两院院士大会上，习近平进一步强调，"加强创新驱动系统能力整合，打通科技和经济社会发展通道，不断释放创新潜能，加速聚集创新要素，提升国家创新体系整体效能"（习近平，2018a）。实际上，既发挥集中力量办大事的体制优势，又发挥企业主体和市场调节的作用，才能形成协同创新的合力。这其实也是"发挥市场经济条件下新型举国体制优势"的题中之意。国家集中力量进行基础研究、攻关重大课题，企业分散决策实现多元尝试、增加微观活力，就能形成突破核心技术的强大合力（陈劲，2019a）。为此，必须以协同创新的视野进一步完善新型国家创新体系，让企业创新体系、产业创新体系、区域创新体系、国家创新体系、全球创新体系协同互动，产生更高附加值的创新成果（陈劲，2012）。

2018 年 5 月，习近平在两院院士大会上强调："坚持融入全球科技创新网络，树立人类命运共同体意识，深入参与全球科技创新治理，主动发起全球性创新议题，全面提高我国科技创新的全球化水平和国际影响力，我国对世界科技创新贡献率大幅提高，我国成为全球创新版图中日益重要的一极。"（习近平，2018a）为此，必须加快实施科技创新国际化发展战略，构建开放、包容的符合创新规律和创新特征的创新治理新格局，应对共同面临的挑战。首先，牢固树立科技创新的国际化理念。国际化理念是推进科技合作与科技创新的重要基础。要全面提升中国科技国际化发展理念，加强顶层设计，拓展领导干部全球视野，促进中国科技管理体制机制的国际化发展。其次，加强国际化人才队伍建设。以国际化的理念制定政策吸引全球优秀科技人才，聚集全球创新资源，不断提升科技创新能力并在国际竞争中发展壮大（白春礼，2013）。最后，加强国际合作。"一带一路"倡议具有拓展合作与发展的广阔空间，可以推动由过去的传统产业"过剩产能"向科技"新产能"、科技合作"新势能"等方向发展，科技创新的国际合作将在其中发挥更大的作用。

专栏 2-5-1　　　　　　　　习近平：探索建立新型举国体制

2019 年 2 月 20 日，党和国家领导人习近平、李克强、栗战书、汪洋、王沪宁、赵乐际、韩正等在北京人民大会堂会见探月工程嫦娥四号任务参研参试人员代表。习近平在会见探月工程嫦娥四号任务参研参试人员代表时指出：嫦娥四号任务坚持自主创新、协同创新、开放创新，是探索建立新型举国体制的生动实践。这是对新型举国体制的肯定和要求。

举国体制符合中国国情，具有比较优势。举国体制是指以国家利益为最高目标，动员和调配全国有关的力量，包括精神意志和物质资源，攻克某一项世界尖端领域或国家级特别重大项目的工作体系和运行机制。发挥举国体制的优势推动科技创新是中华人民共和国成立以来重大科技活动组织实施的重要经验。"两弹一星"、载人航天、探月工程等令国人引以为傲的项目都是在举国体制下完成的。第一颗原子弹研制工程是中国历史上第一个在国家层面组织的重大科学工程。从 1959 年 6 月中央下决心独立自主研制原子弹开始，仅仅用了 5 年多的时间，就于 1964 年 10 月 16 日实现原子弹爆炸试验成功，使科技、经济基础落后的中国一跃成为世界 5 个核大国之一。这是震惊世界的伟大壮举，不但铸就了中国国防安全的战略基石，而且对国家科技发展产生了深远影响。在中国历史上，第一次将科学实践活动上升到国家层面，以任务带学科，推动了全国科学技术体系的建立。

探索建立新型举国体制。体现国家意志的重大科技专项任务重、投资大、周期长、涉及面广，科学有效的组织管理尤为重要。为此，要积极推进机制创新，探索建立市场经济条件下的新型举国体制。2006年2月国务院印发的《国家中长期科学和技术发展规划纲要（2006—2020年）》提出，"坚持社会主义制度，能够把集中力量办大事的政治优势和发挥市场机制有效配置资源的基础性作用结合起来，为科技事业的繁荣发展提供重要的制度保证"，描述了新型举国体制的基本特征。《国家"十二五"科学和技术发展规划》提出，"加快建立和完善社会主义市场经济条件下政产学研用相结合的新型举国体制"。2012年出台的《关于深化科技体制改革加快国家创新体系建设的意见》要求，"探索社会主义市场经济条件下的举国体制""注重发挥新型举国体制在实施国家科技重大专项中的作用"。《"十三五"国家科技创新规划》要求，"探索社会主义市场经济条件下科技创新的新型举国体制"。《中华人民共和国国民经济和社会发展第十三个五年规划纲要》提出："在重大关键项目上发挥市场经济条件下新型举国体制优势。"

新型举国体制与传统举国体制相比主要有三大转变。一是从行政配置资源为主转变为市场配置资源为主。传统举国体制主要依靠政府财政投入，资源配置由政府大包大揽。新型举国体制是建立在市场起资源配置决定性作用基础上的，国家利用科技产业政策和其他手段引导市场，企业成为科技创新主体，运用市场方式、经济手段解决国家科技创新工程立项、决策、预算投入、利益分配等问题。早在2015年3月13日，国家国防科技工业局就明确表示，嫦娥四号工程将向社会资本开放，鼓励社会资本、企业参与嫦娥四号任务。探月工程三期总设计师胡浩表示，以嫦娥四号为试点，探索引入社会资本的新模式，对于打破航天工业壁垒、加速航天技术创新、有效降低工程成本、提高投资效益等，均具有积极作用和深远影响。二是从产品导向转变为商品导向。传统举国体制更注重技术链，相对忽视价值链；更注重科技成果和工程的产出，相对忽视市场和价格表现及相关方的利益分配。新型举国体制既看技术链也看价值链，既看产品也看市场表现，并兼顾利益分配。三是从注重目标实现转变为注重目标实现与注重效益并重。传统举国体制目标相对单一，更看重科技目标实现，较少考虑经济效益；新型举国体制既要考虑实现目标，也要考虑投入产出效益。北斗三号基本系统建成及提供全球服务，是新型举国体制的生动实践。北斗高精度特色带动应用新突破，截至2018年12月，北斗芯片、模块等基础产品销量突破7000万片，北斗高精度产品出口 90 多个国家和地区，北斗地基增强技术和产品成体系输出海外。北斗带来大规模的市场效益。仅 2017 年，国内卫星导航产业产值就达 2 550 亿元。

举国体制，办大事、国受益。新时代，既要发挥国家的主导作用，又要发挥市场的主体作用，探索建立新型举国体制，政产学研用一体化，为社会主义市场经济条件下开展国家重大科技项目提供有力保障。

资料来源：习近平：探索建立新型举国体制[EB/OL]. https://www.sohu.com/a/296608586_120057868，2019-02-22.

5.2.3 以人民为中心

习近平强调，"科技创新是提高社会生产力和综合国力的战略支撑，必须摆在国家发展全局的核心位置"，"要把满足人民对美好生活的向往作为科技创新的落脚点，把惠民、利民、富民、改善民生作为科技创新的重要方向"（中共中央文献研究室，2016）。认真学习贯彻习近平总书记系列重要讲话精神，就要始终不忘坚持以人民为中心，始终坚持科技创新为民。创新是引领发展的第一动力。新时代，创新工作应当聚焦社会主要矛盾，关注人民需求，推动以科技创新为核心的全面创新，促进经济社会实现更平衡、更充分的发展。

1. 整合式创新中以人民为中心的必要性

科技创新的最终是为了人民。从某种程度上来说，科学技术是一把"双刃剑"，因为它既能通过促进经济和社会发展造福人类，同时也可能在一定条件下对人类的生存和发展带来消极后果。若科技发展长期仅仅聚焦于推动经济增长、升级产业结构、创造个人财富，以市场、效率等为驱动的技术变革就有可能会越来越强烈地冲击人类社会的价值体系，甚至脱离伦理、道德的约束，造成人的价值观被不断扭曲、弱势群体的基本权益被不断蚕食的危险局面。因此，确立科技服务人民的目标，坚持科技惠民、坚持科技发展，始终维护最广大人民的根本利益，使科技成果更多更公平惠及全体人民，是确保科技事业始终服务于人的全面发展及人类社会可持续发展的前提。整合式创新作为中国特色社会主义建设和创新驱动发展的一种全新创新范式和实践探索，也需要坚持以人民为中心的重要理念。

科技创新的根本动力来自人民。在几千年历史长河中，中国人民始终辛勤劳作、发明创造。中国发明了造纸术、火药、印刷术、指南针等深刻影响人类文明进程的伟大科技成果。今天，中国人民的创造精神正在前所未有地迸发出来，推动中国日新月异向前发展。如果人民的创新智慧、能力和潜力得不到挖掘，科技创新就将成为无源之水。紧紧依靠人民，充分发挥人民在科技事业中的主体作用，尊重人民首创精神，为了人民干事创业，依靠人民干事创业，是科技创新坚持以人民为中心的重要体现。科技创新通过推动经济社会更平衡、更充分发展来造福人民。推动经济社会更平衡更充分发展是新时代科技发展要实现的重要目标。发展科学技术不仅要为中国人民谋幸福，也要为人类进步事业作贡献，和世界各国一起应对人类共同挑战。习近平指出，"深度参与全球科技治理，贡献中国智慧，着力推动构建人类命运共同体"（习近平，2018a）。要深化国际科技交流合作，在更高起点上推进自主创新，在实现自身发展的同时惠及其他更多国家和人民，推动全球范围平衡发展。只有坚持以人民为中心的发展思想，科技创新才会始终沿着满足人民对美好生活向往的正确方向与道路不断前进，造福全世界人民，造福子孙后代。

2. 整合式创新中以人民为中心的基本要求

近年来，中国国家创新体系不断完善，在创新战略提升、创新能力培育、创新人才培养和创新资源整合等方面取得了长足进步。现阶段，整合式创新的提出，符合目前创新工作的新范式和大趋势。例如，推动"大众创业、万众创新"就是打破壁垒、汇集智慧、协同资源、激发创新活力和能力的重要举措，极大促进了各方面创新资源整合，完善了科技创新与社会、经济、文化等非技术因素之间的协同匹配。应该看到，目前中国创新体系仍具有一定局限性，特别是在促进经济社会更平衡、更充分发展方面，在促进人民群众更好参与方面，还有较大提升空间。基于整合式创新，以人民为中心需要做到以下要点。

第一，关注更加广泛的群众需求。现阶段，中国的技术创新体系主要以企业为主体，以市场为导向，并结合产学研深度融合发展。企业的主要目的在于营利，绝大多数创新人才被聚集在附加值大、科技含量高、创新层次深的行业和领域，主要面向和服务高端市场。在这种情况下，相关创新需要兼顾发展相对落后地区和中低端市场的实际需求，尤其是经济发展不平衡、不充分的问题。

第二，促进普通群众与创新主体之间的沟通。在整合式创新的发展趋势下，强调开放、协同和全面，各类众包服务平台、学术交流平台及技术中介机构为各领域的创新事业提供了助力。但也要看到，这些平台和机构都有较高的专业和技术门槛，且所涉及的问题都有明确的目标指向。此外，对于具有商业营利性质的平台，在实际信息交互的过程中，需要关注安全信用和隐私保护等多种复杂问题。在目前中国基层创新基础还相对薄弱的情况下，普通群众很难融入这些开放式创新平台之中，缺乏与创新主体之间的沟通渠道，难以将现实需求直接反映到创新领域。

第三，设置定线思维。树立防范和化解重大风险的底线思维，确保科技发展的安全，是实现好、维护好、发展好最广大人民根本利益的前提。中国共产党第十八次全国代表大会以来，习近平总书记多次强调要增强忧患意识、防范风险挑战。强化事关国家安全和经济社会发展全局的重大科技任务的统筹组织，强化国家战略科技力量建设。要加快科技安全预警监测体系建设，围绕人工智能、基因编辑、医疗诊断、自动驾驶、无人机、服务机器人等领域，加快推进相关立法工作。在推进科技风险管理体系建设的过程中要着眼于一些关键问题。要加强公众参与，充分体现人民的意志。要推进科技治理能力现代化，科学化、精细化监督管理重大科技项目立项，以科技成果转移转化等为抓手，确保科技创新活动开放而有序地开展。要切实加强科学伦理审查和监管，通过设立科技创新风险评估及管理学科并建立相关人才队伍，实现对科技风险的精确分析、评估和统筹管理。要运用底线思维，着手打造科技创新资源的统筹精细化管理体系，确保对核心创新资源的掌控力，从源头上建立起牢固的安全防线。

5.3　基于复杂系统科学的"术"

基于复杂系统科学的"术"是整合式创新的方法论和技术基础，它是从复杂系统科学的基本方法出发，借鉴系统的系统（system of systems，SoS）的思想完成系统之间、系统之内、要素之间的整合，实现战略目标、完成开放、协同、全面的创新要求。

5.3.1　复杂系统科学的基本特点

复杂系统科学的相关研究当中，其研究对象包括多种差异化的构成组元，涉及物理系统、生态系统和社会系统等。在这些系统当中，不同的研究对象具有不同的特征，而复杂系统科学的目的是为其提供一个整合的、统一的科学分析框架，允许研究思想的泛化、促进新应用和新连接，从而能够创造出创新性的研究成果。因此，复杂系统科学的基本原理能够指导整合式创新的方法论。复杂系统科学的相关研究过程当中，需要寻找一个具有普适性的、能够描述整个系统所有细节的描述方式和分析视角。基于这样的分析需求，复杂系统科学寻找到了熵这个物理学的重要概念，来描述事物的发展状态，即复杂性程度。

通常情况下，在对复杂系统进行实证研究中，往往取得失败的主要原因包括以下几点：①收集系统内的数据较为容易，而收集多个系统尤其是系统与系统之间的交互数据较为困难，如果没有捕获到数据之间的交互信息，则往往会造成实证研究结果的失败，尤其是当系统的复杂性程度较高、系统与系统之间的交互界面较多时，这种大尺度的复杂行为，将难以被测度。②不恰当的数据分析方法，会造成对长尾风险的低估。③当前的实证分析方法往往是基于线性研究的假设，即假设一组自变量的总体影响等于某一个合成的单因素的影响之和，但是非线性作用却是复杂系统科学的重要特点之一，因此这种基本的线性研究假设不适用于复杂系统科学的研究。在分析复杂科学系统数据或者创建复杂系统科学结构时，传统的、标准的实证研究方法不完全适用于复杂科学系统。

5.3.2　SoS 的基本概念

随着人类社会的不断发展进步和科学技术的飞速发展，事物之间、系统之间不断进行互联互通和交互协同作用，使得整个人类社会呈现出集约性、高效性和涌现性的特征。在这样的特征作用之下，形成了社会当中相互交叉、相互涵盖和相互渗透的联合体。这样的联合体被称作体系，如城市交通体系、电网体系、水利体系、国际航运体系等。在《现代汉语词典》中，对于体系的解释，是若干有关事物或某些意识相互联系而构成的一个整体。学术研究之中对于体系的研究由来已久。体系和系统有所不同，体系被称为"SoS"，主要是讨论系统之间的相互影响（Ackoff，1971）。Eisner 等（1991）正式提出了 SoS 的概念，又叫作体系，以后越来越多的学者开始进行关于体系的研究，并逐渐形成了一个全新的学科，即体系工程（system of systems engineering，SoSE）（Jackson and Keys，1984；Keating et al.，2003）。

SoS 主要来自 Jamshidi 对以往创新成果的思考（Jamshidi，2009），国内的其他翻译方式包括散系、系统集系统、综合系统、SoS、复杂系统。SoS 这一概念在工业 4.0 不断发展的时代当中，在解决复杂工业问题方面得到了广泛的应用，诸多工程领域的复杂系统，具有分布式、分散性的特征，需要用 SoS 的思想去看待相互之间密切的交叉关系和要素之间的相互关联。而 SoS 则正是用于理解复杂系统的一个重要的概念。SoS 提倡首先明确复杂工业系统分析的方法论，并确定世界观，从而进行系统的顶层设计、复杂系统的集成、大型工程实践等。在特定的某个大型工程的情景之下，则需要重视要素之间、系统之间的相互作用、要素之间的依赖性及其因果关联。在不同的应用领域当中，SoS 具有多种定义：Maier（1998）提出了 SoS 的 5 个关键特征，包括组件系统的操作独立性、组件系统的管理独立性、地理分布、紧急行为和进化开发过程。在这 5 个关键特征的表征过程当中所呈现出的涌现性，被称为 SoS 的共同特征。在 ISO[①]/IEC[②]/IEEE[③] 21839-2019，提出了 SoS 和组成系统的定义：SoS 是由一组系统或系统元素所共同构成，任何构成的系统都不能单独完成 SoS 所具备的功能。其中，单个系统对于促进 SOS 功能的实现具有交互作用。需要指出的是，SoS 的形成是一种暂时性的现象，是为了实现系统、系统与系统之间的健壮性、低成本、高效率等具体目标而产生的一种协同方式。传统的系统工程被应用在 SoS 领域之后的特点，如表 2-5-1 所示。

表 2-5-1　传统系统工程步骤在 SoS 中的应用

系统工程步骤	在 SoS 中的应用
协议流程	体系之中没有最高级别的 SoS 授权，每一个系统之间都具有独立性和平等性的协同关系，系统与系统之间的协同需要通过有效协议来完成
启用流程	系统与系统之间的运行方式需要通过体系层面的流程约束来进行控制和设定，任何单一的系统都不能违反体系层面的流程约束
技术管理流程	体系遵循了计划、分析、组织的技术管理过程，并且能够支持原有系统和新系统之间的新集成和混合
技术流程	技术流程遵循了开发、集成、验证、转化的顺序，同时支持整个体系工程的监控和审查；体系级别的技术流程需要设计统一的结构和框架进行规划、组织和集成

5.3.3　SoS 的方法技术

霍金称"21 世纪将是复杂性科学的世纪"，这得到了科学领域的共同认可。在这个复杂的世界当中，复杂系统科学为科学技术带来了一场方法论和思维方式的革命。不同于以往相对论和量子力学诸多颠覆性的科学研究成果发生在物理学界，复杂系统科学发生在各个学科，甚至于跨学科领域当中。尽管国内外的研究学者已经证实，复杂系统科学具有重要的研究意义，但是相关研究工作的复杂程度和艰难程度仍然超乎想象，甚至至今无法克服。就目前而言，美国圣塔菲研究所是世界级复杂性科学的研究圣地，而国内关于复杂科学的研究机构主要包括中国科学院的数学与系统科学研究院下设的复杂系统研究中心、中国科学院自

---

① 国际标准化组织：International Standard Organization，ISO。
② 国际电工委员会：International Electro Technical Commission，IEC。
③ 电气和电子工程师协会：Institute of electrical and electronics engineers，IEEE。

动化研究所下设的复杂系统管理与控制国家重点实验室等，中国重点高校包括北京大学、清华大学、中国科学院大学和北京理工大学等也设有相关的研究机构和实验。

SoS 是一种面向多任务系统的集成方法，其解决问题的重要思想是，利用系统思想和整体论的方法技术，通过分析每一个子系统如何运行、如何交互、如何使用，从而进行子系统之间的集成，并从一个更高层次的系统当中获得最大价值。在软件的实现过程之中，主要是通过中间件的联通和连接来实现大系统当中每一个组成要素之间的协同，同时避免组成要素之间在大系统之中存在的竞争或冲突。SoS 的分散系统具有 5 个典型的判别特征，这 5 个判别性特征是指 5 个分散性的特点，包括运行分散、管理分散、时间分散、结构分散和部署分散。每一个判别性特征的具体内涵如表 2-5-2 所示。

表 2-5-2 判别性特征的具体内涵

判别性特征	具体内涵
运行分散	组成的每一个子系统和要素都能够进行自主运行，而不受其他系统的干扰
管理分散	组成的每一个子系统和要素都能够进行自主管理
时间分散	包含了 SoS 的演进和发展全过程，整个初始状态、中间状态和过程都会共同影响到最终状态
结构分散	SoS 具有多层次属性，并且要素再进行分层次跨越的过程当中会呈现出涌现行为
部署分散	每一个子系统和要素都具有一定的地理分布属性，往往具有分布式特征

在此基础上逐渐形成了体系工程，并最初应用于国家安全与防务领域。体系工程的概念和原则已经逐渐扩展到更广泛的政府、民间和商业领域，包括交通运输（航空交通管理、铁路网络规划、地面综合运输规划、货物运输规划、公路设计与规划、空间系统设计等）、能源（智能电网设计、智能住宅设计、综合生产与消费设计等）、自然资源管理、商业等。

SoS 的方法技术之所以能够在整合式创新中应用，主要包含以下几个方面：

第一，整合式创新中的参与主体关系设计。SoS 通常表现出复杂的行为，每一个组件当中都存在着相互作用，并且存在着固定关系，这是依靠一种合理和可靠的技术规划、成本规划和时间规划而进行的。在系统的主体组成当中，即使组成主体的数量或类型一直都在发生改变，但是大致特征、参与该体系的目的往往比较固定。在整合式创新当中，需要区分参与主体的特征、目的、类型等基本特点，实现对多种主体较为概括化的类型划分，明确主体类型之间的关联关系，从而能够在系统复杂度快速提升的背景之下，快速地厘清不断新增的参与主体之间的关系。

第二，整合式创新中的数据关系设计。主体关系设计，本质上就决定了数据关系的设计，因为主体的复杂性行为能够产生大量的痕迹和数据。主体关系则决定了行为关系，行为关系则决定了数据关系。数据关系则是一种更加底层的关系设计，它包括数据如何进行收集、如何进行传递、如何进行加密和解密及每一个主体在使用数据的各种权限。在整合式创新当中，所有主体都是服务于最终的创新目标，尤其是在研发过程当中，需要进行大量的信息、知识、数据、专利技术等的分享和转移。为了保证充分的信息共享、防止信息泄露和保障知识产权等，需要对数据的使用权限和保护进行更为严密的设计。

第三，整合式创新中的主体通信规则的设计。在体系中的各个子系统之间需要进行数据和信息的交换，一旦子系统的复杂性增加以后，会使得体系的整体架构设计当中的系统架构和通信架构都会随之而发生改变，并增加其多样化程度。而通信架构的主要任务是通过保证业务单元和系统单元之间的数据交换来支撑系统架构。而这些数据交换大多是通过通信单元的连接和传递来进行。而通信单元之间的连接和数据传递需要保证其格式和效能的统一性。在整合式创新当中，不同学科、不同研发部门，它们所需要的信息和知识共享结构、内容都有所不同，而大量的信息和知识都是非结构化的，乃至是隐性信息和知识。因此需要进行通信规则的设计来保证学科之间、部门之间、系统之间能够达成信息和知识的交流。

5.4 基于社会主义多元意义的"志"

作为科技创新向人类发展价值目标的解读尝试，整合式创新主张用整合性的思维来思考创新问题、在创新全流程中体现科技思维、人文思维和哲学思维的统一，其核心关切是人的全面发展以及人类社会的可持续发展，其主要目的是推动创新主体逐步摆脱短期利益和内部效率要求的束缚，实现面向中长期收益和外部社会整体福利的转型（陈劲和曲冠楠，2018）。党和国家统筹推进"五位一体"总体布局、协调推进"四个全面"战略布局，实现了对新时代坚持和发展中国特色社会主义的政治意义、文化意义、战略意义、经济意义、社会意义、生态意义、安全意义等的全面融合，而整合式创新能够为多元意义价值的融合提供一种理论解读，以将多元意义价值与中国特色社会主义科技创新事业相结合，探讨整合式创新在中国特色社会主义制度背景之下的意义导向和基本框架，指导整合式创新实践。

然而，已有研究尽管对整合式创新的理论概念和框架进行论述，但其作为创新范式面向管理模式和管理系统的落地,以及对解决中国发展的实际问题等方面还存在缺口,亟待展开进一步的延伸与拓展,主要包括:①立足中国实际,系统梳理中国情境下整合式创新的内在属性,提出多元意义的整合式创新管理,为后续科技创新管理系统设计与开发的实践提供理论基础与支撑。②以管理目标为根本出发点,通过目标手段分析,构建"目标-需求-系统"三位一体的多元意义的整合式创新管理框架,形成相关方法论。③对标管理需求,展开模块化设计,构建多元意义的整合式创新管理系统架构,为科技主管部门的管理应用提供借鉴。

5.4.1 创新的后觉

《创新的先知:熊彼特与创造性毁灭》(*Prophet of Innovation: Joseph Schumpeter and Creative Dectruction*)(McCraw,2007)这本书是熊彼特的新传记。在这本书中,熊彼特将经济学视为科学,同时还体现了政治学、社会学和历史学等各个学科的思想。熊彼特作品的影响力之所以如此之大,是因为他的研究成果都与资本主义的思想有很大程度的相关性,尤其是他对资本主义经济发展过程当中的创新企业家精神、企业战略和创造性毁灭的影响。熊彼特在奥地利经济学派的影响之下,使得他将经济学看作一种更为理想的类型,而不是用它去影响公共政策。20世纪80年代以来,资本主义社会和西方经济学界提出了演化经济学的概念,而这一概念在理论上可以溯源于熊彼特,因为他较早地提出了一个能够解释资本主义演化和发展的创新理论,研究了"创新"这一个对于资本主义经济发展和经济演化过程有重要影响的现象,而创新也用于解释资本主义经济发展周期的不稳态和不平衡的增长路径。1908~1912年,熊彼特连续发表了关于资本主义经济发展解释的经济学三部曲,包括《理论政治经济学的本质和主要内容》(1908年)、《论危机的本质》(1910年)和《经济发展理论》(1912年)。《理论政治经济学的本质和主要内容》一书中,提出了一个静态的经济学模型,为古典经济学理论奠定了理论和方法论的基础,《论危机的本质》则提出了动态经济理论的观点,随后,在《经济发展理论》中,熊彼特系统性地论述了这一动态理论的模型。这三部著作统一地构成了一个关于资本主义经济学解释的有机整体,形成了资本主义经济学发展的理论分析框架。由此可见,熊彼特关于创新的理论,其研究对象是资本主义经济发展。而如何解释创新对于社会主义经济发展的影响,应该具有其独特性和社会嵌入性。

在早期的资本主义大萧条的社会背景之下,所形成的是技术创新理论。而在社会主义全面发展的社会背景之下,一定程度上可以用整合式创新理论来解释和指导经济发展。资本主义制度是人类历史上的一种巨大进步,它帮助人类社会累积了大量的社会物质财富,开辟了广泛的世界市场,将世界上各个地区孤立的人群,从相互不联系、相互独立的状态中解放出来,逐渐形成一体化的发展格局。它创造了灿烂的资本主义文化,促进了社会中科技的蓬勃发展,改变了人类社会的价值观念、文化和素质。如果说,创新用于解释资本主义经济发展的规律被称作一种"先知",那么将创新理论运用到社会主义经济发展的过程当中就是一种"后觉"。

5.4.2 多元意义的内涵

结合中国特色社会主义的政治意义、文化意义、战略意义、经济意义、社会意义、生态意义、安全意义,提出了整合式创新的多元意义的四维度框架,包括"人民性"、"全面性"、"责任性"和"底线性",如表 2-5-3 所示。

表 2-5-3 整合式创新多元意义的四维度框架

意义维度	属性维度	主要内涵
政治意义	人民性	体现人民意志,保障人民权益;坚持和加强党对科技事业的领导;推进创新文化建设,发挥人民主体作用;深化科技领域依法治国,完善创新资质认证体系
文化意义		
战略意义	全面性	构建多元意义和战略引领的科技创新政策体系;完善统筹、自主、协同、开放的新型举国体制;打造现代化科技服务体系,融合政产学研用金;形成国家、产业、企业三位一体的创新生态系统
经济意义		
社会意义	责任性	推动科技创新规划和风险管理学科建设;有效评估和控制科技创新风险;加强科技创新伦理审查和司法监管;提升对创新活力的预测、选择、控制、修正能力
生态意义		
安全意义	底线性	确保科技领域人类的主体性和人民的主体性;确保对科技失控事件的提前响应和随时终止能力;确保对创新要素的动态精准调控能力;确保对能源供给的全流程绝对控制力

1. 人民性:科技事业服务政治意义和文化意义的价值遵循

在当前全球经济发展面临波折、贸易保护主义抬头背景下,某些西方国家对中国特色社会主义市场经济建设和相关产业政策横加指责,甚至主动挑起贸易战(任平,2018)。虽然中国从根本上改变国际话语权的格局还需要一定的时间,但是从长远来看,科技创新事业坚定不移地讲政治,旗帜鲜明地坚持马克思主义和习近平新时代中国特色社会主义,必将成为我国建设世界科技强国、实现中华民族伟大复兴的中国梦、推动构建人类命运共同体的根本保障和首要优势(习近平,2018a;习近平,2018b)。因此,将"人民性"列为整合式创新的第一属性，这是一切创新的纲和魂。

坚持以人民为中心的科技发展道路。道路问题是关系党的事业兴衰成败第一位的问题，道路就是党的生命[①]。坚持以人民为中心是中国共产党第十九次全国代表大会确立的新时代坚持和发展中国特色社会主义的基本方略，科技事业处于国家发展全局的核心位置，要坚持以人民为中心的发展道路。在西方发展观的影响下，近代以来，科技发展长期仅聚焦于推动经济增长、升级产业结构、创造个人财富。这种状况需要尽快改变，否则以市场和效率为驱动的技术变革会越来越强烈地冲击人类社会的价值体系，甚至脱离人性、伦理、道德的约束，带来一个被数据、算法和机器统治的世界，造成人的价值观被不断扭曲、弱势群体的基本权益被不断蚕食的危险局面。还需要格外警惕的是，在教育资源和创新要素分配不平衡等问题的长期影响下，科技创新可能会被局限成"精英事业"，出现"贵族化"趋势，甚至会发展成为少数人服务的工具。在"马太效应"的作用下，科技事业和人民群众之间的壁垒可能会持续加大。人民的心声得不到倾听，人民的创新智慧、能力和潜力得不到挖掘，科技创新便将成为无源之水，人民的利益也会被束之高阁。坚持正确的政治方向和发展道路，坚持科技发展始终体现党和人民的意志，维护最广大人民的根本利益，坚持推动教育公平，充分发挥人民在科技事业中的主体作用，让创新文化在全社会蔚然成风，坚持科技成果更多更公平惠及全体人民，坚持科技创新推动构建人类命运共同体，是确保科技事业始终服务于人的全面发展以及人类社会的可持续发展的根本前提（陈劲，2019a；朱子钦等，2017a）。

坚持和加强党对科技事业的领导。中国共产党的党性和人民性是一致的、统一的。党除了工人阶级和最广大人民群众的利益，没有自己特殊的利益。党的领导是中国特色社会主义最本质特征和最大制度优势，是确保科技事业始终遵循正确的发展道路和战略目标的根本保障。为了让党中央关于科技工作的决策部署能够迅速有效地贯彻执行，要建设总揽全局、协调各方的党的科技领导体系，将党的领导体现到科技治理的方方面面，体现到国家政权的机构、体制、制度等的设计、安排、运行之中。具体来看，一是要以坚持党中央权威和集中统一领导为最高原则，加强党对科技全局重大工作的集中统一领导，在中央、各地区和相关部门设立健全科技决策和议事协调机构，保证党中央政令畅通和工作高效。二是要完善党对科技事业领导的体制机制，统筹设置党政机构，强化党的组织在同级组

[①] 2019年4月1日，《求是》杂志刊发了习近平总书记的重要文章《关于坚持和发展中国特色社会主义的几个问题》，同时配发了署名本刊编辑部的重磅解读文章《毫不动摇坚持和发展中国特色社会主义》。

织中的领导地位，更好发挥党的职能部门作用，实现党对科技事业领导的全覆盖。三是要全面推进科技领域依法治国。全面推进依法治国是坚持和发展中国特色社会主义的本质要求和重要保障（习近平，2017）。要坚持运用法治思维和法治方式，推进全面依法治国与科技事业发展深度融合，为实现国家科技治理体系和治理能力现代化提供坚实的法制保障。

2. 全面性：科技创新实现战略意义和经济意义的核心方法

全面性是整合式创新在政策引领和战略驱动下自主创新（陈劲，1994）、开放创新和协同创新（陈劲，2011）的高效有机统一（陈劲等，2017），是整合式创新的核心属性及其对创新机制塑造的基本要求。以市场经济条件下新型举国体制为核心，以现代化科技服务体系为支撑，推进"政产学研用金"深度融合，构建"国家、产业、企业"三位一体的创新生态系统，是实现科技创新的战略意义和经济意义的根本抓手。坚定不移走中国特色自主创新道路。近年来，载人航天、探月工程、北斗导航、量子通信、深海探测、高速铁路、大型客机等一系列重大科技成就标志着中国科技实力的不断攀升，也为进一步实现核心技术突破提供了指引：中国特色社会主义制度能够集中力量办大事，是成就事业的重要法宝。落实创新驱动发展战略，必须把重要领域的科技创新摆在更加突出的地位，实施一批关系国家全局和长远的重大科技项目，要发挥市场经济条件下新型举国体制优势，集中力量、协同攻关，为攀登战略制高点、提高我国综合竞争力、保障国家安全提供支撑（中共中央文献研究室，2016）。中兴、华为等事件充分警醒中国，对于关键核心技术，要放弃所有不切实际的幻想，坚持立足战略转型、立足核心能力的完整建立、立足核心技术的充分占有，坚定不移地走从自主研发到自主创新、从自主创新到自主可控的发展道路。推动自主创新，政策引领和战略转型是关键。科技创新战略要从跟随转向引领，从引进集成上升到自主原创、从基于技术的创新推进到基于科学的创新（Cardinal et al.，2001）、从渐进性创新走向鼓励颠覆式创新（Christensen et al.，2008）。

激发利用开放、协同创新的强大势能。中国持续的创新崛起，一批能够掌握关键核心技术的科技型企业的集群式崛起，是另一大关键。我国的移动通信技术从 1G 的落后、2G 的跟随、3G 的突破、4G 的并跑，到 5G 的领先，得益于国家全面而积极的产业政策，构建了完整的 5G 应用产业环境，促进了运营商与垂直行业的协同与发展，以及通信企业在标准制定、频谱规划、技术试验、基建筹备等多方面做出了超前布局（陈劲，2019a，2019b）。既发挥集中力量办大事的体制优势，由国家集中力量进行基础研究、攻关重大课题，又发挥企业主体和市场调节的作用，通过企业分散决策实现多元尝试、增加微观活力，才能形成协同创新、突破核心技术的强大合力。具体来看，要建立科技创新与实体经济、现代金融、人力资源等要素之间的有机协同，形成以大学、企业、研究机构为核心要素，以政务部门、金融机构、中介组织、创新平台、非营利性组织等为辅助要素的多元主体协同互动的网络创新模式，通过知识创造主体和技术创新主体间的深入合作和资源整合，产生系统叠加的非线性效用，在强化协同的过程中实现科技经济的深度融合，形成创新引领、协同发展的产业体系，构建"国家、产业、企业"三位一体的创新生态系统，不断提升科技创新对经济高质量发展的引领支撑能力和辐射带动作用（陈劲，2017b）。同时，把握开放合作的历史大势和机遇，以全球视野谋划和推动创新，坚持科技创新开放合作与互利共赢。当今世界正处于百年未有之大变局，中国首先要做好自己的事，发挥好新型举国体制和国内庞大市场的优势，建立完整、稳定、高质量、聚合力强劲的自主创新体系和经济循环系统，牢牢掌握住创新和发展的主动权，然后在"一带一路"等合作框架下积极推进世界范围的开放协同创新，整合与利用以人才为核心的全球创新资源，构建内核强劲、张力无限的全球创新生态系统（陈劲，2019a），塑造整合式创新、推动经济全球化朝着更加开放、包容、普惠、平衡、共赢的方向发展。

3. 责任性：审视科技创新社会意义和生态意义的基本原则

整合式创新中的责任性，来自对哲学、人文、社会的思考，是对技术创新的社会意义的深层思考。近年来，科技创新的责任性问题成为学术和政策热点（Stahl，2013；梅亮，2018；梅亮和陈劲，2015）。中国、欧盟等国家与国际组织相继发布了相关标准与准则（方莹馨，2019；中国电子技术标准化研究院，2018；谷业凯，2019），用以规制未来科技创新面临的多方面风险。一是伦理风险。人工智能、虚拟现实、基因编辑等技术所催生的情感机器人、虚拟犯罪、人类增强技术等应用正逐渐冲击并重构传统人类社会的价值体系，很可能会带来不可逆的伦理、道德和人道主义危机（Kissinger，2018）。二是社会风险。科技创新在推动新兴产业发展与社会关系重构的同时会引发生态、人口、家庭、就业、民生等多方面的社会负向影响，如环境恶化、失业危机、情感缺失、隐私侵犯等（梅亮等，2018）。三是安全风险。随着科技发展水平不断提高，创新活动的预测和监管难度随之增长是必然趋势，其治理面临着严峻的"科林格里奇"困境（Collingridge，1980）。生化武器、基因武器、量子武器、机器人武器等破坏性技术的开发与应用会引发不可估量的安全问题。

正是由于科技创新活动的影响具有两重性和不确定性，整合式创新必须嵌入责任性内涵，规制科学研究与技术，创新尊重社会需求与社会意愿，体现社会价值与社会责任，遵守伦理道德与法律规范，满足安全、绿色和可持续发展等要求（Owen et al.，2013），并在利益相关主体广泛参与的基础上（Stilgoe et al.，2013），引导管理主体由危机管理转向对技术创新过程与结果的预测式治理（Sutcliffe，2011）与响应式治理（Owen et al.，2013），通过公众审议、学科建设、风险评估、伦理审查、技术升级、司法监管等抓手和制度化的创新社会建构（Barley and Tolbert，1997；Pandza and Ellwood，2013），肩负起科学研究与技术创新的社会和生态等多方面责任。

4. 底线性：对于防止科技失控具有不可或缺的安全意义

在责任性的基础上，有一个此前很少探讨却至关重要的问题亟待解决：一旦科技失控事件甚至科技灾难已经发生乃至不可逆转时，如何划定并从技术上守住科技发展底线和安全底线（Wallach，2015）。对此，提出以防止科技失控为核心使命的"底线性"维度，这是整合式创新必须具备的安全属性。

从极限的角度来看，科技创新管理与农业管理、工业管理、经济管理、金融管理、服务业管理等其他管理领域有一个重要区别：科学技术的发展没有边界且其前沿在加速扩张。这就带来了三方面问题。首先，随着生产力不断解放和发展、人均受教育水平快速提升、知识融合与传播能力加快增强、脑-机结合和智能技术加速发展、创新激励政策力度不断加大，创新主体和创新从业人员的规模和能力将迅速增长，技术之间的灵活组合和相互促进将会急速缩短它们从理论雏形发展到实际应用之间所需的流程和时间，乃至超出评估和监管机构的响应能力。其次，人类千百年来自身机体的环境适应和生存能力不进反退，目前核技术、纳米技术、量子技术、生化技术、基因技术、智能技术等人类增强型技术中，任何一项前沿技术所蕴藏的破坏力都已经远远超出人类脆弱的身躯所能抵御和承受的范围。最后，在私有企业和资本深度参与甚至是主导前沿科技发展，分布式和区块链等技术不断推动强化"去中心化"、"自主智能"和"自适应管理"的未来，人类很可能会不知不觉地陷入不断失去科技创新监管阵地的被动局面（朱子钦等，2017b，2018a；陈劲，2019b）。

在上述三方面因素的共同作用下，任何形式的科技失控事件都很可能给人类社会带来措手不及的灾难性影响。人类历史中以实现霸权和破坏为目的的军事和科技"恶性竞赛"及随之发生的恐怖主义与反人类罪行都印证了先贤们并非杞人忧天（刘园园，2015）。在至理名言和历史教训的不断警醒下，应充分认识到，仅靠自我监督、行业自律、政策引导、司法监管和责任性治理尚不足以杜绝科技灾难，一定要坚持底线思维、着力防范化解重大风险。主管部门在大力提升开放和服务水平的同时，更要肩负管理底线的重任（李崇富，2016）、运用底线思维，通过创新要素管理和能源管理等抓手，确保科技创新活动始终在党的领导下开放而有序地开展，确保科技发展的选择权、控制权和修正权和终止权掌握在人类和人民手中，以此坚守科技发展的安全底线。

5.4.3 整合式创新管理的系统框架

从管理信息系统（薛华成，2013）的角度来看，整合式创新只有落地为整合式创新管理模式并完成管理系统开发和应用，管理者才有可能切实推行政策、执行战略、行使管理职权、实现管理目标。因此，提出多元意义的整合式创新管理模式，即一种以实现社会主义多元意义作为目标的整合式创新管理模式。如前所述，多元意义的整合式创新管理模式的管理目标是满足整合式创新的内在属性，也就是遵循"人民性"、实现"全面性"、肩负"责任性"和确保"底线性"，它们的具体内涵详见表2-5-4。

表2-5-4　多元意义的整合式创新管理模式的管理目标及其内涵

管理目标	具体内涵
遵循"人民性"	体现人民意志、保障人民权益 坚持和加强党对科技事业的领导 推进创新文化建设、发挥人民主体作用 深化科技领域依法治国、完善创新资质认证体系
实现"全面性"	构建意义引领和战略驱动的科技创新政策体系 完善统筹、自主、协同、开放的新型举国体制 打造现代化科技服务体系、融合"政产学研用金" 形成"国家、产业、企业"三位一体的创新生态系统
肩负"责任性"	推动科技创新规划和风险管理学科建设 有效评估和控制科技创新风险 加强科技创新伦理审查和司法监管 提升对创新活动的预测、选择、控制与修正能力
确保"底线性"	确保科技领域人类的主体性和人民的主体性 确保对科技失控事件的提前响应和随时中止能力 确保对创新要素的动态精准调控能力 确保对能源供给的全流程绝对控制力

为了将多元意义的整合式创新管理模式落地实践，将管理目标转化为管理需求，并相应地设计和开发管理系统，是推动多元意义的整合式创新管理模式需要解决的核心问题，也是匹配衔接社会治理需求与技术方案供给之间的枢纽环节。

为此，采用管理信息系统学科中"从需求分析到系统开发"等认知方法论，形成了如图 2-5-1 所示的多元意义的整合式创新管理分析逻辑。

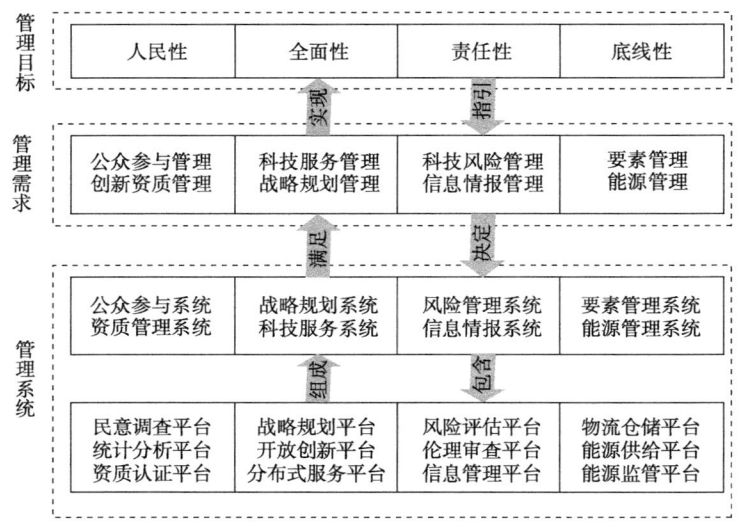

图 2-5-1　多元意义的整合式创新管理分析逻辑

该研究分析框架的第一层为目标层，这是设计和开发的管理系统的出发点。

第二层为需求层，从管理目标中拆解出管理需求，为相应的设计和开发的管理系统提供依据。具体举例来看：①"人民性"目标——为了推进创新文化建设、发挥人民主体作用，需要促进公众参与并进行相应的管理，为了完善创新资质认证体系，就需要进行创新资质管理；②"底线性"目标——为了确保对创新要素的动态精准调控能力，需要对创新要素进行管理，为了确保对能源供给的全流程绝对控制力，就需要进行能源管理。

第三层为系统层，它是由管理目标出发，根据相应的管理需求，通过信息、化工、物流、制造等手段进行计划和控制的管理系统。同时，系统层中还需内嵌软硬件层，为构建系统并实现其功能提供软件和硬件基础和支撑。具体举例来看：①以"人民性"目标为例，为了满足公众参与管理的需求，设计和开发公众参与系统，并配套开发民意调查平台和统计分析平台等关键软硬件，为了满足创新资质管理的需求，则要设计和开发资质管理系统，并配套开发资质认证平台等关键软硬件；②"底线性"目标——为了满足创新要素管理的需求，需要设计和开发要素管理系统，并配套开发物流仓储平台等关键软硬件，为了满足能源管理的需求，则需设计和开发能源管理系统，并配套开发能源供给平台和能源监管平台等关键软硬件。

在此基础上，还需要通过对象/需求调查和目标手段分析等研究方式，对国家科技主管部门和企业、高校、科研院所等创新主体中的相关管理人员和科技专家展开深度访谈和调研，对每个维度的管理目标、管理需求、管理系统、核心软硬件及其关键技术或方法进行拓展补充、不断完善，最终形成如表 2-5-5 所示的多元意义的整合式创新管理的系统框架。

表 2-5-5　多元意义的整合式创新管理的系统框架

管理目标	管理需求	管理系统（举例）	核心软件和硬件（举例）	关键技术或方法（举例）
人民性	公众参与管理	公众参与系统	民意调查平台	智能语音技术；信息集成技术
			统计分析平台	定向抓取技术；数据挖掘技术
	创新资质管理	资质管理系统	资质认证平台	资质评定方法；统一认定技术
全面性	科技服务管理	科技服务系统	开放创新平台	自动标签技术；智能推送技术
			分布式服务平台	知识图谱技术；开源系统技术
	战略规划管理	战略规划系统	战略规划平台	智能推演技术；决策辅助技术
责任性	科技风险管理	风险管理系统	风险评估平台	知识融合技术；风险评估方法
			伦理审查平台	伦理评估方法；数据仓库技术
	信息情报管理	信息情报系统	信息管理平台	采集与识别技术；实时反馈技术
底线性	能源管理	能源管理系统	能源供给平台	统筹配送技术；模块化供能技术
			能源监管平台	能流测控技术；日志审计技术
	创新要素管理	要素管理系统	物流仓储平台	分级物流技术；区块链溯源技术

参 考 文 献

白春礼. 2013. 加快科技创新国际化步伐[J]. 求是，（10）：39-40.
陈劲. 1994. 从技术引进到自主创新的学习模式[J]. 科研管理，（2）：32-34.
陈劲. 2011. 协同创新与国家科研能力建设[J]. 科学学研究，29（12）：1762-1763.
陈劲. 2012. 协同创新[M]. 杭州：浙江大学出版社.
陈劲. 2017a. 中国创新发展报告（2016）[M]. 北京：社会科学文献出版社.
陈劲. 2017b. 企业创新生态系统论[M]. 北京：科学出版社.
陈劲. 2018. 关于构建新型国家创新体系的思考[J]. 中国科学院院刊，33（5）：479-483.
陈劲. 2019a-03-25. 发挥新型举国体制优势[N]. 人民日报.

陈劲. 2019b-05-23. 激发协同创新的强大势能[N]. 人民日报.

陈劲，黄江. 2017. 创新、和平与发展：和平创新研究初探[J]. 学习与探索，（12）：105-111.

陈劲，曲冠楠. 2018. 有意义的创新：引领新时代哲学与人文精神复兴的创新范式[J]. 技术经济，37（7）：1-9.

陈劲，王锟，Chieh H C. 2014. 正在兴起的"朴素式创新"[J]. 科技创新导报，11（20）：10-14.

陈劲，尹西明，梅亮. 2017. 整合式创新：基于东方智慧的新兴创新范式[J]. 技术经济，36（12）：1-10.

陈劲，朱子钦. 2019-08-02. 一种模块化的供能装置及供能方法[P]. CN110083115A.

笛卡尔 R. 2011. 谈谈方法[M]. 王太庆译. 北京：商务印书馆.

杜森伯里 P. 2014. 洞见远胜创意：世界最富创意的广告公司 BBDO[M]. 宋洁译. 上海：上海远东出版社.

樊代明. 2016. 整合医学——理论与实践[M]. 北京：世界图书出版社.

方莹馨. 2019-04-11. 欧盟发布人工智能伦理准则[N]. 人民日报.

谷业凯. 2019-06-18. 发展负责任的人工智能[N]. 人民日报.

李崇富. 2016. 论治国理政的"底线思维"[J]. 马克思主义研究，（3）：5-15.

刘园园. 2015-08-04. 霍金等千名专家敦促禁止"杀人机器人"[N]. 科技日报.

麦卡菲 A，布林约尔松 E. 2016-09-06. 大数据：一场管理革命[EB/OL]. https://www.hbrchina.org/2016-09-06/4495.html.

梅亮. 2018. 责任式创新：科技进步与发展永续的选择[M]. 北京：清华大学出版社.

梅亮，陈劲. 2015. 责任式创新：源起、归因解析与理论框架[J]. 管理世界，（8）：39-57.

梅亮，陈劲，吴欣桐. 2018. 责任式创新范式下的新兴技术创新治理解析——以人工智能为例[J]. 技术经济，37（1）：1-7，43.

任平. 2018-08-10. 美国挑起贸易战的实质是什么？[N]. 人民日报.

邵雍. 2015. 邵雍全集 4 伊川击壤集（下）[M]. 上海：上海古籍出版社.

圣吉 P M. 1997. 第五项修炼——学习型组织的艺术与实务[M]. 郭进隆译. 上海：上海三联书店.

王英. 2006. 钱学森学术思想研究[M]. 上海：上海交通大学出版社.

习近平. 2014-06-09. 在中国科学院第十七次院士大会、中国工程院第十二次院士大会上的讲话[EB/OL]. http://politics.people.com.cn/n/2014/0609/c1024-25125311-3.html.

习近平. 2017. 决胜全面建成小康社会 夺取新时代中国特色社会主义伟大胜利——在中国共产党第十九次全国代表大会上的报告[M]. 北京：人民出版社.

习近平. 2018a-05-28. 在中国科学院第十九次院士大会、中国工程院第十四次院士大会上的讲话[EB/OL]. http://www.xinhuanet.com/politics/leaders/2018-05/28/c_1122901308.htm.

习近平. 2018b-01-05. 以时不我待只争朝夕的精神投入工作 开创新时代中国特色社会主义事业新局面[EB/OL]. http://cpc.people.com.cn/n1/2018/0105/c64094-29748659.html.

新华社中央新闻采访中心. 2013. 深入学习习近平总书记重要讲话读本[M]. 北京：人民出版社.

薛华成. 2013. 管理信息系统[M]. 北京：清华大学出版社.

中共中央文献研究室. 2016. 习近平关于科技创新论述摘编[M]. 北京：中共文献出版社.

中国电子技术标准化研究院. 2018. 人工智能标准化白皮书（2018 版）[EB/OL]. http://www.cesi.cn/201801/3545.html.

朱子钦，陈劲，范利武. 2018a-03-29. 推动创新应聚焦人民需求[N]. 经济日报.

朱子钦，陈劲，范利武，等. 2017a-12-19. 一种用于人工智能时代的能源监管系统及方法[P]. CN107492041A.

朱子钦，陈劲，范利武，等. 2018b-11-13. 一种基于能源监控的统筹式创新管理系统及方法[P]. CN108805442A.

朱子钦，陈劲，郑丁，等. 2017b-08-22. 一种促进科技创新的大众智慧数据信息管理平台及方法[P]. CN107085820A.

Abramovitz M. 1986. Catching up，forging ahead，and falling behind[J] The Journal of Economic History，46（2）：385-406.

Ackoff R L. 1971. Towards a system of systems concepts[J]. Management Science，17（11）：661-671.

Barley S R，Tolbert P S. 1997. Institutionalization and structuration：studying the links between action and institution[J]. Organization Studies，18（1）：93-117.

Cardinal L B，Alessandri T M，Turner S F. 2001. Knowledge codifiability, resources, and science-based innovation[J]. Journal of Knowledge Management，5（2）：195-204.

Christensen C M，Johnson C W，Horn M B. 2008. Disrupting Class：How Disruptive Innovation Will Change the Way the World Learns[M]. New York：McGraw-Hill.

Clauser H R. 1979. Global research and development expenditures[J]. Research Management，22（6）：3-4.

Collingridge D. 1980. The Social Control of Technology[M]. London：Printer.

Cunningham S D. 2016. Hidden innovation：creative industries policy in Australia[C]//Spila J C，Fonso J E, Nceta U. Hidden Innovation：Concepts, Sectors and Case Studies. Donostia：Sinnergiak Social Innovation：11-23.

Diamond L，McDonald J. 1991. Multi-Track Diplomacy：A Systems Guide and Analysis[M]. Iowa City：Iowa Peace Institute.

Driessen P H，Hillebrand B. 2002. Adoption and diffusion of green innovations[C]//Bartels G C，Nelissen J A. Marketing for Sustainability：Towards Transactional Policy-making. Amsterdam：

IOS Press: 343-355.

Eisner H, Marciniak J, McMillan R. 1991. Computer-aided system of systems (S2) engineering[C]// IEEE. Conference Proceedings 1991 IEEE International Conference on Systems, Man, and Cybernetics: 531-537.

Freeman C. 1987. Technology Policy and Economic Performance: Lesson from Japan[M]. London: Pinter Publishers.

Friman C, Perez C. 1988. Structural crises of adjustment, business cycles and investment behavior[C]//Dosi G, Freeman C, Nelson R, et al. Technical Changes and Economic Theory. London: Francis Pinter: 38-66.

Galtung J. 1996. Peace by Peaceful Means: Peace and Conflict, Development and Civilization[M]. London: Sage.

Galtung J, UN General Assembly, Washburn M, et al. 1972. Peace research, education, action[J]. Bulletin of Peace Proposals, 3(2): 101-109.

George G, McGahan A M, Prabhu J. 2012. Innovation for inclusive growth: towards a theoretical framework and a research agenda[J]. Journal of Management Studies, 49(4): 661-683.

Jackson M C, Keys P. 1984. Towards a system of systems methodologies[J]. Journal of the Operational Research Society, 35(6): 473-486.

Jamshidi M. 2009. System of Systems Engineering: Innovations for the Twenty-first Century[M]. New York: John Wiley & Sons Incorporated.

Keating C, Rogers R, Unal R, et al. 2003. System of systems engineering[J]. Engineering Management Journal, 15(3): 36-45.

Kissinger H. 2018-06-04. How the enlightenment eNDS[EB/OL]. https://eng.globalaffairs.ru/book/How-the-Enlightenment-Ends-19587.

Kozan K. 1998. Building peace: sustainable reconciliation in divided societies[J]. International Journal of Conflict Management, 9(4): 376.

Lederach J P. 1997. Sustainable Reconciliation in Divided Societies[M]. New York: United States Institute of Peace Press.

Lucas R E, Jr. 1988. On the mechanics of economic development[J]. Journal of Monetary Economics, 22(1): 3-42.

Lundvall B Å. 1999. National business systems and national systems of innovation[J]. International Studies of Management & Organization, 29(2): 60-77.

Maier M W. 1998. Architecting principles for systems-of-systems[J]. Systems Engineering, 1(4): 267-284.

McCraw T K. 2007. Prophet of Innovation: Joseph Schumpeter and Creative Destruction[M].

London: Harvard University Press.

Miklian J, Hoelscher K. 2016. A blueprint for pro-peace innovation[J]. Harvard International Review, 37（4）: 1-8.

Owen R, Bessant J, Heintz M. 2013. Responsible Innovation: Managing the Responsible Emergence of Science and Innovation in Society[M]. New York: John Wiley & Sons.

Pandza K, Ellwood P. 2013. Strategic and ethical foundations for responsible innovation[J]. Research Policy, 42（5）: 1112-1125.

Panetta K. 2019. 5 Trends appear on the Gartner hype cycle for emerging technologies, 2019[EB/OL]. https://www.gartner.com/smarterwithgartner/5-trends-appear-on-the-gartner-hype-cycle-for-emerging-technologies-2019/.

Radjou N, Prabhu J, Ahuja S. 2012. Jugaad Innovation: Think Frugal, Be Flexible, Generate Breakthrough growth[M]. New York: John Wiley & Sons.

Reardon B A. 1988. Comprehensive Peace Education: Educating for Global Responsibility[M]. Amsterdam: Teachers College Press.

Romer P M. 1986. Increasing returns and long-run growth[J]. Journal of Political Economy, 94（5）: 1002-1037.

Sen A. 1999. Beyond the Crisis: Development Strategies in Asia[M]. Berlin: Institute of Southeast Asian.

Senge P M. 1995. Learning Organizations[M]. Cambridge: Gilmour Drummond Publishing.

Senge P M, Scharmer C O, Jaworski J, et al. 2004. Presence: Human Purpose and the Field of the Future[M]. Cambridge: The Society for Organizational Learning.

Stahl B C. 2013. Responsible research and innovation: the role of privacy in an emerging framework[J]. Science and Public Policy, 40（6）: 708-716.

Stilgoe J, Owen R, Macnaghten P. 2013. Developing a framework for responsible innovation[J]. Research Policy, 42（9）: 1568-1580.

Sutcliffe H. 2011. A report on responsible research and innovation[R]. Matter and the European Commission.

Usta J, Masterson A R, Farver J A M. 2019. Violence against displaced Syrian women in Lebanon[J]. Journal of Interpersonal Violence, 34（18）: 3767-3779.

van Tongeren P. 2013. Potential cornerstone of infrastructures for peace? How local peace committees can make a difference[J]. Peacebuilding, 1（1）: 39-60.

von Hippel E. 2016. Free Innovation[M]. Cambridge: MIT Press.

Walker M, Unterhalter E. 2007. Amartya Sen's Capability Approach and Social Justice in Education[M]. Berlin: Springer.

Wallach W. 2015. A Dangerous Master: How to Keep Technology from Slipping Beyond Our Control[M]. New York: Basic Books.

Young Foundation. 2006. Social Silicon Valleys: a manifesto for social innovation: what it is, why it matters and how it can be accelerated[R].

第三篇 整合式创新的实践应用

在理论应用篇的开始，构建整合式创新在产业和企业应用分析中的分析逻辑，从而保证理论应用具备统一的逻辑和框架，便于进行案例内分析和案例间对比，从而得到更为深刻的洞见。随后的章节中，分别以全球价值链升级、中国高附加值制造、大国重器、城市互联网、乡村振兴等相关企业和产业案例、区域发展、国家战略为例，分析整合式创新在其发展历程中的应用，最后提出基于整合式创新的地球 6.0 计划，为人类未来发展提供畅想和借鉴。

第 6 章　全球价值链升级：建设世界一流企业中的整合式创新

新一代民营企业家要继承和发扬老一辈人艰苦奋斗、敢闯敢干、聚焦实业、做精主业的精神，努力把企业做强做优。民营企业还要拓展国际视野，增强创新能力和核心竞争力，形成更多具有全球竞争力的世界一流企业。

——习近平

（2018 年 11 月 1 日，在民营企业座谈会上的讲话）

党的十九大指出中国特色社会主义进入新时代，对科技创新做了全面系统部署，明确提出要"培育具有全球竞争力的世界一流企业"（习近平，2017）。明确世界一流企业的创新发展，对中国企业抓住新一轮科技和产业革命机遇、培育全球持续竞争优势、加快科技强国建设和实现高质量发展具有重要意义。在全国科技界和社会各界的共同努力下，中国科技创新持续发力，加速赶超跨越，实现了历史性、整体性和全局性重大变化，企业、产业和国家创新实力大幅增强，已成为具有全球影响力的创新大国。

世界一流企业需要立足本土、面向全球、愿景清晰、使命高远，需要秉持企业家精神，有效把握和运用企业经营管理基本规律，依靠艰苦奋斗和持续创新持续引领企业和产业技术跃迁，从而有能力、有效和持续地进行经济价值创造，同时承担产业与国家发展使命。整合式创新中强调中国哲学和文化中的整体思维、系统思维和全局思维优势，整合国内集中力量办大事的制度优势和开放共赢的全球资源优势，符合全球价值链升级的时代发展趋势，从而有利于世界一流企业建设。

6.1 中国世界级企业创新发展现状

企业是国家创新体系的核心主体，世界级企业更是科技创新强国建设的"领头雁"。然而，中国创新驱动战略尚未有效全面落实，国家创新体系整体效能亟待提升，提高中国企业在全球价值链中的地位仍任重道远。

6.1.1 世界级企业的内涵

综观企业发展史和世界 500 强企业，以及那些对人类社会和产业进步发挥重要推动作用的卓越企业，必须认识到，世界一流企业不是单纯规模大、产值高或市场占有率高的企业，也不单是具备单一市场或单一技术、产品优势的企业，更不是单纯追求经济效益的企业，而是能够有效把握和运用企业经营管理基本规律、有效和持续地进行经济价值创造，同时承担社会与国家发展使命，推动全球包容可持续发展和赋能个体价值实现与幸福感提升的企业。被誉为"创新的先知"的熊彼特在其经典著作《经济发展理论》中指出，伟大的企业和企业家是时代的产物，也是推动时代转型与社会进步的中坚力量。无论是谷歌、微软、苹果、IBM、通用电气、丰田汽车、西门子、富士胶片、杜邦、强生、亚马逊等发达国家的世界级企业，还是塔塔集团、Reliance Jio、华为、中国中车、中广核、中集集团、阿里巴巴、腾讯等日益走向全球的新兴经济体企业，都具有典型的共同特征：不仅在销售额、市值、市场占有率等硬实力上显著超越同产业、同领域、同时代的其他竞争者，同时也在创新力、社会责任与影响力、公众信任度与尊敬度等软实力上拥有卓越表现。创新是国家和民族进步的核心驱动力，更是世界级企业生命力的源泉，它们据此实现效率、效益和品质领先，持续引领国内外资源配置、行业技术创新、全球产业发展和推动社会进步。概言之，世界级企业是时代的企业，既是显著推动时代进步的企业，也是国家实现全球价值链提升的关键所在。

6.1.2 世界级企业的发展特点

当前，中国特色社会主义进入新时代和对外开放迈入新阶段，全球范围内以数字化、网络化、智能化为代表的新一轮科技与产业革命方兴未艾，工业经济加速向知识经济转型；中国发展也正在从需求驱动走向创新驱动，从引进模仿和追赶为主迈向超越追赶引领创新，深度参与并重构全球价值链，并正在积极倡导新型区域和全球经贸与创新体系。这一时代背景下，需要重新认识和把握企业经营管理的基本规律，总结世界级企业的典型模式，从而加快培育具有全球竞争力的世界一流企业、完成全球价值链升级。

当前和未来相当长一段时期，企业经营管理的基本思想需要从传统的运营导向转变为创新导向，重点通过差异化的定位战略和持续创新变革的发展战略，朝着世界级企业的目标迈进。新时代世界级企业经营管理的基本规律与特色体现在 6 个方面：愿景驱动、战略谋划、重视能力、以人为本、持续创新、追求卓越。

1. 愿景驱动

伟大的组织能够实现基业长青，最主要的条件并非结构或管理技能，而是超越经济目标的信念驱动。愿景是领导者的经营哲学、企业核心价值观和发展使命的集中体现，其不但是组织的精神动力，也是组织可持续发展的保障，更能够服务于组织经营，进而持续提升组织绩效。德鲁克在其著作《管理的实践》中认为，伟大的企业家要思考三个问题：企业是什么？企业应该是什么？企业将是什么？这是思考企业文化的 3 个原点，回答了企业存在的理由、核心价值观和未来的方向，也集中体现了一个企业的愿景。世界级企业，都是将自身生存发展目标与国家和全球发展的趋势与共同挑战相结合，制定超越经济目标、独特而清晰的使命与愿景。

2. 战略谋划

战略谋划是最重要的计划形式之一，是组织的一种总体行动方案，是为实现愿景和使命而做的重点部署与安排。明确而清晰的战略，是组织在竞争中取胜并保持生机和活力的重要前提。企业战略已经成为决定企业竞争成败的关键与核心问题之一。战略谋划具有全局性、连续性和假设性 3 个主要特征，是对企业所处竞争环境和对手的特征、演变与趋势的全局性、动态性和前瞻性的判断与应对，有利于企业明确方向、合理高效配置组织资源从而获取竞争优势。需要注意的是，知识经济和人工智能时代，企业的战略谋划应该更加兼顾技术创新与伦理治理、环境保护，更加关注中长期战略谋划与短期战略执行的动态平衡匹配。同时，数字经济模式也正在冲击着包括关注单一优势的波特战略、关注两种竞争优势的蓝海战略等传统企业竞争优势理论，商业生态系统的兴起，也加速了竞争理念的式微和面向协同共生的战略运营体系的崛起。谷歌、亚马逊、海尔等公司的实践表明，差异化、低成本和集中策略可以同时实现，也能够实现商业伙伴的共赢。

3. 重视能力

基于资源观的企业管理理论普遍认为，企业有形资源和无形资源的组合，能够带来能力的积累和提升，而核心能力则是企业竞争优势的源泉。资源基础观等理论认为，企业可以看作资源的有机组合，这些资源既包括人员、财务、设施、技术、管理等有形资源，也包括文化、品牌、关系等无形资源。在拥有资源的基础上，还需要提高组织内部的学习能力来释放异质性资源的价值，并且能够主动创造、购买和转化组织内外的资源。组织学习的途径主要分为利用性学习和探索性学习。利用性学习侧重对现有技术和资源价值的充分利用，有助于企业在现有技术和产品轨道上不断提高技术能力和产品质量，而探索性学习则恰恰相反，强调对组织未来发展所需的技术和产品的探索性开发，虽然探索性学习的投入更多、风险更高，但是对打造组织面向未来市场需求的技术与核心能力具有重要的战略意义。例如，谷歌和3M公司都注重给予员工15%~20%的工作时间来开展自主探索，而不管这些方案是否直接有利于公司，虽然没有明确的时间控制，但是这种鼓励探索和创新的文化和理念，促成了组织内个体和团队开展探索性学习和创新的重要"场域"，也是世界级企业实现持续跃迁的重要手段。

数字化和零工经济时代，如何将员工的个人能力转化为公司能力，则日益成为企业提升核心能力的重要议题。对此，3M公司的做法是在公司的领导行为准则中明确列出一条，"坚持诚实的品质与透明化的管理，自我发展并帮助员工成长"：一方面通过公司愿景和文化激励员工自我发展，并通过技术卓越与创新奖来及时奖励创新者；另一方面建立双梯职业发展进阶制度，为那些个人核心能力强的员工提供足够的职业上升激励。此外，3M公司设立了内部孵化器和天使投资，确保公司能够及时将员工的个人能力和创新成果吸收转化为组织未来发展的核心能力。海尔集团则是更进一步，通过开放合作伙伴生态系统平台建设，打造共创共生的生态，吸纳外部的创新资源和创意作为企业能力提升的一个重要渠道，实现了内外部创新资源的高效整合。

4. 以人为本

以人为本的人文精神是近现代西方科学的主流价值导向，和中国哲学的根本精神高度吻合，是东西方管理思想的共同价值内涵，也是对"人企合一"企业经营管理规律的深化发展。以人为本的经营管理理念是确保员工和企业共同成长，进而实现企业持续更新、基业长青的根本保障。卓越企业家首要的任务是通过设立伟大的愿景和可行的战略与组织模式，将公司的愿景与个人愿景有机整合，并通过管理模式的改善和企业文化的培育，鼓励组织内部的多样性和互补型合作，激活员工的主动性和创造力。很多世界级企业，将员工视为企业最宝贵的资源之一，一方面以优秀的企业文化和薪酬待遇吸引高创造力个体加入，另一方面给予个体以充分的信任和赋权，尤其是建立了公司范围内高透明度和高度民主化的沟通决策和反馈机制，既保障了公司战略意图和使命的高效传递与执行，又能够激活自下而上的创造力与创新积极性。

5. 持续创新

世界级企业一定是与时俱进、与时代共成长的企业，通过拥抱变革、持续创新的企业文化和动态协同的组织学习与创新网络，实现包容赋能，打破路径依赖、破除核心刚性，是实现基业长青的根本所在。目前，创新已经不仅是产品和技术的研发，还融入在商业过程的重塑及全新市场的开辟中，甚至，管理创新的重要性要大于技术创新、流程创新和商业模式的创新。加里·哈默在《管理大未来》一书中也强调，创新的 4 个层次分别是营运创新、技术创新、战略与商业模式创新、管理创新。持续创新的主要模式包括以科技创新为核心的全面创新，如西门子、3M、华为和格力电器；突破组织边界、面向用户、内外协同共生共创的开放式创新，如宝洁公司和海尔集团；在现有技术基础上开展探索性研发和新市场开辟，实现非连续性技术创新或市场颠覆的颠覆式创新，如亚马逊网上书店、从低端逆袭的吉利汽车、核心业务消失但核心技术永存的富士胶片公司；利用更少资源为更多人提供更好产品与服务的朴素式创新，如印度塔塔公司生产的高性价比汽车，宝洁、通用、强生等公司开发的适用于发展中国家和贫困地区用户的产品；产学研用一体化的协同创新，如谷歌公司与高校学者共建 Google X 实验室，华为、中国中车等公司与顶尖高校共建研发中心攻克核心技术。

6. 追求卓越

追求卓越，是在战略一流、人才一流的基础上实现质量一流、技术一流、服务一流，从而持续保持品牌一流和管理模式一流。追求卓越需要应用全面质量管理、精益管理、复杂系统科学管理等经营管理的方法论与系统工具，实现企业创新文化、创新经验和创新目标的显性化、制度化与动态优化。日本的精益管理是追求卓越的典型代表，它源于精益生产，被誉为最适用于现代制造企业的生产组织管理方式。精益管理由最初在生产系统的管理实践成功，已逐步延伸到企业的各项管理业务，也由最初的具体业务管理方法，上升为战略管理理念和创新战略。精益管理和精益创业能够通过提高顾客满意度、降低成本、提高质量、加快流程速度和改善资本投入，实现股东价值和社会价值最大化。例如，格力电器应用精益管理和全面质量管理思想，探索构建了创新管理与质量管理相结合的"质量预防五步法"和"质量技术创新循环"。前者通过需求调研、计划制订、执行落实、检验检查、改进优化等 5 个步骤，对质量管理体系进行严格的过程管控，从源头杜绝质量问题，确保产品"零缺陷"。后者则从顾客需求引领、检测技术驱动、失效机理研究、过程系统优化 4 个方面运用适宜的质量工具和方法，深入排查质量隐患，有效保证质量技术创新的效率和成功率，助力格力在空调行业持续保持行业质量水平和经营绩效全球第一。中车青岛四方公司通过精益现场、精益制造、精益管理的探索，形成生产、公益、质量和物流等多项管理链，将精益思想与专业化管理融合、落实在制造现场。中国商飞则是通过面向超复杂产品系统的科学管理，成功研发和试飞 C919 大型商用客机，成为中国民用航空跻身世界级航空公司的里程碑。

6.2　中国世界级企业创新的未来挑战

6.2.1　管理范式的转型

全球范围内的新科技革命、西方管理理论与实践的张力和中国特色管理实践，正推动管理学向中国哲学引领的第四代管理学——整合管理转型。第四代管理学的兴起，象征着中国哲学整体观、系统观引领的科技与哲学相融合、东西方理论与实践相融合的管理学理念的崛起。摆脱单一的经济思维和原子化的局部思维，从人和社会的全面可持续发展及幸福感提升这一新价值理性出发，重新思考商业的本质与终极目标，是新时代管理学理论的立足点，也是世界级企业经营管理的价值原点。基于此，强调哲学洞察、自然科学技术与社会科学人文精神相结合，重视愿景与战略引领管理创新和技术创新的整合式创新理论，不仅是对全面创新、自主创新等传统企业经营管理规律和模式的全面升格，而且是加快培育具有全球整合竞争力的世界一流企业的重要理论体系支撑。

另外，管理范式的基本思想回归本源，从机械观回归生命观。新时代新趋势，世界级企业的培育必须回归商业的本质和企业经营管理的本源。长期以来，以科层制相关理论和科学管理思想为代表，几乎所有的管理、组织变革和人的行为理论与方法都基于机械观，认为员工都是缺乏创造性、只能按照规章制度运作的"机器"，这严重束缚了员工的创新积极性和组织共同愿景的实现。然而，21世纪的世界是一个充满复杂性的生命系统，机械观主导下的方法论无法理解和应对复杂性系统，生活和生命系统为应对快速变化和无止境创造的世界提供了全新视角。视组织为生命系统的新世界观，为领导者提供了打造卓越组织的新原则，包括：有意义的工作才能激发创造力，创造力依赖于多样性，多样性是实现一致性的途径，员工创造力的觉醒和自我激励能够为共同愿景的实现与变革提供持续动力。

正在来临的人工智能与全球创新时代中，科技和产业革命推动了人类社会从农业社会向工业经济和知识经济的两次转型，如今，以量子理论、人工智能为代表的新科技革命，正在将人类推进人机交互、增强智能和有机更新的"新智人"时代。超级技术和"人工智能+"经济模式的出现，为世界级企业创造了新的发展机遇，也提出了更高的道德与伦理维度的要求。正如亨利·基辛格在《启蒙运动的终结》一书中指出的，"启蒙运动本质上始于由新技术传播的哲学见解。时代的情况恰恰相反。当下已存在可以统领一切的技术，但需要哲学的指引"，因为"我们无法完全预测新技术的变革带来的影响，当它发展到顶点时，可能会带来一个依赖于数据和算法驱动的机器、不受伦理或道德规范约束的世界"。世界级企业的经营管理需要强化哲学思考，以人文精神引领科技变革，使得科技革命成为能够惠及大多数人的福利载体，而非少数群体的牟利工具。

在中国特色社会主义新时代和全球创新大趋势下，加强理论与实践融合、东方与西方融合，在满足"人民群众对美好生活的向往"基础上"建设更加美好的世界"，是世界级企业建设和中国管理学的双重时代使命。立足本土，面向全球可持续发展，兼顾经济价值、社会价值和人文价值的创造与传播，是未来世界级企业经营管理的重要内涵。

6.2.2 全球价值链升级

随着市场竞争的不断全球化，以及顾客需求的个性化定制（personalized customization）等，企业面临的竞争环境呈现出高度的不确定性、复杂性和动态性，创新已成为全球竞争的焦点和新时代的灵魂，企业只有进行持续创新，才能获得国际竞争优势。整合式创新要求企业必须实现内部要素创新的全面性和内外创新要素的开放性，强调企业不断与外界环境进行物质、能量和信息流的输入和输出。在过去的30多年间，中国的出口增长在扣除通货膨胀因素后仍达到了130

倍左右。目前，中国在出口总量上实现了对 G7 国家的连续赶超。表 3-6-1 是中国与 G7 国家作为贸易统计国向世界出口贸易额变化情况。可见，中国一直都保持着世界重要出口国的地位。与此同时，中国在全球垂直分工中的参与度也在快速提升。无论是从贸易总量还是从垂直分工参与度来看，中国在全球贸易分工中都担当着极其重要的角色。那么在这一角色背后，中国的企业在全球价值链中究竟扮演着何种地位，是中国企业目前正确处理国际竞争、在国际贸易中取得优势的基础和前提。

表 3-6-1　2012~2017 年中国与 G7 国家的出口贸易额变化图（单位：万美元）

统计国	贸易国	2012 年	2013 年	2014 年	2015 年	2016 年	2017 年
中国	世界	204 736 658.2	220 727 908.6	234 007 652.1	228 185 592.2	209 763 717.2	226 337 050.4
美国	世界	140 890 813.2	142 862 710.1	146 343 459.3	150 184 586.4	145 316 714.8	154 606 907.8
加拿大	世界	43 979 271.96	44 178 410.3	45 754 035.07	40 880 420.57	38 896 294.01	42 050 178.85
英国	世界	43 926 639.54	51 666 023.68	49 757 691.88	—	41 585 649.74	44 373 388.7
法国	世界	—	55 301 536.94	55 249 554.34	49 394 121.42	48 888 507.24	52 338 513.07
德国	世界	134 021 311.1	138 632 794.3	142 605 070.4	132 854 913.4	134 075 204.6	145 021 483.6
意大利	世界	49 057 783.29	—	—	45 698 872.04	—	50 305 392.58
日本	世界	76 305 739.56	67 930 584.73	65 437 311.10	62 487 350.81	64 493 243.95	69 809 718.66

资料来源：中国海关总署

通过嵌入全球价值链参与国际市场竞争，是发达国家跨国公司整合全球资源、构建国际竞争力的主要途径，也是中国企业参与国际分工、实现国际化的重要战略。近年来我国多个行业的外向型企业通过嵌入全球价值链，成功开拓国际市场并实现了企业国际化。然而在新的国际经济形势下，这些企业逐渐面临国际化转型的压力，在全球经济下行、价值链低端竞争加剧、贸易壁垒和争端日益突出的情境下，对于已经成功嵌入全球价值链，但长期处于低端锁定状态的国内外贸企业来说，进一步嵌入全球价值链并实现价值链的攀升困难重重。如何更清晰地识别全球价值链的增值环节或发现新的价值链，实现全球价值链嵌入环节及嵌入方式的转变，突破"低端锁定"和"悲惨增长"的困境（卓越和张珉，2008），成为当前我国企业亟待解决的重要问题。

在全球价值链升级的方式中，可以聚焦研发、设计、生产、组装、销售、售后服务等价值链中的任意一个环节实现附加价值的提升，详细如图 3-6-1 所示，而这要求在创新工作的系统性、全面性、完整性。中集集团作为实施全面创新的代表，通过体系化的全面创新管理实现了企业在全球价值链中的系统提升。

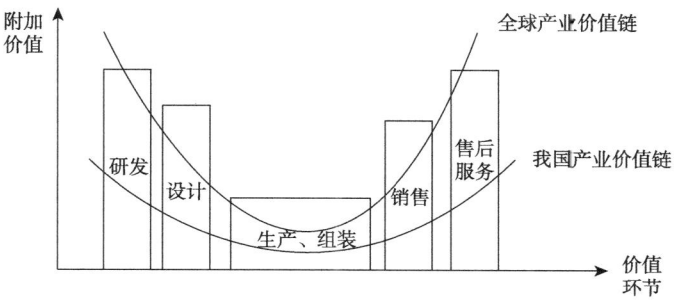

图 3-6-1　全球价值链

已有研究认为，全球价值链的运行主要受两种模式驱动。一是生产者驱动型（producer-driven），指全球价值链各环节的运行等活动在生产者投资推动下完成，如计算机、飞机、汽车、半导体和装备制造等技术密集型、资本密集型产业中拥有技术优势的跨国制造企业，或致力发展经济的本国政府投资生产活动。二是采购者驱动型（buyer-driven），即主要在劳动密集型产业中由当地企业（或领导型企业）通过全球采购等方式，通过跨国商品流通网络形成的巨大市场需求推动下完成全球价值链各环节的重组、分离等各项运转活动。此类模式多见于发展中国家所依赖的出口导向型产业，如服装鞋帽、农产品、食品、家具等行业，此类行业往往也是需要进行工业化改革的行业（翁春颖和韩明华，2015）。对于处在不同驱动模式的产业，在全球价值链中升级的策略也不尽相同，企业的转型升级战略也需要根据所在产业特性找出其全球价值链中的动力根源，并在此基础上发展升级所需的核心能力，从而获得竞争优势，并实现在全球价值链上的升级（郝凤霞和张璘，2016）。然而，以往对于全球价值链动力模式的研究往往只着眼于单一模式。随着全球经济的细分和企业经营业务自身的发展，越来越多的全球价值链实际上同时由生产者和采购者双重驱动（张辉，2006），更在某些行业开始出现从生产者驱动向采购者驱动转化的趋势（焦媛媛等，2009），乃至出现了混合驱动的价值链（于明超等，2006）。

同时，对于参与全球分工的发展中国家产业或企业来说，在给定的全球价值链驱动模式下，如何通过自身实现递进式转型升级，是全球价值链研究的另一重点所在。相关研究认为，"全球价值链升级"（economic up grading in GVCs）是发展中国家的生产商"在全球价值链向上移动"所经历的路径。升级的实现需要价值链中知识和信息从"领头企业"向其供应商（或采购者）流动。具体而言，发展中国家的产业或企业通过以下 4 种路径实现在全球价值链中的升级（Gereffi，1999）：①流程升级（process upgrading）：通过生产活动的重新组合提高技术能力，并通过创新达到更有效的投入-产出转换模式。②产品升级

（product upgrading）：生产更复杂、单位价值更高的产品。③功能升级（functional upgrading）：采用新功能（或放弃旧功能）提高生产活动的技术水平。④链际/或环节间升级（chain/inter-sectoral upgrading）：将某一价值链（或某一环节）中所需的竞争力应用在新的价值链（或另一环节中），如图3-6-2所示。

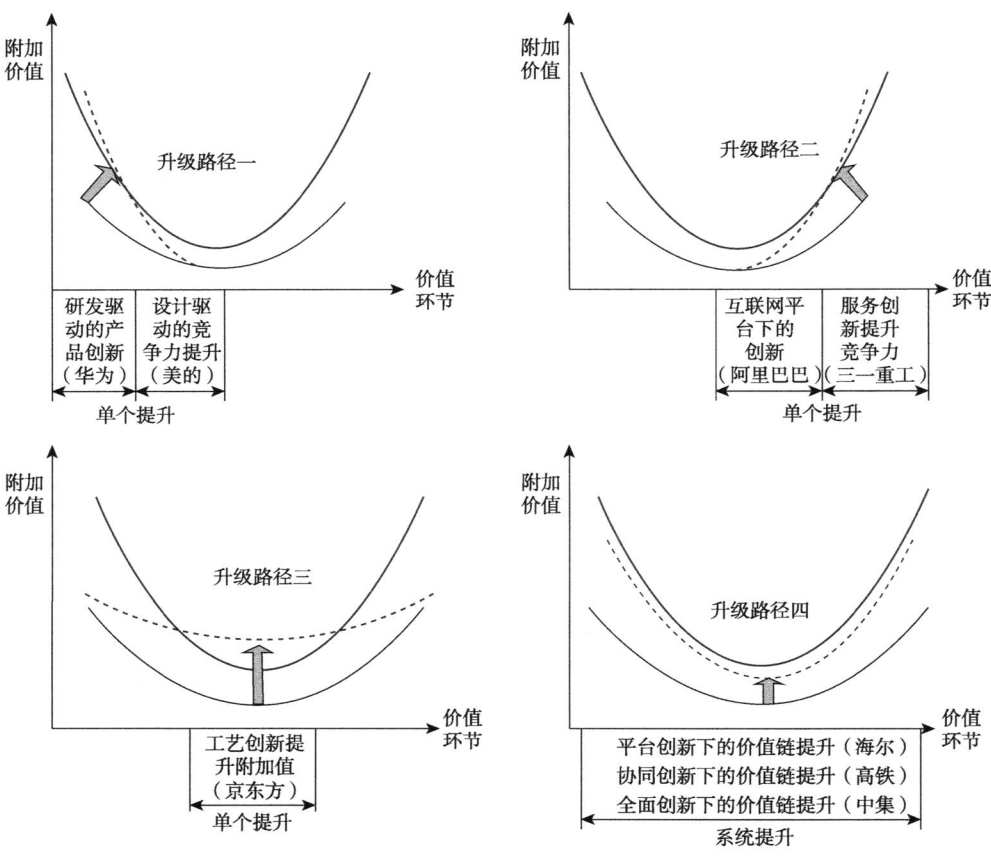

图3-6-2 全球价值链升级路径

以上4种升级路径可以是线性或非线性的，取决于相应的企业或国家是否在升级到下一环节以前具备了应有的能力。在这4种传统升级路径之外，后续研究者提出另外3种升级路径作为补充（Kaplinsky and Morris，2008）：①进入新的价值链（entry in the new value chain）：企业第一次在价值链上参与竞争。对于行业中的新企业来说，这是能够实现的第一种升级模式，然而也是难度最大的升级模式。②后向连接升级（backward linkages upgrading）：一般是指行业中的本地企业开始向占据全球价值链前端的企业（多为跨国公司）提供投入（inputs）

和/或服务的升级模式。③终端市场升级（end-market upgrading）：企业转向具有更严格且更新标准的细分市场，或通过大规模生产掌握定价权从而进入更大市场。

6.2.3 智能制造

从外部环境冲击来看，随着近年来人工智能技术和信息技术的发展，以数字化、网络化和智能化为关键特征的智能制造也成为制造业未来发展的主要方向，而应用互联网技术发展先进制造业也是中国未来制造业发展的工作核心。智能制造有利于提升中国在全球制造业竞争格局中的地位，实现制造业转型升级。

已有全球价值链升级研究大多是对成功实现升级的产业或企业升级路径的经验总结，却并未探讨具体的升级战略。作为第四次工业革命的代表性技术，智能制造有望帮助中国制造业企业在面临外部冲击的同时，通过从产品设计过程到生产过程及企业管理服务等全流程的智能化和信息化，向高附加值的全球价值链两端升级；既有望成为中国未来发展先进制造业的重心，也是中国制造业转型升级的主要路径（周济，2015）。

作为一种融合了人工智能、自动化技术、先进制造技术、现代传感技术、信息技术与网络技术的先进技术（Sudweeks，1989），智能制造是以智能生产系统生产智能产品并提供智能服务的新型生产方式。其中，智能产品的概念早已有之，物联网技术的发展更促进了智能产品彼此之间乃至与生产设施之间的系统互联（Porter and Heppelmann，2014；金青和张忠，2016）。智能生产是智能制造的主线，其前身是智慧工厂（smart factories），由智能生产系统（分为物理生产系统和虚拟信息系统）和智能生产技术（如新型传感技术、人机交互技术、实时高精度网络通信技术等）组成，实现移动互联网与物联网在信息物理生产系统（cyber physics production system，CPPS）上的协同交互（Li et al.，2017）。具体而言，网络协同制造（coordinated manufacturing based on internet）和个性化定制是智能生产的基本模式（李强等，2016；任宗强和赵向华，2014）。智能服务则是在先前研究中广泛采用的制造业服务化的基础上，通过对用户的信息、喜好、行为、需求、习惯等大数据进行智能分析，实现基于用户需求，主动向用户提供个性化、智能化的精准服务（Luo and Lai，2013）。

工业互联网是物联网这一概念与产业融合产生的新业态（Wollschlaeger et al.，2017）。在工业互联网平台上，日常联网设备既是接收工业中生产数据的终端设备，又是与用户可实时交互的智能设备，从而实现人、机、物全面互联。其中，智能制造是工业互联网的核心，也是发展先进制造业的重点所在。智能制造是第四次工业革命的代表性技术。但在20世纪90年代，生产设计领域就最早提出了智能制造这一概念。作为一种融合了人工智能、自动化技术、先进制造技术、现代传感技术、信息技术与网络技术的先进技术（Sudweeks，1989），智能制造具体指通过感知条件下的信息化制造，和信息技术与制造技术的深度融合与集成，从而实现从产品设计过程到生产过程及企业管理服务等全流程的智能化和信息化（张曙，2014）。近年来，随着德国工业4.0、"中国制造2025"纷纷将智能化、信息化视作制造业未来发展的核心，智能制造再一次引发广泛关注和讨论，并被认为是中国未来发展先进制造业的重心，也是中国制造业转型升级的主要路径（周济，2015，2019）。

目前，对智能制造的具体内涵和模式尚未形成统一定论。但作为中国新一代人工智能发展规划的六大领域之一，智能制造的关键特征主要为数字化、网络化和智能化。具体而言，数字化制造、数字化网络化制造和数字化网络化智能化制造被视为智能制造的3类基本范式，这3类基本范式之间次第展开、迭代升级。其中，数字化制造可被视为智能制造的第一代范式，当前在企业中应用最为普遍。在"中国制造2025"引领下，中国目前在国家智能制造标准体系方面已通过建立一批数字化车间初步形成数字化制造可推广模式。2016年，中国企业数字化研发工具普及率已达到61.8%，比2013年提高了18个百分点。可见，数字化制造基本为中国进一步发展智能制造打好了坚实基础。数字化网络化制造，是在数字化制造的基础上，以"互联网+"实现制造业与互联网进一步深度融合，在生产方式方面通过数字化生产设备联网，打造基于互联网的制造业平台，在工业互联网体系架构中实现协同研发、共享经济、个性化定制等互联网经济新业态（工业和信息化部党组，2017）。目前，网络化制造也是中国推进智能制造的重点所在，是信息化与工业化"两化融合"的主要任务，而智能化制造则是在数字化网络化制造的基础上，与新一代人工智能技术深度融合，通过制造系统的深度学习能力、感知、分析与计算控制能力、自我更新与知识生产能力，从而实现真正意义上的智能制造（王媛媛，2016）。由于中国对智能制造的规划是采取"并联式"发展数字化、网络化和智能化的并行推进、融合发展，故对于尚未完成数字化转型的企业来说，不仅需要开展数字化制造，奠定智能制造基础，还可以发挥后发优势，利用互联网大数据、人工智能等先进技术，实现智能制造不同范式之间的并行发展。在智能制造的具体实施中，目前研究主要认为智能制造包括智能产品、智能生产和智能服务3个方面。其中，智能产品是指利用智能芯片，对外部信息通过接收、认知加工、分类处理等，能够以人类的思维方式和"智力"参与人类生活中复杂工作的产品（金青和张忠，2016；Porter and Heppelmann，2014）。智能产品与以往的单一实体产品的最大区别是智能产品能够借助软件，实现与互联网、物联网设施的系统互联。

智能生产，或被称为智能工厂，是在工业4.0思想的基础上由物理系统和虚拟信息系统组成，实现移动互联网与物联网在信息物理生产系统上的协同交互（Li et al.，2017），是用技术手段实现精益生产和资源整合的模式。其中，网络协同制造是智能生产所采用的智能模式。通过开放式制造体系结构，以项目方式迅速集结资源组织生产，灵活应对市场需求（张智勇等，2003）。具体而言，网络协同制造的内容包括：对目标进行分解、对分解之后的子任务进行综合和集成、将任务进行分配、在网络内对合作伙伴进行选择、对生产进度进行监控、对子任务的执行状况及进度进行汇报等（董红召等，2004）。此外，企业在智能生产中，常结合个性化定制的生产方式。个性化定制是通过互联工厂，实现用户个性化需求直达工厂，实时互联进行定制生产。与以往从企业设计出发的"推式"生产模式不同，个性化定制采用的是在总体模块化设计的基础上，从用户需求出发经过销售沟通，使用户参与个性化模块的设计，之后再生产产品的逆向"拉式"生产模式（任宗强和赵向华，2014；李强等，2016）。

智能服务是在先前研究中广泛采用的制造业服务化的基础上进一步发展而来的。制造业服务化，或称生产型服务，是指制造业企业在提供产品与附加服务的传统模式之外，通过提供产品和额外服务包来增加核心资产的价值，从而向服务提供者转变（Vandermerwe and Rada，1988；吕越等，2017）。制造业服务化可以面向全球价值链各个环节，提高企业的工业增加值，从而有助于传统制造业企业实现全球价值链升级。例如，制造业企业可以通过提供研发外部服务、设计服务从而参与全球价值链上游；通过提供金融服务、广告服务、售后服务、融资租赁服务等参与全球价值链下游。此外，制造业服务化可以通过将专业化分工和服务整体外包等提高企业生产效率。因此，制造业服务化是制造业企业实现转型升级的重要手段。有研究提出，未来制造业企业需要通过服务创新，从产品中心范式转变为服务中心范式（Lusch and Vargo，2014），而智能服务则是同时实现了智能性制造业服务化，通过对用户的信息、喜好、习惯进行智能分析，实现按需向用户提供个性化的主动服务（Luo and Lai，2013）。

6.3 基于整合式创新的中国建设世界一流企业实现路径

制造业是中国国民经济的主体。近年来，中国制造业发展迅速，但仍面临大而不强、附加价值低、产业结构不合理、自主创新能力弱、信息化程度低、资源利用效率低等种种问题。从衡量一个国家制造业水平最有效的指标——全球价值链参与上来看，中国制造业大多仍处在全球价值链低端环节，虽然近年来参与国际生产分工的整体程度有所上升（尹伟华，2016），全球化趋势也明显加快（葛阳琴和谢建国，2017），但仍面临向全球价值链高端环节升级的迫切需求。同时，随着第四次工业革命的到来，全球产业进一步融合，两极工资水平与投资回报不断分化，制造业中附加价值不断向技术研发和营销服务两端集中，全球价值链的微笑曲线日益陡峭。在经济新常态下中国经济增长放缓的同时，中国需采取措施避免落入拉美国家的中等收入陷阱。这些都要求中国制造业在面临外部冲击的同时，不断向高附加值的全球价值链两端移动，实现制造业转型升级。

然而，已有的制造业转型升级研究主要强调环境因素和资源约束（武柏宇等，2016；李廉水等，2019；欧阳艳艳和张光南，2016），对企业主动性探讨不足，而全球价值链研究则更加强调企业、国家或地区在转型过程中的自主性。通过在全球价值链上向具有更高经济附加值的环节游动（刘晓东等，2016），企业、国家或地区在全球生产中能获得更高的价值和收益（如利润、附加值、能力、更安全的市场地位等），以此实现在全球价值链上的升级（Gereffi，1999）。但已有全球价值链升级研究大多为特定国家、特定行业价值链升级经验的归纳总结，对具体企业或行业的升级过程和机理并未做进一步探讨。本节基于整合式创新，将从战略引领、创新筑基、制度赋能的实现路径出发，研究中国企业面向全球价值链升级、建设世界一流企业的创新管理方式。

6.3.1 战略引领

"战略引领"主要包括对所在行业全球价值链治理模式的识别之后确定企业在全球价值链的升级路径选择。

企业在全球价值链上的升级路径受到所在行业治理模式的影响（Gereffi，1999）。具体而言，在技术密集、资本密集的生产者驱动行业，全球价值链主要受到主导制造企业对生产活动的投资推动，处于产业主导地位的领先企业应投资技术研发、设计等环节，向全球价值链上游环节升级。在劳动密集的采购者驱动行业，企业应通过提供生产型服务，向全球价值链下游环节升级。事实上，向全球价值链上游或下游环节升级都要求企业已具备该环节所需的能力（Pipkin and Fuentes，2017），需要较长时间的经验积累和能力培养。因此对于大部分企业而言，努力提升自身所在环节的附加值是较为可行的升级路径。在存在生产者与采购者双重驱动的行业，全球价值链呈现介于市场主导和层级治理之间的模块型治理结构（Gereffi and Fernandez-Stark，2011），产业中的领先制造企业具有一定的研发活动自由度，同时还需满足用户的差异性需求，因此可以采取同时向全球价值链两端升级的路径。同时，进入新的全球价值链也是可供考虑的升级路径。

6.3.2 创新筑基

"创新筑基"主要指企业进行智能制造模式的选择来提升企业的创新能力。

在确定了相应的全球价值链升级路径之后，中国制造业企业需要进一步选择不同智能制造模式，实现转型升级目标。具体而言，向全球价值链上游环节升级的企业，一方面可以通过智能产品的生产，提升产品附加值，并将生产已有产品的竞争力应用在智能产品价值链中，实现产品升级、链际升级。另一方面可通过采取网络协同制造模式，将智能产品生产过程的知识技能向研发、设计等环节转移，实现环节间升级。向全球价值链下游环节升级的企业，则可以通过提供智能服务，将有形资产转化为服务型资产，进入服务方案市场，实现终端市场升级。对于大部分通过提升自身所在环节价值实现升级的企业，可行的智能制造模式是通过精益生产，以及大规模、个性化定制的智能生产模式，提升生产活动的技术能力，从而实现流程升级、功能升级。互联网时代对领先企业的转型升级提出了不同的要求。基于互联网经济的消费者注意力稀缺特征，市场将被单寡头平台企业竞争性垄断（傅瑜等，2014）。因此，领先企业在全球价值链的升级路径，可以通过智能产品、智能生产与智能服务的整体实施，向智能制造平台转型，与其原有的供应商、客户、合作伙伴、竞争对手等之间的联系由价值链转变为价值网络，从而成为平台领导，带动产业整体实现价值创造（陈占夺等，2013）。详细的企业智能制造模式如表3-6-2所示。

表 3-6-2 企业智能制造模式

智能制造具体模式		模式特征
智能产品	基于大数据	大数据涉及产品全生命周期，包括市场调研、产品规划到产品全流程生产，实现用户与全要素互联
	基于云计算	通过云计算采集用户的使用行为等数据，增加产品与用户之间的交互
	物联网端设备	采用十多项全球领先的物联网技术，实现智能产品万物互联，所有产品与用户直接交互，实现与用户互联；U+智能制造平台上实现智慧生活的万物互联
智能生产	精益生产	通过设备深度学习调整焊接参数，从而降低成本
	网络协同制造	通过分布式架构在开放的云平台上实现网络协同制造，同时通过在平台上提供模块化微服务复制协同制造模式。通过人机物互联互通，将用户信息直接连接到生产设备，从而实现对用户需求百万分之一秒的响应速度

续表

智能制造具体模式		模式特征
智能生产	个性化定制	用户精准参与生产全流程的交互定制，在生产的各环节实现无缝化、透明化、可视化的高度用户交互体验，具有最小批量为1的加工能力。互联工厂实现产品购买转化率提高1倍，具体分为模块化定制、众创定制、完全个性化定制和整体智慧生活解决方案
	大规模定制	用户最佳体验高精度与企业价值高效率的"二维战略"。通过柔性化、数字化和智能化实现生产的高效率
智能服务	智能制造整体解决方案服务	通过模块组件，向合作企业提供技术方案和智能制造方案服务，实现工厂间协同；在软件、设备、物流、组件4个方面通过信息化实现工厂群之间的资源共享和消化产能。此外，采用开放的云平台架构，实现海尔与所有云端合作伙伴之间的数据协同、知识交互和能力协同
	智慧生活整体解决方案服务	面向用户提供个性化大规模定制服务，通过互联互通平台实现与用户的全流程虚拟交互和全周期维保服务

6.3.3 制度赋能

"制度赋能"主要指通过企业内部管理的一系列变革和升级来适应企业战略的变化和创新能力的提升。其中包括流程升级、产品升级、功能升级、环节间升级、链际升级、终端市场升级、进入新的全球价值链等。另外，制度赋能需要与创新筑基的相关先进技术相结合，形成对应的制度赋能和升级路径。智能制造是中国制造业企业实现全球价值链升级的有效途径。具体而言，中国制造业的智能制造转型需要向智能生产转变，提升生产过程中的信息化、智能化水平，以数字化带动网络协同制造，向具有更高附加值的生产环节转型升级。同时，在智能生产的基础上，中国制造企业应积极开发产品的物联网属性，从传统的工业产品向基于大数据、云计算的智能产品转型，从而在全球价值链上实现产品升级、链际升级。此外，中国制造业的转型升级需要通过智能服务化转型，向面向用户的服务中心范式转变，不断加速升级过程。

6.4 中国建设世界一流企业的整合式创新战略

面临发达国家"再工业化"与发展中国家生产低成本所形成的"双重挤压"，中国制造业企业需要在当前互联网创新发展与新一轮工业革命的历史交汇期中抓住机遇，通过"一揽子解决"全球价值链中间环节任务，培育向全球价值链高端环节升级所需能力（Gereffi and Fernandez-Stark，2011），提升在全球价值链中的竞争地位。在向全球价值链高端环节升级的过程中，中国企业需要根据所在行业的全球价值链治理模式等行业特性，选择符合自身条件的升级路径与升级模式。基于上述分析，提出在全球价值链升级背景下中国建设世界一流企业的整合式创新战略，如图3-6-3所示。

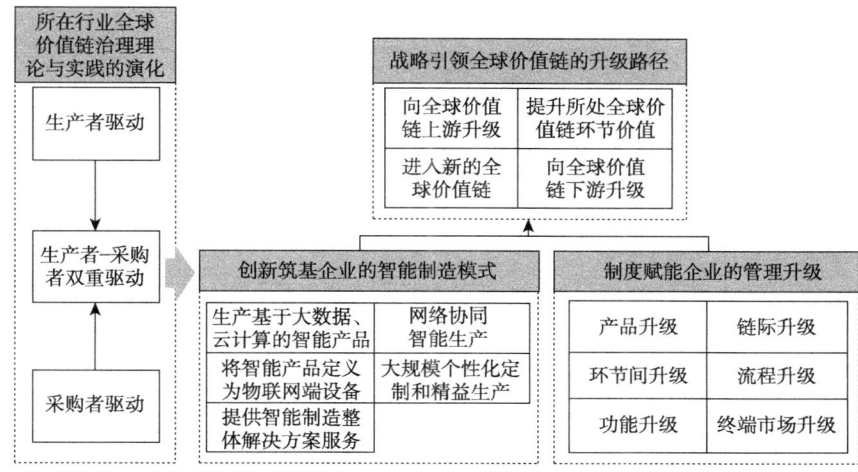

图3-6-3　在全球价值链升级背景下中国建设世界一流企业的整合式创新战略

参 考 文 献

陈占夺，齐丽云，牟莉莉. 2013. 价值网络视角的复杂产品系统企业竞争优势研究——一个双案例的探索性研究[J]. 管理世界，（10）：156-169.
董红召，陈鹰，赵燕伟. 2004. 企业网络协同制造中目标分解的时序约束[J]. 机械工程学报，（6）：28-33.
傅瑜，隋广军，赵子乐. 2014. 单寡头竞争性垄断：新型市场结构理论构建——基于互联网平台企业的考察[J]. 中国工业经济，（1）：140-152.
葛阳琴，谢建国. 2017. 全球化还是区域化——中国制造业全球价值链分工及演变[J]. 国际经贸探索，33（1）：17-31.
工业和信息化部党组. 2017. 推动制造强国建设迈出坚实步伐——党的十八大以来推进新型工业化的成就与实践经验[J]. 中国中小企业，（7）：18-21.
郝凤霞，张璘. 2016. 低端锁定对全球价值链中本土产业升级的影响[J]. 科研管理，37（S1）：131-141.
焦媛媛，王蓬源，王璐. 2009. 有无制造经验的全球采购商特征差异性研究——基于全球价值链不同驱动模式的跨案例分析[J]. 管理世界,（S1）：37-47.

金青, 张忠. 2016. 智能产品的工业服务设计研究[J]. 工业技术经济, 35（11）：93-101.

李廉水, 刘军, 程中华. 2019. 中国制造业发展研究报告 2019：中国制造 40 年与智能制造[M]. 北京：科学出版社.

李强, 史志强, 闫洪波, 等. 2016. 基于云制造的个性化定制生产模式研究[J]. 工业技术经济, 35（4）：94-100.

刘晓东, 毕克新, 叶惠. 2016. 全球价值链下低碳技术突破性创新风险管理研究——以中国制造业为例[J]. 中国软科学,（11）：152-166.

吕越, 李小萌, 吕云龙. 2017. 全球价值链中的制造业服务化与企业全要素生产率[J]. 南开经济研究,（3）：88-110.

欧阳艳艳, 张光南. 2016. 基础设施供给与效率对"中国制造"的影响研究[J]. 管理世界,（8）：97-109.

任宗强, 赵向华. 2014. 个性化定制模式下制造型企业知识管理与动态优化机制[J]. 中国管理科学, 22（S1）：539-543.

王媛媛. 2016. 智能制造领域研究现状及未来趋势分析[J]. 工业经济论坛, 3（5）：530-537.

翁春颖, 韩明华. 2015. 全球价值链驱动、知识转移与我国制造业升级[J]. 管理学报, 12（4）：517-521.

武柏宇, 彭本红, 刘军, 等. 2016. 中国制造业科技创新能力的影响因素[J]. 中国科技论坛,（8）：23-30.

习近平. 2017. 决胜全面建成小康社会 夺取新时代中国特色社会主义伟大胜利——在中国共产党第十九次全国代表大会上的报告[M]. 北京：人民出版社.

尹伟华. 2016. 中国高技术产业参与全球价值链程度和地位研究[J]. 世界经济研究,（7）：64-72, 86, 136.

于明超, 刘志彪, 江静. 2006. 外来资本主导代工生产模式下当地企业升级困境与突破——以中国台湾笔记本电脑内地封闭式生产网络为例[J]. 中国工业经济,（11）：108-116.

张辉. 2006. 全球价值链动力机制与产业发展策略[J]. 中国工业经济,（1）：40-48.

张曙. 2014. 工业 4.0 和智能制造[J]. 机械设计与制造工程, 43（8）：1-5.

张智勇, 吴波, 杨叔子. 2003. 网络协同制造系统的构想与实现[J]. 中国科学基金,（1）：18-22.

周济. 2015. "中国制造"迎来创新驱动的春天[J]. 求是,（15）：16-18.

周济. 2019. 智能制造是"中国制造 2025"主攻方向[J]. 企业观察家,（11）：54-55.

卓越, 张珉. 2008. 全球价值链中的收益分配与"悲惨增长"——基于中国纺织服装业的分析[J]. 中国工业经济,（7）：131-140.

Gereffi G. 1999. International trade and industrial upgrading in the apparel commodity chain[J].

Journal of International Economics, 48（1）: 37-70.

Gereffi G, Fernandez-Stark K. 2011. Global value chain analysis: a primer[Z]. Center on Globalization, Governance & Competitiveness（CGGC）.

Kaplinsky R, Morris M. 2008. Value chain analysis: a tool for enhancing export supply policies[J]. International Journal of Technological Learning, Innovation and Development, 1（3）: 283-308.

Li B H, Hou B C, Yu W, et al. 2017. Applications of artificial intelligence in intelligent manufacturing: a review[J]. Frontiers of Information Technology & Electronic Engineering, 18（1）: 86-96.

Luo R C, Lai C C. 2013. Multisensor fusion-based concurrent environment mapping and moving object detection for intelligent service robotics[J]. IEEE Transactions on Industrial Electronics, 61（8）: 4043-4051.

Lusch R F, Vargo S L. 2014. Service-Dominant Logic: Premises, Perspectives, Possibilities[M]. Cambridge: Cambridge University Press.

Pipkin S, Fuentes A. 2017. Spurred to upgrade: a review of triggers and consequences of industrial upgrading in the global value chain literature[J]. World Development, 98: 536-554.

Porter M E, Heppelmann J E. 2014. How smart, connected products are transforming competition[J]. Harvard Business Review, 92（11）: 64-88.

Sudweeks F. 1989. Artificial Intelligence in Design[M]. Berlin: Springer.

Vandermerwe S, Rada J. 1988. Servitization of business: adding value by adding services[J]. European Management Journal, 6（4）: 314-324.

Wollschlaeger M, Sauter T, Jasperneite J. 2017. The future of industrial communication: automation networks in the era of the internet of things and industry 4.0[J]. IEEE Industrial Electronics Magazine, 11（1）: 17-27.

第 7 章　高附加值制造：中国制造中的整合式创新

制造业是国民经济的主体，是立国之本、兴国之器、强国之基。世界强国的兴衰史和中华民族的奋斗史一再证明，没有强大的制造业，就没有国家和民族的强盛。

——《中国制造 2025》

创新已成为当今世界经济与社会可持续发展的重要主题（Chen et al., 2018）。中国共产党第十八次全国代表大会明确提出，"科技创新是提高社会生产力和综合国力的战略支撑，必须摆在国家发展全局的核心位置"。党的十九大进一步提出，创新是引领发展的第一动力，是建设现代化经济体系的战略支撑（习近平，2017）。制造业是经济发展的基础，要成功实现中国经济转型升级和创新驱动发展目标，必须做强"中国制造"。目前中国是世界第一制造大国，但是"大而不强"的问题依然十分突出（郭朝先和王宏霞，2015）。中国制造业在产业创新体系、核心技术能力、质量效益和产业结构等方面与发达国家相比仍有显著差距，由"中低端"向"中高端"的转变尚未出现（朱高峰和王迪，2017）。习近平总书记在党的十九大报告中强调，"加快建设制造强国，加快发展先进制造业，推动互联网、大数据、人工智能和实体经济深度融合"，从而"促进我国产业迈向全球价值链中高端"（习近平，2017）。

整合式创新理论是在开放创新时代，管理哲学和战略视野引领下基于自然科学和社会科学跨界融合的全新创新范式，即战略引领下的全面、开放和协同创新，其 4 个核心要素——战略、全面、开放与协同相互联系、有机统一于动态的企业创新过程中。整合式创新理论认为，理解和推动企业创新，需要突破传统原子论的静态、线性和独立的创新思维方式，进而从战略视野和战略设计的高度来引领技术要素和非技术要素的创新，为企业和国家实现重大领域、重大技术突破提供支撑。对企业而言，需要通过战略引领、组织设计、资源配置和文化营造等多个维度来调动全要素参与，实现各个部门主体与利益相关者的内外协同与上下整合，最终构建稳定、柔性和可持续的核心竞争力。对国家而言，需要加强战略思维和顶层设计，通过整体布局、统筹推进，将科技、经济、文化、生态发展乃至外交政策相结合，形成系统合力，推进国家战略视野下的全面协同创新。基于整合式创新的战略引领、创新筑基、制度赋能，能够提升企业技术创新生态系统的整体效能，能够加快实现从知识管理到价值创造的提升和变现，培育世界一流制造业企业，助推世界科技创新强国建设，这也是中国实现高附加值制造的重要创新路径。

7.1 中国制造创新发展现状

目前，中国制造创新发展面临的主要问题如下：

第一，中国创新驱动发展亟须突破全球价值链的"低端锁定"。当前国际竞争突出表现为全球价值链竞争，突破全球价值链的"低端锁定"对于提升中国在全球价值链竞争中的地位具有重要意义（洪银兴，2017）。随着国家创新驱动发展战略的实施，中国高端制造业的重大科技创新不断取得突破，"天宫"系列载人飞船、"蛟龙"号载人潜水器、"中国天眼"世界最大射电望远镜、"悟空"号暗物质粒子探测卫星、"墨子号"世界首颗量子科学实验卫星和 C919 大型客机等重大科技成果相继问世，中国的科技创新实力与主要发达国家的差距在迅速缩小（陈劲和赵闯，2017）。2018 年 2 月 15 日《经济学人》杂志的封面文章《中国科技比拼美国科技》指出：虽然中国的科技目前整体上还是落后于美国的，不过上升势头很快、也很猛，双方各有优势。中国目前的整体科技水平大概达到了美国的 42%左右。然而，中国制造业存在明显的"大而不强"的问题，主要表现在相当数量的企业处于全球价值链的低端环节，处于被主导和低附加值地位，高产值、低附加值的结果是"勤劳而不富裕"（洪银兴，2017）。随着中国经济发展进入新常态，发挥创新对制造业升级和结构性改革的核心驱动作用，以战略设计引领自主创新（陈劲，1994）和开放式创新（牟绍波等，2013；陈钰芬和陈劲，2009），推动制造业转型升级，改变中国制造业在全球价值链中的从属地位，并朝着全球价值链中高端持续攀升，是新时代实现产业现代化的重要内容,也是推动建立以"一带一路"为代表、由中国主导的新型全球价值链的重要途径(张远鹏,2017)。

第二,对外开放新阶段重塑中国制造业的竞争优势刻不容缓。改革开放 40 多年来,中国充分利用全球范围内第四次大规模制造业转移的战略机遇期,借助由人口红利和资源禀赋红利构成的"成本结构"比较优势,主动承接了欧美日等发达国家以及亚洲"四小龙"等新兴工业化国家和地区的劳动密集型产业与低技术高消耗产业的转移,成为第四次世界产业转移的最大承接地和受益者,也逐渐形成了全球范围内独具竞争力的工业体系和高效的生产供应链体系,实现了历史性、整体性和格局性的重大变化(陈劲,2018)。2018 年 4 月,第一财经研究院发布的《中国与制造业全球竞争力》报告显示,中国在 21 世纪以来引领了全球制造业版图的巨变,并重塑了全球制造业:中国制造业总产出在 2005 年、2008 年和 2010 年分别超越了德国、日本和美国;截至 2016 年,中国制造业的实际增加值约是 2000 年的 7 倍,占全球制造业总产出的比重从 2000 年的 8.5%提高到 2016 年的 30.9%,中国制造业的劳动生产率水平跻身全球前 16 名。同时,虽然中国单位劳动力成本的竞争优势排名从 2000 年的第 8 位上升到 2016 年的第 4 位,但是绝对竞争优势出现了下滑,主要表现为以机械、电子通信设备、汽车制造、其他交通设备(除汽车)制造为代表的"高技术"制造业的劳动成本竞争力下降(杨燕青和林纯洁,2018)。2014~2016 年,虽然中国在电子和通信领域的全球市场占有率迅速提升,但是高度技术密集型制造业的全球市场占有率都较低,如汽车制造占有率为 16%、半导体占有率为 14%、消费电子占有率为 11%、航空航天占有率为 7%、电脑硬件占有率为 6%、医疗设备占有率为 5%、半导体设备占有率为 3%(宋雪涛,2018)。在对外开放的新阶段,在坚持开放式创新的同时,亟须实施新的制造业发展战略和政策来加快培育世界一流制造业企业,重塑中国制造业竞争优势。

第三,在新技术革命背景下,中国从制造大国迈向制造强国是大势所趋。中国工程院周济院士指出,实现由制造大国向制造强国的转变,已成为新时期中国经济发展面临的重大课题,其中制造业数字化、网络化和智能化等技术是新一轮工业革命的核心技术,应作为"中国制造 2025"的制高点、突破口和主攻方向(周济,2019)。随着工业化、信息化融合战略和"互联网+"战略的实施,中国在推进新型工业化和"两化融合"方面取得了突出进展,涌现了徐工、海尔、华为、美的和小米等具有代表性的两化融合制造业创新企业案例(中国企业联合会,2016)。以纳米科技、自动驾驶汽车、工业机器人、人工智能、区块链和 5G 通信技术为代表的制造业共性技术的集群式发展,为中国制造业向智能制造转型、中国从制造大国向制造强国转型提供了重要的动力引擎。

以人工智能为例,在移动互联网、大数据、云计算、人机交互、深度学习和区块链等新理论、新技术的推动下,人工智能将重构生产、分配、交换和消费等经济活动环节,甚至包括研发、设计、加工、销售和售后服务的制造业全产业链。进而,人工智能技术将成为新一轮产业变革的核心驱动力,催生新技术、新产品、新产业和新模式,解决人口红利和资源禀赋红利下降带来的制造业成本上升和结构失衡问题,充分释放中国科技创新的技术红利,为中国制造业升级和新常态下经济持续发展注入新动能(秦业,2018)。在认识到人工智能对国家经济发展和国际竞争力的颠覆性重大价值后,美国率先于2016年10月发布《为人工智能的未来做好准备》,将人工智能纳入国家战略;日本紧随其后,于2017年3月在《人工智能科技战略》中将之提升至国家战略;德国于2017年6月将以自动互联驾驶为代表的人工智能应用与治理纳入国家战略;2017年,英国和阿拉伯联合酋长国紧接着发布了《英国人工智能产业发展建议》和《阿联酋人工智能战略》,加拿大、新加坡、欧盟、韩国和印度等世界主要国家和地区也相继加入人工智能国家级战略竞争行列,力争抢占这一新的技术和产业制高点。在中国,2017年7月《国务院关于印发新一代人工智能发展规划的通知》的发布,标志着中国将人工智能这一代表性战略性技术发展上升为国家战略。

面对已经到来的全球制造业数字化、网络化和智能化的激烈竞争,中国的智能制造虽然取得了突出进展,但是仍然存在关键零部件和核心技术受制于人、高端市场面临外资围困、制造业创新体系效率较低等诸多发展瓶颈(吕铁和韩娜,2015)。同时,人工智能等新技术革命也面临工程科技人才供给结构性矛盾、先进制造业新技术应用型人才缺失等挑战(陈劲和吕文晶,2017)。另外,区块链、人工智能和云计算等技术的大规模应用存在诸多不确定性问题,面临一系列创新治理和伦理风险(梅亮等,2018)。如何加强新技术革命时代的全球创新治理、加快科技成果转移转化和新技术安全性应用(尹西明等,2017)?如何通过顶层设计推动新兴科技与教育、管理、金融和社会中介等其他创新要素的有机融合(陈劲,2018),加速科技创新对中国制造业整体跃升的牵引作用,推动新兴技术与制造业深度融合发展,提升制造业单位增加值?这些都是建设制造强国面临的重要而紧迫的问题和议题。

在全球从知识经济时代迈向人工智能时代、中国进入扩大开放新阶段的背景下,面对新技术革命的快速推进,"创新驱动发展"早已不是依靠单一的技术创新就能实现的。只有立足全局、面向全球来加强战略谋划,才能解决关键技术上面临的"卡脖子"问题,从总体上扭转中国制造业以跟踪追赶为主的局面,在若干战略性新兴领域达到与世界主要创新强国"并行"甚至"领跑"的水平（Chen et al.，2018）。以此为背景，基于整合式创新，关注"高附加值制造"（high value manufacturing，HVM）这一具有战略意义的制造业创新战略，结合制造业创新实践案例，论述面向中国制造业强国建设的"高附加值制造"战略的关键着眼点和实施路径，最后从建设创新型国家的全局出发，提出将"高附加值制造"战略与"高附加产业"战略相结合，加速科技创新强国建设从需求驱动向研发设计驱动的核心技术引致路径转型，实现产业融合发展和城乡融合发展，加快解决产业、区域和城乡发展不平衡等结构性问题，全面提升国家创新体系的整体效能，培育世界一流制造业创新企业，建设面向未来的科技创新强国，实现经济社会的可持续发展，不断提升人民幸福感、获得感和安全感。

7.2 中国的高附加值制造战略

7.2.1 高附加值制造的概念内涵

"高附加值制造"概念最早由剑桥大学国际制造研究中心的 Livesey 教授于 2006 年在报告 *Defining High Value Manufacturing* 中正式提出，他认为"制造业是英国的未来，这一未来基于获得高附加值，对企业如此，对利益相关者和国家亦然"。他认为，高附加值制造的企业是指那些"依靠高技能人才和知识密集型制造过程获得独特价值和创新的企业"，高附加值制造企业不但有着卓越的经济绩效，而且具有重要的战略价值，且能够产生积极的社会影响力（Livesey，2006）。但是，他并未对高附加值制造给出准确的定义，而是强调"高附加值制造没有简单的定义"，因为"高附加值制造业创造价值的方式多种多样"。

英国政府认识到高附加值制造对英国重塑其全球制造业竞争优势具有至关重要的作用，于 2012 年出台了《高附加值制造战略 2012—2015》（*High Value Manufacturing Strategy* 2012-2015），正式将高附加值制造上升为英国的国家战略，明确了这一战略"旨在确保高附加值制造成为英国经济成功转型的关键驱动力"，并承诺通过"每年投资于高附加值制造的政府财政支出翻倍、将投资聚焦于有潜力使英国获得全球市场优势的核心科技、全力支持 22 个高附加值制造领域、扶持高附加值制造研发中心及提供开源的高附加值制造知识转移和共享平台"等一系列的措施来支持英国高附加值制造的发展，加速高附加值制造技术和企业的创新，为未来 15~20 年英国赢得并保持在全球价值链中的高端领先优势做战略支撑。在《高附加值制造战略 2012—2015》中,英国政府正式定义了高附加值制造:"高附加值制造是指将领先的技术知识和专业知识应用于产品的设计、生产过程和相关服务的过程,有极大潜力带动英国可持续发展和高经济价值。高附加值制造的活动覆盖了从研发到服务的整个循环制造过程。这一促进经济增长和可持续发展的巨大引擎的核心特征是高强度研发和高增长的有机组合。"

与《高附加值制造战略 2012—2015》相配套,英国政府与剑桥大学国际制造研究中心联合发布了《英国高附加值制造未来展望》。该报告深入分析了产业界、学术界和科研机构,识别出有潜力成功运用高附加值制造战略、促进英国跨行业创新和制造业升级的国家级竞争力促进机构,其目的在于使英国的企业、公共部门和其他核心利益相关者能够就英国在全球制造业竞争版图中通过实施高附加值制造战略在未来 15~20 年内持续获得和提升国家竞争优势这一议题达成广泛的共识。其中,国家竞争力(national competency)是指重塑国家制造业未来所具备的、能够快速应对全球趋势并采取相应策略创造价值的关键特征。该报告识别出包括"提升资源效率的技术、提升全球竞争力的制造系统技术、提升产品设计的材料集成技术、稳定和低成本的新制造过程模式、释放和提升制造业系统价值的商业模式"五大关键高附加值制造技术领域,以新能源、设计制造、智能制造、敏捷增材制造、新商业模式、新制造业人才为代表的 22 个重点领域作为国家核心竞争力的支撑,以及以 3D 打印、机器人自动化、集成技术、信息技术、纳米科技、工业机器人、低碳科技为代表,作为下一代重点研发科技领域,并指出未来将持续扶持这些领域的相关重大创新和高附加值制造创新。

与英国的《高附加值制造战略 2012—2015》相对应,世界其他各国政府也颁布了一系列政策:德国政府于 2010 年推出了《2020 高技术战略》,2011 年正式推出了《工业 4.0 战略》,2015 年推出了《智能化网络战略》,2016 年推出了《数字化战略 2025》;美国政府于 2015 年推出了新的《美国创新战略》;日本于 2016 年推出了《第五期科技基本计划(2016—2020)》;印度于 2010 年推出了《印度十年创新路线图(2010—2020)》。这些大国的创新战略均凸显了政府战略引领制造业集群发展和新技术应用的竞争焦点。

在中国科技创新理论和实践探索的过程中,无论是改革开放取得的巨大成就,还是航天、高速列车、纳米技术和大飞机等领域重大科技创新的实现,均离不开举国体制的优势和基于东方智慧的整体性、全局性思维。因此,在创新驱动发展战略的背景下,面对日益激烈的国际制造业竞争及新技术革命的颠覆性影响,中国制造业企业必须与时间赛跑(斯托克和霍特,2017),加速关键核心技术创新和成果应用。为了应对欧美各国重塑制造业全球优势的举国战略与行动,需要加快推进"中国制造 2025",突破制造业"低端锁定",推动中国制造业向全球价值链中高端加速迈进,亟须提出和实施基于中国国情的"高附加值制造"战略,即通过面向制造业全价值链的整合式创新战略规划,提升国家创新体系和企业创新体系的整体效能,将研发设计驱动和新技术跨界应用相结合,综合应用技术创新、商业模式创新和知识管理推动关键核心技术突破和成果转化应用,打造制造业企业的核心竞争力,提升制造业附加值,加快培育世界一流制造业企业,加速制造业强国建设,实现可持续发展。

7.2.2 高附加值制造的价值意义

根据美国国家科学委员会于 2018 年 1 月发布的《科学与工程指标 2018》,虽然中国的研发经费已在 2014 年超过欧盟并直逼美国、中国的科技论文发文量于 2016 年首次超过美国而位居世界第一、中国科技人才数量大幅攀升、技术和知识密集型产业全球占比仅次于美国(31%)并位居世界第二(24%),但是中国依旧面临科技论文平均引用率低、技术密集型产业产值占 GDP 比重较低、研发人员密度远低于发达国家、人工智能等新兴技术人才紧缺等问题,严重制约"中国制造 2025"目标实现。聂名华(2017)的研究也表明,虽然中国成功实现了从计划经济向市场经济的第一次转型,但是在从追赶型工业化国家向自主创新型国家转型升级的过程中,面临制造业转型的重大挑战。为了应对挑战、突破困境,中国急需通过顶层设计和战略引领,利用体制机制优势和创新驱动发展整体战略优势,加快中国在战略性科技领域的创新,加快构建和完善以企业为主体、以"政府-产业-大学-研究机构-中介-金融-服务"协同创新的国家创新体系(Nelson,1993)、国家技术转移体系(Fu and Zhang,2011)和企业创新体系(陈劲,2017),从而提升制造业行业的研发创新能力,实现关键重大核心技术突破,加快科技成果转移转化,创造高附加值的潜力,培育世界一流制造业企业。

此外,德勤有限公司发布的《2016 全球制造业竞争力指数》报告显示,虽然目前中国仍是最具竞争力的制造业国家,但是美国有望在 2020 年以前取代中国而成为最具竞争力的制造业国家,尤其是在由技术实力确定的各国、地区全球制造业竞争力指数排名中,中国高技术密集型制造业出口在制造业出口中所占比例仅为 42%,远低于美国(58%)、英国(58%)、日本(55%)和德国(53%)等发达国家,甚至低于印度的 43%,中国低端技术密集型制造业出口占比仍然较大(德勤有限公司和美国竞争力委员会,2016)。这更加凸显了在对外开放新阶段,中国需要积极主动地采取能够有效推动制造业升级和加速制造业企业创新发展、提高制造业附加值和推动制造业向全球价值链中高端迈进的国家整体战略和整合式创新政策（陈劲等，2017a），从而加快新兴技术、商业模式和制造业模式的应用，加快制造业企业创新，加速制造强国建设，应对甚至引领正在到来的全球高附加值制造竞争。

2018年习近平主席在博鳌亚洲论坛开幕式上表示，"中国开放的大门不会关闭，只会越开越大"①。然而，中国高端制造业的核心技术严重依赖美国等发达国家，进入对外开放新阶段后，"卡脖子"的核心技术问题将是制造业可持续发展和国家安全的重大制约，集成芯片、汽车、飞机和重型机械等高端装备制造相关企业必然面临市场准入大幅放宽带来的全球化激烈竞争。打造中国制造业企业的基于动态核心技术能力的综合竞争力，是中国制造业企业提升中国制造的全球竞争力、重塑制造业的竞争优势的当务之急。此外，中国在继续推进开放式创新、学习和借鉴发达国家制造业创新经验的同时，要结合中国企业的发展实际，采取新的制造业创新战略，同时在创新范式的指导下，通过制度创新和管理模式创新最大化技术创新的经济和社会价值，有组织地推动创新及其应用（柯拉尔等，2017），实现中国制造业企业从追赶式创新到引领式创新的转型。

7.3　基于整合式创新的高附加值制造实现路径

基于整合式创新中"战略引领—创新筑基—制度赋能"的实现路径，为中国高附加值制造提供实践指南。

7.3.1　战略引领

中国科学院原院长白春礼在《科学谋划和加快建设世界科技强国》一文中指出："坚持集中力量办大事。这是我国独特的制度优势，'两弹一星'、载人航天和探月工程的成功经验充分证明了这一点。"（白春礼，2017）在新一代信息技术、高端装备制造技术、新能源新材料技术、生物医药技术和人工智能技术等事关国家全局和长远发展的重大创新领域，不仅需要单纯的技术创新，更需要国家集中全国优势科技资源，通过中长期发展战略的引领和指导，实现科技战略、

---

① 参见习近平在博鳌亚洲论坛2018年年会上的主旨演讲[EB/OL]. http://www.gov.cn/xinwen/2018-04/10/content_5281303.htm，2018-04-10.

教育战略和产业战略与金融、人才乃至外交战略的有机整合（Chen et al.，2018）。只有通过战略设计和制度创新、商业模式创新，构建强大的产业创新体系（陈劲，2018），才能激励企业、高校、科研院所和社会机构开展面向高附加值制造的科技创新，加速领先科技成果在制造业的创新应用。

以中国高铁产业和相关企业为例。为了支撑中国新型工业化和城镇化发展，中国于 2004 年制定并发布了《中长期铁路网规划》，并历经了 2008 年和 2016 年两次调整，通过顶层战略设计和中长期规划，极大地促进了中国高速铁路建设，带动了轨道交通制造业的发展和升级及全球竞争力的提升（Sun，2015），如图 3-7-1 所示。

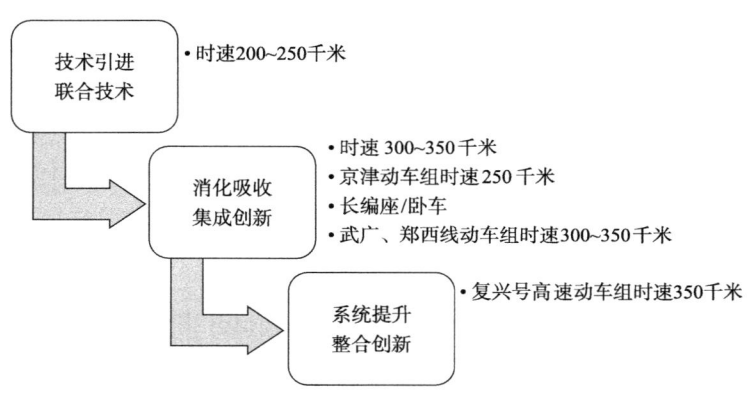

图 3-7-1 中国高铁的创新历程和创新战略

中国中车在国家推进"引进国外先进技术，联合设计生产，打造中国品牌"的高铁发展战略引领下，坚持"国家需要至上、行业发展至上"的战略原则，采取自主创新、集成创新和协同创新相结合的策略，经过"技术引进、联合设计"、"消化吸收、集成创新"和"系统提升、整合创新"3 个阶段的跨越式发展，建立了先进的轨道交通装备、重要系统和核心部件三级产品技术平台，形成了拥有自主知识产权、达到国际先进水平的铁路重载及快速货运技术平台（陈劲，2017）。2014 年以来，中国中车保持了研发经费投入年均增幅 8%、专利申请量年均增幅 70%的增长速度，对中国轨道交通装备制造业向产业链和价值链中高端迈进、助推制造业重大共性技术平台建设具有重要的引领和示范效应。例如，2017 年 9 月，中国中车在京沪高铁实现 350 千米时速运营的"复兴号"动车组，拥有完全自主知识产权，"是中国走向制造强国、迈向全球价值链中高端的重要标志性成果"，且全球 80%以上拥有铁路的国家和地区都在使用中国中车的相关产品和服务。2018 年 3 月，中国中车"20+20＞40 的等寿命模块化设计理念"方案赢得美国纽约大都会交通局发起的旨在改善纽约地铁现状的"天才挑战赛"的冠军,中国中车向世界证明了战略引领和科学谋划引致的中国轨道交通设计和制造创新能力。

7.3.2 创新筑基

创新筑基主要通过研发设计打造基于核心能力的企业创新系统、通过"互联网+"等新技术应用来加速智能制造发展。

1. 研发设计驱动:打造基于核心能力的企业创新系统

高附加值制造的核心是通过高强度研发驱动高增长,尤其是在战略性新兴产业和关键技术领域。依靠单纯的技术进口和开放式创新不可能获得核心技术和领先优势,必须依靠研发驱动的自主创新(陈劲,1994)。2010年以后,中国研发投入增速领先全球,年均增长率接近20%,2016年中国研发投入量超越欧盟研发投入总和,研发增量占全球研发增量的31.4%。按照目前年均7%的研发投入增速,预计中国的研发总量将在2026年超越美国。虽然2015年中国研发投入占GDP比例达到了2.07%,超过了欧盟国家的平均水平(2.01%),但是低于韩国(4.23%)、日本(3.29%)和美国(2.74%)等制造业研发大国,与《中华人民共和国国民经济和社会发展第十三个五年规划纲要》中提出的"到2020年全社会研发经费投入强度达到2.5%"的目标仍有很大差距。同时,中国研发经费投入结构仍有待优化,基础研发经费占总研发经费的比例刚达到5.3%,远低于日本的12.6%、英国的15.5%和美国的16.5%。对基础研发长期投入不足,会导致中国制造业产业和企业的源头创新能力不足、缺乏重大颠覆性创新,长此以往会严重制约中国企业自主创新能力和高端制造业全球竞争力的提升。对此,要充分调动大型企业在科技创新方面的引领示范作用,发挥国有企业和民营企业的战略互补性、大型企业与中小企业的能力互补性,巩固和完善研发和设计驱动、国企民企联动、大中小企业协同的整合式企业创新系统。只有通过研发投入打造制造业企业的自主知识产权、实现关键技术和关键零部件的突破,应用设计思维将研发战略与产品战略和用户战略相结合,巩固基于技术核心能力的整合式创新,才能加快制造业从价值链"微笑曲线"的底端向设计和研发驱动的中高端提升,为用户、利益相关者乃至整个行业带来变革性的产品和服务。

以华为为例,自1998年成立以来,华为已经成为全球最大的电信网络解决方案提供商、全球规模第二的电信基站设备供应商。这一切都离不开华为基于研发驱动和设计驱动的创新及借助分工明确、协同高效的研发管理体系打造的企业核心技术创新能力。为了应对公司快速扩张带来的客户需求与开发效率的矛盾，华为围绕"以客户为中心"这一核心管理理念，自 1999 年引入和应用了集成产品开发系统框架，如图 3-7-2 所示，依据客户需求收集分析与验证-财务变革支持的研发投资组合-异步开发模式-跨部门研发与设计团队-结构化研发流程-研发项目和管道管理-基于战略和市场绩效的评价体系，重组了华为的研发管理体系。

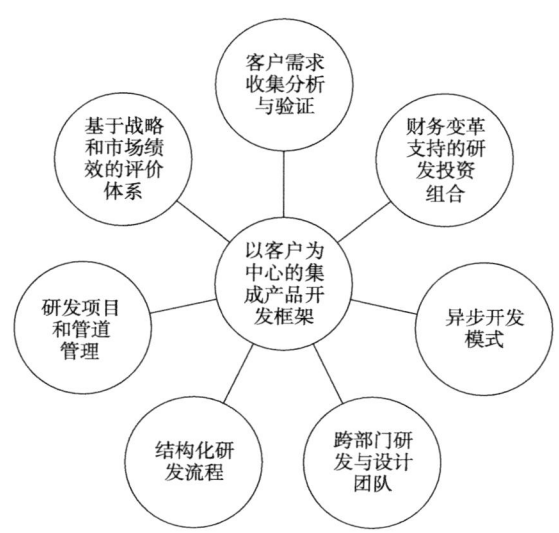

图 3-7-2　以客户为中心的华为集成产品开发框架

华为在实施集成产品开发变革前，虽然每年都投入销售额的 10%以上用于产品开发，但是研发费用浪费比例和产品开发周期仍是世界最佳水平的两倍以上，产品毛利率不升反降。集成产品开发变革有效保障了华为持续研发投入的高效产出，结构化研发流程提前识别关键技术，使得华为的新产品研发周期缩短了 50%，研发成本减少了 40%，产品故障率由原来的 17%下降到 1.3%（吴晓波，2017）。此外，华为通过集成财务变革和集成供应链变革进一步强化了集成产品开发变革的绩效。集成产品开发变革成为华为向世界级公司转变的系列变革的开端。根据欧盟委员会发布的《2017 全球企业研发投入排行榜》，2017 年华为的研发投入达到 104 亿欧元，占其销售收入的 19.2%，研发投入增速为 28.5%，研发投入及其增速均超过苹果公司，排名为全球第六、中国第一，华为成为唯一一家进入全球企业研发投入前 50 名的中国企业（Hernández et al.，2014）。为了推动颠覆性和关键性技术突破，2011 年华为成立"2012 实验室"，将研发投入的

15%投入于基础研究,并承诺持续提升该比例至 30%。正是研发与设计驱动的企业核心能力构建,使得华为通过自主创新研发,获得了全球首个 6 赫兹频段下的 5G 原型样机,实现了与高通、英特尔等国际信通技术巨头公司同台竞争的卓越创新绩效。由华为引领的 5G 技术创新极大地推动中国在移动互联网、工业互联网和人工智能等先进制造领域的共性技术进步,为制造业升级带来革命性变革。

以徐工集团(以下简称"徐工")为例。徐工前身始于建于 1943 年的兵工厂,目前在全球工程机械行业位居第七位,是目前唯一进入全球前十的中国工程机械企业,也是中国共产党第十九次全国代表大会后习近平总书记首个考察的企业。徐工在坚持自主创新与引进消化创新相结合的探索中形成了整合式企业创新体系,该体系包括"一线"(国家创新驱动发展战略和制造业升级趋势下由企业使命引领的创新)、"双核"(核心技术能力和核心管理能力)、"三支撑"(国际化、信息化和开放创新平台)。这一基于"双核"驱动的企业创新体系,助力徐工形成了有质量、有效益、有规模且可持续的"三有一可"企业创新成效(陈劲等,2018a)。徐工的产品设计周期缩短了 20%以上,产品数据准确率提高了 30%以上,生产计划协同由原来的两天缩短为 40 分钟,装载机典型产品生产周期由原来的 18 天减少为 7 天,市场快速响应能力提高了 30%,采购和交付周期从 4 个月缩短到 3 个月,缩短了 25%(中国企业联合会,2016)。借助整合式创新战略打造的核心竞争力,2010 年徐工成功打开国际市场,目前产品出口 178 个国家和地区,"徐工"成为"一带一路"沿线 65 个国家中的 57 个国家首选的重大工程施工装备品牌。随着集团创新体系效率的不断提升,徐工的营业收入从成立时的3.86亿元增至千亿元,徐工一直都保持了较高的复合增长率,在核心技术创新上拥有 5 669 项专利,在全地面起重机、履带式起重机等七大类高端工程机械领域实现了重大技术突破,成功研制了世界最大的全地面起重机和履带式起重机,其制造创新能力达到世界一流水平。2017 年徐工的营业收入和出口额分别增长了 23.4%和 109%,实现了"从濒临破产到世界第七"这一举世瞩目的阶段性成就。

2. "互联网+"新技术应用:加速智能制造发展

当前全球制造业数字化和服务化的趋势日益明显,全球制造业数字化和服务化成为高附加值制造的新焦点(童有好,2015)。借助"互联网+"战略实现互联网与先进制造业和现代服务业的深度融化,实现制造业的数字化、网络化和智能化,是新一轮工业革命的核心,也是"中国制造 2025"的制高点、突破口和主攻方向(周济,2019)。德国工业 4.0 和美国工业互联网的发展经验表明,互联网带来的新工业模式在提高企业、行业甚至国家的整体竞争力方面具有显著价值（纪成君和陈迪，2016）。在经济新常态下，人工智能（秦业，2018）、工业互联网（童有好，2015）和区块链（海川，2017）等新兴技术、用户创新、开放式创新及大规模定制化等商业模式，提升了互联网和新兴技术与制造业融合的深度和广度。大力发展智能制造，不但是中国产业转型升级的突破口，而且是实施高附加值制造战略、提升制造业附加值、重塑制造业竞争优势的新引擎（吕铁和韩娜，2015）。

以海尔集团为例（简称"海尔"）。创立于 1984 年的海尔，是全球大型家电第一品牌，目前已从制造业企业转型为以先进制造为核心的开放创新创业平台。在互联网时代，海尔于 2013 年正式上线 HOPE 平台，通过"人单合一双赢"模式和"自主经营体"模式，将战略变革与组织变革相结合，打造以社群经济为中心、以用户价值交互为基础、以诚信为核心竞争力的后电商时代共创共赢生态圈，成为物联网和智能制造时代的引领者。2014 年 6 月，HOPE 平台改版升级，遵循开放、合作、创新和分享的理念，通过整合各类优秀的解决方案、智慧和创意，实现技术知识的众包和整合，广泛与全球研发机构和个人合作，为平台用户提供前沿科技资讯和创新解决方案。2015 年 5 月，HOPE 平台进一步与跨界客户进行合作，全球最大汽车工程解决方案和零部件供应之一的佛吉亚公司与海尔就区域性创新资源整合与共享达成战略合作，旨在促进跨领域的技术创新合作。2015 年和 2016 年，海尔分别启动和升级了"创新合伙人计划"，引领创新合伙人社群模式的探索趋势。HOPE 平台逐步成为海尔主要的创意开发和外部技术获取渠道，海尔获取用户和市场需求、连接外部优质创新资源的能力都有了质的提升，且以每年 20%~30%的速度提升，新产品开发速度提升 50%。这些推动了海尔利润率的增长，大大增强了海尔的创新能力，使得海尔切实受益。基于 HOPE 平台支持的产品创新每年为海尔带来至少 500 亿元的营业收入，HOPE 平台每年支撑上市新产品超过 60 个，每年创新增加值超过 20 亿元。海尔的制造业转型案例已被国内外实践界和学术领域广泛关注和探讨，并入选哈佛商学院和沃顿商学院教学案例库。例如，2017 年在德国出版的数字化转型畅销书《商业的未来传奇》中，海尔是唯一入选的诞生在传统时代并成功向数字时代转型的中国企业创新案例。Kanter 和 Dai（2018）围绕海尔转型撰写的哈佛商学院最新案例更是对海尔借助互联网实现新技术应用和向创业型企业转型给予了高度评价，认为海尔是实现巨无霸企业持续转型、通过平台和组织创新赋能中小企业创新创业的典型案例。

7.3.3 制度赋能

制度赋能的主要含义是在企业内部通过创新管理规范、制度等探索来为企业高附加值制造制定出符合其技术特征的创新管理模式。理论研究和实践发展都表明，核心能力是企业保持持续竞争优势的关键所在。在高附加值制造中，复杂产品制造是其中最重要的组成部分，需要借助企业内部制度设计通过知识管理、面向复杂产品系统管理实现核心能力提升。这也是制度赋能所需要解决的重点问题。

如何构建面向复杂产品系统管理的核心能力是企业在实践中的难题。Galloway 和 Hobday（2012）最早将复杂产品系统作为与传统大规模制造产品有重大差异的产品类型进行单独研究，开创了复杂产品系统创新研究的新领域。复杂产品系统是指研发投入大、技术含量高、单件或小批量定制生产的大型产品、系统或基础设施，包括大型电信通信系统、大型计算机、航空航天系统、电力网络控制系统、高速列车、半导体生产线和信息系统等，与现代工业休戚相关。虽然它们的生产量小，但是其规模大、单价高，因此整个复杂产品系统产业的总产值占GDP的份额较高，在现代经济发展中发挥着非常重要的作用。Galloway 和 Hobday（2012）通过调查英国各种产品数据资料认为，复杂产品系统的产值占GDP的比例至少为11%，提供了140万~430万个工作岗位。他们进一步指出，英国能够维持其在世界经济中的地位，复杂产品系统创新功不可没。由于复杂产品系统的综合程度高，由众多子系统和零部件组成，故其开发成功能够推动其他产业发展，进而带动其他普通大规模制造产品的发展，如更为先进的大规模制造产品生产线的研制和应用。复杂产品系统创新通常由不同单位参与和组织，常被划分为多个模块或子系统，由集成商和参与开发的供应商共同研制推进。同时，复杂产品系统创新需要用户高度参与（Hobday，2000）。面向复杂产品系统的管理，需要应用复杂科学管理的思想（徐绪松和陈劲，2019），运用系统思维和整体观，从组织设计和复杂产品系统的知识管理入手，实现信息化、工业化和智能化制造的系统集成，通过管理创新，加速企业内外部显性知识和隐性知识的创造、吸收和转化应用（陈劲等，2017a），打造核心能力，实现核心产品、核心零部件和核心系统模块的突破（陈劲等，2018a）。

以中国商用飞机有限责任公司（以下简称"商飞"）为例。商飞是实施国家大型飞机重大专项中大型客机项目的主体，主要从事民用飞机及相关产品的科研、生产和试验试飞，以及民用飞机销售及服务、租赁和运营等。作为中国民机产业的核心企业和骨干央企，商飞肩负着自主发展中国民用航空产业、参与世界市场竞争和整体拉动中国科技水平提升的重要使命。大型客机是复杂产品系统的典型代表。复杂产品系统的创新是一个巨大、复杂且技术密集的系统工程。例如,在新型飞机的研制过程中,飞机零件数目多达数百万,新机研制的大量工作就是解决零件之间、零部件之间的位置关系和装配关系及机载成品与机体的连接关系等。商飞基于"第二块屏幕"建设的"双屏创新"建设中体现的知识管理模式,为核心能力建设提供了新的视角和思路。"第二块屏幕"是商飞在技术中心、管理部门和生产车间等全面推广、旨在构建员工专业能力的知识管理工程,包括"建立电子图书馆、打造场景化知识应用平台、推进知识智能化服务"3个步骤。"第二块屏幕"形象地描述了公司员工在自己日常工作的电脑之外,再增加一块新的电脑屏幕作为正常工作的信息参考、数据支撑和知识借鉴媒介,对改善员工的工作绩效、完善公司的知识体系、打造学习型组织都有重要作用,为构建公司的核心能力和持续竞争力奠定了良好的基础。"双屏创新"是对"第二块屏幕"的全面"武装",它不仅是一块工作屏幕的增加和一种工作形式的丰富,更是企业重视知识管理和优化学习能力的一种机制创新,在微观上能让每位员工都从"第二块屏幕"受益,更科学、高效地解决实践中遇到的问题,同时让员工具有知识体系构建的参与感,进而获得创新绩效提升的获得感(赵闯等,2017)。企业的技术创新本质上是知识转化为经济价值和社会价值的过程,企业的创新能力也体现为将科技知识和商业知识有效结合并转化为价值的能力。基于这种全员参与的共享和创新,"双屏创新"在宏观上优化了企业的学习氛围与组织学习机制,营造了创新的文化氛围,提高了企业作为创新主体的核心能力(陈劲等,2017b)。得益于以"双屏创新"为代表的自主创新、系统集成创新和整合式创新管理,商飞在成立不到 10 年的时间里成功研制并试飞了中国改革开放以来首个拥有自主知识产权的市场化大型干线客机项目 C919,是中国推进商用飞机高端制造领域自主创新的一次重大突破。

  借助面向复杂产品系统的知识管理,实现重大技术突破和价值创新的另一典型案例是中集集团。中集集团自 1980 年在深圳蛇口成立以来,经过 40 年左右的快速发展,迄今成为全球唯一能够提供干货集装箱、冷藏集装箱、罐式集装箱和特种集装箱等系列产品的规模最大、品种最齐全的物流装备和能源供应商。以大型复合型集装箱为代表的高端物流装备,是典型的超复杂产品系统,对企业的技术知识和非技术知识管理能力要求极高,对企业员工的知识创新能力以及流程和工艺知识应用也是极大挑战。为了提高企业的知识管理水平、提升复杂产品系统设计和应用绩效,中集集团从 2005 年开始积极推动"3+1 技术创新工程",要求管理人员和全体技术人员结合集团业务的发展目标,每年提出 3 项有效创新提案、完成 1 项有价值的创新成果,并设立"卓越中心",以各集团部门和子公司在技术知识和管理知识方面持续表现优秀且有共性价值的"点",带动全集团企业改善的"面",将知识管理与企业战略相结合,变粗放式研发管理为精细化的流程和运营管理,并通过将科学知识学习与经验知识学习相结合的协同管理模式,大大提升了集团内外结合的知识管理创新绩效和经济效益(郭爱芳和陈劲,2012)。多年来,中集集团通过"全球运营,地方智慧"的商业思路整合全球资源,借助面向复杂系统的知识管理提升技术与服务创新能力,基本实现了从单品制造到系统集成高端制造的产业升级和由单一产业向多元化产业的成功转型,从单一的集装箱业务扩大到集装箱、车辆、能化、海工、金融、空港设备、现代物流和产城八大业务板块,并在道路运输车辆、登机桥等 20 个细分设备领域成为世界第一。2017 年中集集团全年营收为 763 亿元,同比增长约 50%,营收总额创历史新高,净利润同比增长 365%。此外,中集集团借助面向复杂产品系统的知识管理,成功将高附加值制造战略应用于深海工程业务,打造了"蓝鲸 1 号"海工平台,助力国家在南海试采可燃冰成功,一举成为知名的"大国重器"。美国企业新闻通讯公司也发专文评论了这一突破:"这座全球钻井深度最深的'海上巨无霸'将中集敢于挑战国际尖端制造的实力和勇气充分展现出来。"

7.4 中国高附加值制造中的整合式创新战略

中国高附加值制造中的整合式创新战略是利用双"核"(技术核心能力和管理核心能力)驱动助力世界一流制造企业。中国高附加值制造中的整合式创新战略如图 3-7-3 所示。

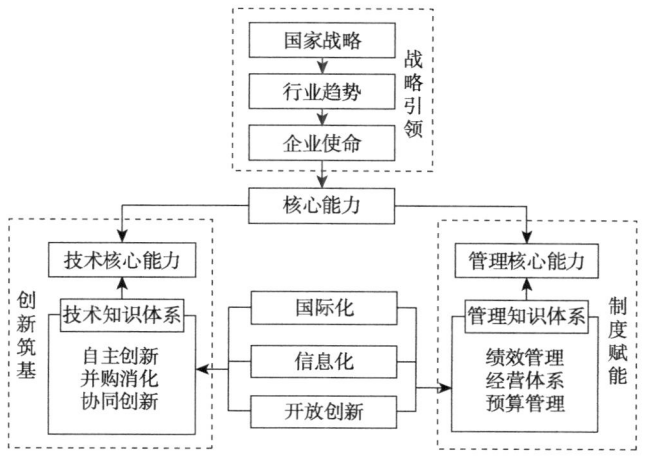

图 3-7-3 中国高附加值制造中的整合式创新战略

第一，对于技术核心能力，需要实现自主创新、并购消化和协同创新的整合，从而构建企业全员参与的知识技术体系，打造企业的技术核心能力。通过自主创新突破核心技术封喉，发展高端制造，需要大力可持续性地进行科研开发投入并对产品质量严格要求和控制，努力实现技术创新和质量控制共同发展。并购消化能够构建自主创新与市场资源获取的双螺旋。除了依托自主创新的核心战略之外，企业需要对产业进行深刻理解，主动出击面向全球进行技术并购。通过消化吸收实现与自主创新技术的耦合，加速对关键核心技术的突破和攻关。协同创新不但体现在与国内产业链上下游的供应商、合作伙伴及研究机构形成高效的协同生产研发体系，更体现在利用全球本土化的跨区域协同合作模式，实现自主创新技术与国内外前沿技术的全时空协同，为企业跻身国际顶尖行列并赢得国际声誉和竞争力提供了强有力的助推剂。

第二，管理核心能力是技术创新的助燃剂和制度保障。企业需要依托整合式创新范式，积极推进管理创新，实施以整合式经营模式为代表的卓越绩效管理、经营体系设计和预算管理，形成支撑企业核心能力建设的管理知识体系。卓越绩效模式的七大要素：领导、战略、市场、资源、过程、监测、结果，将对与绩效相关的各种管理理论进行梳理，对企业所运用的各种管理工具和手段进行整合，使各种理论各得其所，各种管理工具和手段各司其职，使其形成合力，将绩效管理渗透到运营管理的方方面面，将战略与执行结合起来，使战略的落地得到保证。整合式经营体系设计体现了系统、动态、多维的整合理念，它以企业全价值网整合为导向，以相关学科整合为基础，以多种管理工具整合为支撑，以核心业务流程整合为关键，推动经营魔方有序运转，提升企业整体价值，最终实现企业战略目标。预算管理需要解决管理层级多、业务链条长的企业战略难落地的问题，这样一来能够上承战略、下接绩效、纵贯组织、横向协同，突出全员、全过程、全业务、全价值链的全面预算管理体系，打通"战略规划—预算计划—执行监控—分析改进—考核评价"的管理闭环，促进"集团—事业部—分子公司—部门—员工"的目标和行动的协同，推动企业战略落地。

第三，国际化、信息化，以及开放创新，共同构成企业整合式创新，完成高附加值制造的三大有力支撑。国际化战略需要立足中国、占领全球价值链中高端。为了更好地扩展海外市场，提高公司的创新绩效，需要重视国际化战略的落实和海外相关研发和制造基地的运营管理，尤其是需要根据不同的海外市场制定不同的国际化方向，包括获取市场和获取技术两种类型。信息化建设的重点是加快国际化网络布局，通过建立海外代理商和网点的方式提供全方位的服务。开放创新是积极探索与走出去的中资企业优势互补、强强联合、抱团出海的合作新模式，以实现多方互利共赢，进而促进产业转型升级，另外要重视产学研的开放创新,通过成立国家级、省级研发体系来全面开展新产品开发、产品适应性、共性技术及实验技术研究。

建设面向未来的科技创新强国的一个重要议题,是提升国家创新体系绩效,完善企业创新体系、培育世界一流创新领军企业(陈劲,2018)。高附加值制造战略下的制造业转型升级,不但要依靠战略设计、自主创新和互联网新兴技术跨界应用,而且必须借助制造管理模式变革,将战略引领、创新筑基、制度赋能三个方面相结合(陈劲等,2017a),充分发挥科学规划、组织效能释放、资源优化和人文红利对制造业企业创新效率和创新绩效的杠杆驱动力。制造业企业通过实施整合式创新战略,能够将国家创新驱动发展战略与行业转型升级趋势相结合,超越传统管理模式,突破传统企业的组织边界,打造高效开放协同的企业技术创新生态系统(Chen et al.,2018)。整合式创新理论启发企业通过战略视野引领,整合与企业创新发展密切相关的外部资源供给端、政策与制度支持端及创新成果应用端的各类主体与要素,调动创新所需的技术知识(研发、制造、人力和资本等)和非技术知识(组织、流程、制度和文化等),打造企业的技术核心能力和管理核心能力。实施整合式创新战略,提升企业技术创新生态系统的整体效能,能够加快实现从知识管理到价值创造的提升和变现(陈劲等,2017b),培育世界一流制造业企业,助推世界科技创新强国建设。

"创新驱动发展"是中国新时代新发展理念的核心要素,创新驱动制造强国建设是建设科技创新强国的重要支撑。中国特色社会主义进入新时代,在创新驱动发展战略的背景下,面对日益激烈的国际制造业竞争及新技术革命的颠覆性影响,面对欧美各国重塑制造业全球优势的举国战略,要加快推进"中国制造2025",保持和提高中国制造业的全球竞争优势、突破"低端锁定"、迈向全球价值链中高端,亟须实施基于整合式创新理论、适宜中国国情和引领未来发展的"高附加值制造"战略,即通过面向制造业全价值链的整合式创新政策体系,将自主研发、设计驱动和新技术跨界应用相结合,综合推动技术创新、机制创新、商业模式创新和知识管理,打造制造业企业的核心竞争力与动态综摄能力,提高制造业附加值。这一战略的有效实施,对于加速中国制造业强国建设、加快中国由制造大国向制造强国转型、由追赶型创新向引领型创新转变、迈向全球产业链和价值链中高端具有重要的战略意义(陈劲,2018)。同时,实施高附加值制造战略也将大大提高国家创新体系的整体效率,为中国进一步实施高附加产业战略、加快三大产业融合发展、城乡融合发展和区域协调发展提供重要的产业支撑,从而助推精准扶贫(陈劲等,2018b)、乡村振兴(陈劲,2018)和经济社会的可持续发展。

参 考 文 献

白春礼. 2017. 科学谋划和加快建设世界科技强国[J]. 中国科学院院刊, 32（5）: 446-452.
陈劲. 1994. 从技术引进到自主创新的学习模式[J]. 科研管理,（2）: 31, 32-34.
陈劲. 2017. 企业创新生态系统论[M]. 北京: 科学出版社.
陈劲. 2018. 关于构建新型国家创新体系的思考[J]. 中国科学院院刊, 33（5）: 31-35.
陈劲, 吕文晶. 2017. 人工智能与新工科人才培养: 重大转向[J]. 高等工程教育研究,（6）: 18-23.
陈劲, 王民, 赵闯, 等. 2018a. 双"核"驱动, 助力徐工集团煅造①世界级企业[J]. 清华管理评论,（Z1）: 94-104.
陈劲, 尹西明, 梅亮. 2017a. 整合式创新: 基于东方智慧的新兴创新范式[J]. 技术经济, 36（12）: 1-10, 29.
陈劲, 尹西明, 赵闯. 2018b. 反贫困创新的理论基础、路径模型与中国经验[J]. 天津社会科学,（4）: 106-113.
陈劲, 尹西明, 赵闯, 等. 2018c. 乡村创新系统的兴起[J]. 科学与管理, 38（1）: 1-8.
陈劲, 赵闯. 2017. 建设面向未来的世界科技创新强国[J]. 人民论坛·学术前沿,（22）: 34-41.
陈劲, 赵闯, 贾筱, 等. 2017b. 重构企业技术创新能力评价体系: 从知识管理到价值创造[J]. 技术经济, 36（9）: 1-8, 30.
陈钰芬, 陈劲. 2009. 开放式创新促进创新绩效的机理研究[J]. 科研管理, 30（4）: 1-9.
德勤有限公司, 美国竞争力委员会. 2016. 2016 全球制造业竞争力指数[R].
郭爱芳, 陈劲. 2012. 企业成长中科学/经验学习的协同演进——基于中集集团的案例分析[J]. 科学学研究, 30（5）: 748-754, 695.
郭朝先, 王宏霞. 2015. 中国制造业发展与"中国制造 2025"规划[J]. 经济研究参考,（31）: 3-13.
海川. 2017. 区块链助推智能制造[J]. 新经济导刊,（8）: 25-30.
洪银兴. 2017. 创新驱动攀升全球价值链中高端[J]. 经济学家,（12）: 6-9.
纪成君, 陈迪. 2016. "中国制造 2025"深入推进的路径设计研究——基于德国工业 4.0 和美国工业互联网的启示[J]. 当代经济管理, 38（2）: 56-61.

---

① 应为"锻造"——编者注.

柯拉尔 S C，弗朗汉姆 E，佩里 S J，等. 2017. 有组织的创新：美国繁荣复兴之蓝图[M]. 陈劲，尹西明译. 北京：清华大学出版社.

吕铁，韩娜. 2015. 智能制造：全球趋势与中国战略[J]. 人民论坛·学术前沿，（11）：6-17.

梅亮，陈劲，吴欣桐. 2018. 责任式创新范式下的新兴技术创新治理解析——以人工智能为例[J]. 技术经济，37（1）：1-7，43.

牟绍波，任家华，田敏. 2013. 开放式创新视角下装备制造业创新升级研究[J]. 经济体制改革，（1）：175-179.

聂名华. 2017. 中国制造业在全球价值链中的地位与升级方略[J]. 东南学术，（2）：127-134.

秦业. 2018. 全球人工智能与制造业融合的现状及思考[J]. 科技中国，245（2）：61-62.

斯托克 S，Jr，霍特 T M. 2017. 与时间赛跑：速度经济开启新商业时代[M]. 陈劲，尹西明译. 北京：机械工业出版社.

宋雪涛. 2018. 市占率超过 50% 中国制造在这些领域称霸全球[Z]. 华尔街见闻.

童有好. 2015. "互联网+制造业服务化"融合发展研究[J]. 经济纵横，（10）：62-67.

吴晓波. 2017. 华为管理变革[M]. 北京：中信出版集团.

习近平. 2017. 决胜全面建成小康社会 夺取新时代中国特色社会主义伟大胜利——在中国共产党第十九次全国代表大会上的报告[M]. 北京：人民出版社.

徐绪松，陈劲. 2019. 复杂科学管理[M]. 北京：科学出版社.

杨燕青，林纯洁. 2018. 中国如何引领全球制造业竞争力变迁[R]. 第一财经研究院.

尹西明，王毅，陈劲. 2017. 高校创造的知识转移到哪去了?——对我国高校专利许可的时空分布研究[J]. 科学学与科学技术管理，38（6）：12-22.

张远鹏. 2017. "一带一路"与以我为主的新型全球价值链构建[J]. 世界经济与政治论坛，（6）：38-52.

赵闯，陈劲，薛澜. 2017. 用知识管理打造企业核心能力——从 C919 首飞成功看中国商飞的"双屏创新"[J]. 清华管理评论，（5）：35-39.

中国企业联合会. 2016. 两化融合促进企业创新趋势与实践[M]. 北京：清华大学出版社.

周济. 2019. 智能制造是"中国制造 2025"主攻方向[J]. 企业观察家，（11）：54-55.

朱高峰，王迪. 2017. 当前中国制造业发展情况分析与展望：基于制造强国评价指标体系[J]. 管理工程学报，31（4）：1-7.

Chen J，Yin X，Mei L. 2018. Holistic innovation：an emerging innovation paradigm[J]. International Journal of Innovation Studies，2（1）：1-13.

Fu X，Zhang J. 2011. Technology transfer，indigenous innovation and leapfrogging in green technology：the solar-PV industry in China and India[J]. Journal of Chinese Economic and Business Studies，9（4）：329-347.

Galloway W E，Hobday D K. 2012. Terrigenous Clastic Depositional Systems：Applications to

Petroleum, Coal, and Uranium Exploration[M]. Berlin: Springer Science & Business Media.

Hernández H, Tuebke A, Hervás F, et al. 2014. The 2014 EU industrial R&D investment scoreboard[R]. EU R&D Scoreboard Report.

Hobday M. 2000. The project-based organisation: an ideal form for managing complex products and systems?[J]. Research Policy, 29 (7/8): 871-893.

Kanter R M, Dai N H. 2018. Haier: incubating entrepreneurs in a Chinese giant[J]. Harvard Business School Case, (2): 318-104.

Livesey F. 2006. Defining High Value Manufacturing[M]. London: Confederation of British Industry.

Nelson R R. 1993. National Innovation Systems: A Comparative Analysis[M]. Oxford: Oxford University Press.

Sun Y. 2015. Exploration on engineering management practice of China's high speed railways[J]. Frontiers of Engineering Management, 1 (3): 232-240.

第 8 章　大国重器：中国高铁产业发展中的整合式创新

我们着力引领产业向中高端迈进，复兴号高速列车迈出从追赶到领跑的关键一步。

——习近平

（2018 年 5 月 28 日在中国科学院第十九次院士大会、中国工程院第十四次院士大会上的讲话）

作为对本土创新范式建构的一种尝试，陈劲等（2017）基于创新战略导向、开放式创新、协同创新、全面创新等的研究成果，结合中国本土创新实践的情境特征，提出了"整合式创新"的理论框架。但现有的整合式创新研究框架缺少关于情境构念的提炼，其理论建构有待进一步补充相关构念与范畴，并梳理研究范式中主要构念之间的层次结构与相互关系，从而在完善理论框架概化性的基础上，有效揭示理论框架应用创新管理实践的隐含机制（毛基业和李晓燕，2010）。以"整合式创新"范式为基础，基于国家重大科技创新工程中国高铁产业创新的相关实践探讨整合式创新理论适用性与框架完备性，从而尝试建构中国科技创新工程等举国体制为基础的创新活动，及其背后的自主理论范式，为中国情境下创新管理的实践提供借鉴。

8.1　中国高铁产业的发展

中国高铁的发展阶段经历了 4 个阶段，包括技术积累阶段、引进学习阶段、正向设计阶段和交通成和阶段（徐飞，2017）（表 3-8-1、图 3-8-1）。

表 3-8-1 中国高铁创新的各阶段发展历程

阶段	技术积累阶段	引进学习阶段	正向设计阶段	交通成和阶段
时间	2003 年及以前	2004~2008 年	2009~2015 年	2015 年以后
战略	独立研发	开放式自主创新		走出去、全面自主创新
策略	模仿国外先进的整车理念和转向架	大规模的整车购买和签订技术转让合同；逆向制造	核心技术自主化	借助"一带一路"推广高铁技术，深入自主化
代表车型	大白鲨号、先锋号、蓝箭号、中华之星	CRH1、CRH2、CRH3 和 CRH5	CRH380A、CRH380B、中国标准动车组系列	"复兴号"中国标准动车组
高速铁路建设	建设秦沈客运专线	规划建设"四纵四横"高速铁路客运专线	"四纵四横"高速铁路客运专线运营	建设"八纵八横"高速铁路客运专线

注：1. "四纵"增加了北京-上海客运专线；"四横"增加了杭州-南昌-长沙客运专线
2. "八纵"包括沿海通道、京沪通道、京港（台）通道、京哈-京港澳通道、呼南通道、京昆通道、包（银）海通道、兰（西）广通道；"八横"包括绥满通道、京兰通道、青银通道、陆桥通道、沿江通道、沪昆通道、厦渝通道、广昆通道

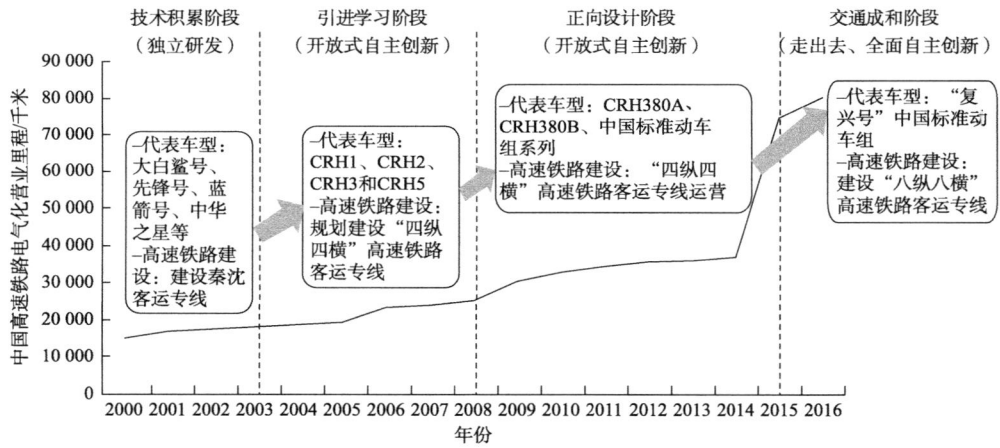

图 3-8-1 中国高铁产业发展阶段图

聚焦中国高铁产业这一研究范畴，探索产业如何进行演化和发展的过程机理，提炼演化过程中与"整合式创新"及其要素相关联的证据。选择中国高铁产业的原因如下：第一，地理情境。中国作为全球第二大经济体的发展中大国，其产业聚焦核心竞争力的提升，正在经历快速的转型变革（Li et al.，2008）。为了实现产业转型升级，有效的宏观顶层设计与微观产业创新实践相结合（马浩，2019），为中国高铁产业实现追赶与振兴提供借鉴。第二，产业特点。中国高铁产业具有启发式案例（revelatory case）的属性（Eisenhardt and Graebner，2007）。中国实施改革开放政策以来，大量定位于产业竞争优势的支持性政策相继出台，如"市场换技术""十大产业振兴规划""高端装备制造业走出去"等。中国高铁作

为产业创新最成功的案例为研究与实践提供了丰富的经验与借鉴。追溯中国高铁产业的演化发展经验符合案例选取的典型性原则（Siggelkow，2007）。

8.2 高铁产业数据来源与收集

为了使基础素材更具普遍性和扎根性（Yin，2017），原始资料通过多种来源进行收集，从而保证了那些潜在的概念、认知和理论能够尽量充足地涌现出来（Ferlie et al.，2005）。主要数据类型包括国家重点实验室公开材料、采访、新闻和演讲、政策文本与产业报告、文献、数据等，详细如表3-8-2所示。

表 3-8-2 数据资料来源

数据类型	数据来源	基本内容	数据规模
国家重点实验室公开资料	高校科研机构	高铁基础研究实验平台、服务性能研究平台和数字仿真平台的基础实验文本资料	20 000字
采访	中文视频网站	2008~2015年对党政领导干部和高校教授的8次访谈录像文件，时间为20~45分钟	10 000字
新闻和演讲	习近平系列重要讲话数据库	2014~2017年习近平的8次讲话	8 000字
政策文本与产业报告	国家铁路局	18份政策文件和产业报告，包括国家战略、产业政策、科技创新政策、对外政策、行动计划、产业标准、法规等	193 000字
文献	中国知网	35篇关于高铁产业发展的论文	140 000字
数据	高校电子图书馆	《中国铁路改革重组与高铁问题研究》《纵横"一带一路"：中国高铁全球战略》	229 000字

案例文本主要通过公开渠道获得。按照战略、开放、协同和全面创新的不同特点，选择不同的文本收集渠道：①收集习近平系列重要讲话数据，搜索全文中含有"高铁"的全部讲话内容；②通过期刊论文网站，以"中国""高速铁路（高铁）"为关键词，收集全部相关的期刊论文、硕博士论文；③通过新闻网站（包括财经网、财新网、观察者网和联合早报网）以"中国""高速铁路（高铁）"为关键词，收集全部相关的新闻资讯；④在"读秀"图书数据库中以"中国""高速铁路（高铁）"为关键词，收集全部相关的书籍；⑤收集视频、音频资料，并逐句转码成文本资料。上述资料请两位工程管理专业的研究生进行文本收集与转录，初步形成近60万字的数据资料。

为了保证资料的信度和效度，除了增加文本资料来源的多样性之外，还做了如下文本清洗和筛选工作：①对文本内容进行综合对比，剔除人物传记、纯技术资料和非中国高铁技术创新的内容描述，最终形成近40万字的文本资料；②将汇总形成的文字资料发给西南交通大学国家轨道交通电气化与自动化工程技术研究中心的研究人员（研究者当地亲属、朋友），评价文本内容的质量并提出资料补充意见；③由笔者在案例中涌现出的构念、维度和现有整合式创新的理论框架之间，不断进行比较、迭代，让关键构念、维度、逻辑关系能够被提炼，最终让理论在现有资料的基础上达到饱和。

具体的数据分析主要采用 NVivo 软件进行分析，按照编码程序对文本信息进行处理：①通过问题界定和文献回顾，建立起"整合式创新"的理论框架，选取典型案例。②根据"整合式创新"理论框架，构建初步的树节点。③通过开放编码对所有初始资料建立自由节点，并归入预设的树节点当中；无法进行归类的自由节点，则进行二次范畴化并相应命名，建立新的树节点。④利用自由节点和树节点功能实现各个概念之间的隶属关系管理。⑤借助主轴编码归类和整理开放编码的概念与范畴。⑥链接开放编码和主轴编码，形成理论框架和各种核心范畴。

8.3 基于整合式创新的高铁产业发展

8.3.1 "战略导向"构念、补充与命题

2003 年及以前，是技术积累阶段，采用"独立研发"战略。2003 年以前，由于国力所限无法进行大规模的技术引进，完全依靠自主组织研制准高速与高速列车，通过图片和新闻进行模仿，开发出了大白鲨号、先锋号、蓝箭号、中华之星等车型，速度等级仅 160~250 千米/小时，运营里程短。并且，高速列车的研发品种多样、缺少战略统领，从而缺乏谱系化的发展。

2004~2008 年，是引进学习阶段，采用"开放式自主创新"战略。该阶段中，中国轨道交通装备制造的骨干企业与海外企业建立了合作关系。南车集团旗下的青岛四方与庞巴迪公司合作（联合设计完成 CRH1A 及其衍生系统动车组产品）、南车集团旗下的青岛四方与日本川崎重工合作（联合设计完成 CRH2A 及其衍生系统动车组产品）、北车集团旗下的唐车公司与德国西门子合作（联合设计完成 CRH3C 及其衍生系统动车组产品）、北车集团旗下的长春轨道客车股份有限公司与法国阿尔斯通合作（联合设计完成 CRH5A 及其衍生系统动车组产品）。伴随着技术引进，经过技术改造后的衍生动车组已经基本实现国产化，但仍然需要支付高额的技术转让费。

2009~2015 年，是正向设计阶段，采用"自主创新"战略。"正向设计"是

以生产可批量生产、稳定运行的产品为目标，以市场需求作为顶层设计的要求，对产品进行功能结构、系统的分解，并提供各个子系统和零部件的解决方案。在"市场换技术"成功之后，通过消化吸收和自主创新，实现高速转向架、牵引控制系统、高速制动、列车网络控制系统等9项关键核心技术的自主化，并开始建立中国动车标准体系。

2015年以后，是交通成和阶段，借助"一带一路"发展"走出去"战略和全面自主创新战略，通过深入自主化，完成关键技术的完全自主。具有完全自主知识产权和技术标准体系的时速350千米的"复兴号"中国标准动车组正式运营。作为在世界高速铁路中系统技术最全、集成能力最强、运营速度最高、运营里程最长的国家，以综合国力、外交形象为基础，顺应世界经济复苏与和平发展环境，借助"一带一路"的建设，统筹铁路、公路、水路、航空和管道实现"大交通"目标下的交通成和。

中国的发展，是一个具有国家特色和后发经济体实现经济增长的过程，很多管理现象是全新的，发展的过程亦是探索的过程，需要秉持"摸着石头过河"的探索精神。本着以认识和实践的辩证统一为中心的思想，在已有文献所关注的进攻型和防御型战略导向基础上，补充提出了"实践型"战略导向。不同于前两者所具有的明确战略定位，"实践型"战略导向中企业仅有依稀模糊的战略定位，注重在实践过程中不断吸收外部知识、总结并整理企业内部知识，进而使得战略导向愈发清晰，这与创新活动本身所具备的探索性、实践性、不确定性等相匹配。由此，"战略导向"构念划分成了进攻型、防御型和实干型3个维度，经过文本编码和树节点聚合后，进一步细化了各个维度的内涵。中国高铁整合式创新中的"战略导向"的引用语条目如表3-8-3所示，解释如下：①进攻型，是在目标设置与战略定位过程中，充分瞄准竞争对手，追求在行业领域内的技术、市场、管理、标准等方面领先；②防御型，具备稳定的技术、市场和资源，关注内部优化和核心能力的塑造；③实干型，目标设置具有可行性，在运营过程中重视基础研究、基础调研，充分考虑实际情况，以实践为指导。

表3-8-3　中国高铁整合式创新中的"战略导向"的引用语条目

二级构念	证据事例（典型援引）	关键词
进攻型	高速列车的顶层设计指标，成为中国在自主创新期高速列车技术编制的依据	前进目标
	中国高铁……在国内市场的竞争对象主要是国内同行，而在国际市场的竞争对手则主要是其他国家的轨道交通装备巨头；中国高速列车企业与……巨头密切合作过，如今中国高速列车制造企业已经站在它们的肩膀上成长起来，并且开始与它们在国际市场上角逐订单	追赶竞争

续表

二级构念	证据事例（典型援引）	关键词
进攻型	……使脱胎于不同平台的标动实现了机械接口的物理互联、电气接口的数据互联、软件接口的逻辑互联和操作界面的互通、主要硬件的互换，确立了不同于"欧标"和"日标"的中国标准体系；建立中国的高铁标准才是建设创新型国家和推进中国高铁"走出去"战略的正确选择	高标定位
进攻型	《中国制造 2025》……未来十年中国轨道交通装备的发展重点是依托数字化、信息化技术平台，广泛应用新材料、新技术和新工艺，重点研制安全可靠、先进成熟、节能环保的绿色智能谱系化产品	技术领先
防御型	从战略导向来看，扭转既往以探索实验和产品示范为主的研发导向，将批量生产自主研发、性能成熟的商业产品作为根本宗旨；"统一招标、单头对外、指定承接方和转让方"……	研发积累
防御型	铁道部出于平衡竞争的考虑……由不同的企业来分头承担……各不相让又彼此借鉴的寡占竞争格局无疑激发了企业的创新活力，促进了企业技术能力的进步……通过政府资源调控，均衡企业实力，打造双寡头竞争格局	资源协调
实干型	在机车车辆新产品的实际开发过程中……代表用户提出设计要求，审查并下达设计任务书；时速 350 千米中国标准动车组的设计是先根据需求确定技术指标……诸多环节，中国高速列车企业创新是根据……客流量和乘客习惯等运营环境进行考虑的	实际需求
实干型	关于真空管道运输的探索和实践也已开始；"正向设计"是指从研发理念出发、速度目标出发，正向设计相关核心部件、头型等，最终实现新车型的下线	正向设计
实干型	铁道部通过《铁路主要技术政策》明确了技术引进"先进、成熟、经济、使用、可靠"的十字方针	可行方针

基于以上，研究得到：

命题 1：整合式创新中的"战略导向"包含进攻型、防御型及实干型，用以解释重大创新活动的总体战略目标导向性。

8.3.2 "开放"构念、补充与命题

中国高铁创新历程是装备制造产业双向开放的典型体现。

开放式"引进来"主要体现在"引进学习阶段"。在技术资源获取上，从 2003 年开始，在铁道部的主导下，实施了时速 200 千米以上动车组的引进项目，还包括风挡、辅助供电系统、空调系统、车钩等 10 项配套技术；西门子、阿尔斯通、庞巴迪、川崎重工等与中国企业进行技术合作和技术转让。在资金资源获取上，国家从财政拨款改为银行贷款，通过优先安排贷款的形式来鼓励发展国家战略性产业，顺应市场变革。

开放式"走出去"主要体现在"正向设计阶段"和"交通成和阶段"。在技术资源输出上，中国利用地质地貌、气候多样性的特殊性，获得了丰富的高铁运营数据和经验。借助这一独一无二的核心竞争优势，中国高铁能够适应复杂地质结构和极端气候，保证基础设施与装备的适应性和可靠性，让技术具有更广泛的地域适应空间。另外，通过消化、吸收、自主创新所建立的中国高铁标准体系，

能够让产品更加谱系化和统一化,让技术研发向一个开放体系演变。在资金资源输出上,中国成立了"丝路基金"和"亚洲基础设施投资银行"(Asian Infrastructure Investment Bank,AIIB)来应对西方主导的世界金融格局,同时依靠中国进出口银行来承建国外高铁项目;中国进出口银行通过高铁项目贷款给国外购买方,支持中国高铁的海外项目,促进区域间共荣与发展。

基于文献梳理,"开放式创新"构念可以划分成点的开放、线的开放和面的开放3个维度,每个维度都有其测量指标。经过文本编码和树节点聚合后,进一步细化了各个维度的内涵。中国高铁整合式创新中的"开放"的引用语条目如表3-8-4所示。通过"开放"构念的文献分析和案例分析,形成了3个主范畴:①点的开放,是指企业内部的部门之间或是体系内部的主体之间的开放;②线的开放,是分属于不同系统的两个主体之间的开放,形成双向的点对点的联结关系;③面的开放,是分属于不同系统的多个主体之间的全方位开放,形成网络化的联结关系。

表3-8-4 中国高铁整合式创新中的"开放"的引用语条目

二级构念	证据事例(典型援引)	关键词
点的开放	南车全球研发体系包含:海外研发机构(如英国半导体研发中心、美国研发中心等)、国家级研发与实验机构(包含交流技术国家工程研究中心、机车和动车组牵引与控制国家重点实验室、高速列车系统集成国家工程实验室、高速动车组国家工程研究中心)、综合性研究机构(株洲所、戚墅堰所),国家认定检测实验中心7个、博士后工作站8个,国家认定企业技术中心9个、省级工程技术研究中心(工程实验室)10个,省级认定的企业技术中心8个	企业研发体系
	北车的产学研合作:动车组和机车牵引与控制国家重点实验室、辽宁省轨道交通装备电传动及控制工程技术研究中心、北车-北京交通大学产学研联盟、北车-清华大学产学研联盟、中国北车-捷克布拉格工业大学牵引与控制技术联合研究中心(牵引与控制技术)、中国北车-瑞士PROSE转向架技术联合研发中心(转向架技术)、中国北车-密歇根大学焊接技术研发中心(高铁焊接技术:共同完成轨道车辆结构疲劳设计与焊接质量验收标准编制)、中国北车研究院北京交通大学电传动技术分院和中国北车研究院大连交通大学焊接结构技术分院(电传动与焊接技术)	企业开放合作
线的开放	中国南车青岛四方-加拿大庞巴迪联合开发和谐号动车组CRH1A车型(速度等级200千米/小时);中国南车青岛四方-日本川崎重工等6家企业联合开发和谐号动车组CRH2A车型(速度等级200千米/小时);中国北车唐车公司-德国西门子联合开发CRH3C车型(速度等级300千米/小时);中国北车交流技术国家工程研究中心-法国阿尔斯通联合开发CRH5A车型(速度等级200千米/小时)	内向开放
	在引进和学习西门子质量管理的一些做法的基础上,中车唐山机车车辆有限公司形成了自身的质量管理体系;不同厂家产品可互联互通,相同速度等级动车组可重联运行,不同速度等级动车组可互相救援;主机企业又与产业链其他企业、国外企业及高校院所存在密切的合作	
	先后承担土耳其"安-伊"高铁、沙特"麦麦"高铁、"中泰"铁路、"塞匈"高铁、"莫斯科-喀山"高铁等的任务,向海外输出技术与工程制造能力	外向开放
面的开放	科学技术部和铁道部共同签署了《中国高速列车自主创新联合行动计划》,联合25所大学、11个科研院所、51家国家级实验室和工程研究中心,以及68名院士、700多名教授和研究员、上万名技术人员,在引进消化吸收的基础上,发展具有自主知识产权的、时速350千米以上的、具有国际竞争力的中国高速列车技术体系及产品系列	产学研合作

续表

二级构念	证据事例（典型援引）	关键词
面的开放	CRH380A 的自主创新涉及 50 多家企业，330 多个科研院所参与，近 60 名院士、500 多名教授、近万名科研企业研发人员贡献智慧，最高运行速度能达到 380 千米/小时	产学研合作
	加入世界贸易组织后，随着市场开放程度的提升，越来越多的外资企业进入中国……促进贸易便利化自由化，推动巴西货运铁路、高铁、"两洋铁路"建设……	全球网络
	融合各国各地区的文化元素，体现多姿多彩的文化特色；从线路、桥梁空间结构，到车站功能和造型设计理念，甚至车厢地板和座椅面料图案，都蕴含着文化的新观念和新元素……形成彼此尊重、交融、互相学习的"朋友圈"与"文化圈"	产业生态

基于以上，研究得到：

命题 2：整合式创新中的"开放"包含创新主体为焦点的"点的开放"、主体两两联结为基础的"线的开放"及多主体相关的"面的开放"，其用以解释重大创新活动参与主体的内外部资源流动。

8.3.3 "协同"构念、补充与命题

中国高铁协同创新的模式也是随着发展历程而逐渐演化的：铁路系统内的产学研协同合作→观战竞争格局下的中外技术合作→双寡头竞争格局下的国家级的政产学研合作→政府统筹协同的高铁对外输出。

在技术积累阶段，是铁路系统内的产学研协同合作。国家以顶层设计的方式，提出了"扩能提速"的发展规划。原铁道部借助直属的企业、高校和科研院所搭建协同创新平台，攻克了车体流线型外形技术、高速转向架技术、大功率牵引动力技术等，合作与协同机制带有半军事化管理色彩。

在引进学习阶段，铁道部仍然借助轨道交通产业中的权力结构，首先，限制参与技术引进的企业数量，形成行业内的寡占竞争格局。其次，有效控制了技术引进的全流程，与法国阿尔斯通、日本川崎重工、加拿大庞巴迪和德国西门子 4 家世界著名高铁列车制造企业进行技术联合，并将技术联合成果和资源平均分配给南车与北车集团，均衡行业内的企业实力。最后，建立起了集组织管理、研发设计和生产制造于一体的产学研合作体系：①建设了以外方为主导的制造平台，通过联合设计、技术培训、技术支持进行中外合作；②建设了以主机厂为主导的消化吸收平台，联合研究所和高校，对引进技术进行消化、吸收、转化；③建设了以研究所和高校为主导的再创新平台，结合技术创新需求，在基础研究、理论建设、产品设计层面，结合中国独特的地质条件、建设条件进行再创新。

在正向设计阶段，铁道部通过平衡南车和北车集团的实力，在轨道交通产业

中形成了双寡头竞争格局；随后，与科学技术部、国家发展和改革委员会、教育部等进行合作，以"中国高速列车关键技术研究及装备研制"重大项目为依托，进行全国范围内的资源整合，共建国家级的政产学研合作模式和高铁技术协同创新中心。自上而下的协同创新形式，有利于快速形成中国高铁技术标准，中国铁道科学研究院集团有限公司、中国北车、中国铁道建筑集团有限公司专门为各个协同创新中心提供人力、资金、场所、信息、数据等支持，最大限度地利用共性基础研究和实验资源来为高铁技术的标准体系提供理论研究基础和实验数据储备，大大缩短创新时间。

在交通成和阶段，主要是依靠政府对外主导和对内引导的双重作用来实现统筹协同。高铁是一种具有公共性、社会性、基础性的战略产品，这就决定了要实现区域之间的"交通成和"势必带有国家行为和政府意志。政府通过顶层设计的方式，把高铁"走出去"战略、国家"一带一路"倡议和国家外交行为紧密衔接；在建设过程中，中外企业进行联合共建，铁路、金融、保险等各个产业的企业通过参股、联盟、合资、贴牌生产等方式实现资源共享、风险共担、成本分摊、市场拓展和共同发展。

在文献梳理的结果中，"协同"构念划分成了协同主体、协同场景和协同手段3个维度，每个维度都有其测量指标。经过文本编码和树节点聚合后，进一步细化了各个维度的内涵。中国高铁整合式创新中的"协同"的引用语条目如表3-8-5所示。通过文献分析与案例研究的整合，研究形成了3个主范畴：①协同主体是指参与到创新体系当中的具有创新活动能力的能动性主体，主体的数量、质量、异质性都是重要的考量标准；②协同场景是指创新活动中的外部环境，包括行业环境、市场环境、竞争环境、政策环境等；③协同手段是建立协同关系的特定方式方法，主要包括技术转让、企业联盟、风险共担、成果共享等。

表 3-8-5　中国高铁整合式创新中的"协同"的引用语条目

二级构念	证据事例（典型援引）	关键词
协同主体	……既包括中方，也包括外方；创新体系涉及三大行动主体，即政府、企业和高校；中国高铁装备正向设计能力的载体是各尽其能的产学研人才队伍	产学研
	中国铁路行业逐渐形成了一个以用户为中心、"产学研用"紧密结合的技术开发体系……保证了高速列车创新相关机构在技术能力和产业链上的分工与协作	产学研用
	机车的零部件、养护耗材、车站运营将持续获益……	动车组平台
协同场景	铁道部结束了长期政企不分的局面，拆分重组为国家铁路局（并入交通运输部）和中国铁路总公司；南车、北车集团又正式重新合并为中国中车股份有限公司……高铁产业面临的监管环境发生了重要变化……铁路主管部门通过统一市场、统一对外谈判、统一产品采购等制度手段……铁道部利用网运一管理体制……借助制度赋予的合法性，进一步集中管理权	管理体系与制度平台

续表

二级构念	证据事例（典型援引）	关键词
协同场景	京沪高铁项目：国家科学技术委员会、国家科学技术委员会、国家经济贸易委员会、国家经济体制改革委员会联合组成"京沪高铁前期研究课题组"对京沪高铁进行论证；四部委主导的产学研合作下，共完成高速铁路科研项目553项	研究项目
协同场景	用市场竞争之力，加速提升高铁企业的自主创新能力；寡占竞争格局……形成竞争格局，激发技术引进企业的创新热情，同时在技术供给企业间也形成竞争体系；没有让同一家企业负责这个项目，而是由不同的企业来分头承担……控制中标数量，主动平衡产业内竞争格局，再次收窄竞争范围……	国内市场
协同手段	……以优惠的价格采购国外的原型车和获得技术转让，联合设计生产的动车组使用统一的中国品牌；签订完善的技术转让合同	技术转让
协同手段	构建铁路产业的纵向联盟、横向联盟、跨产业合资、相互持股、兼并收购、技术开发联盟、代工生产协议、合作生产联盟、服务联盟、特许经营、外包	企业联盟
协同手段	国外合作方为中国企业提供技术服务与人员培训；先进的师资和课程体系，提高外籍教师聘用质量	人才互通与培养
协同手段	2003~2013年，与高铁相关的自然科学基金项目……研发投入开始明显上升；对高铁技术的关键领域进行科研项目的布局……22亿元作为高铁技术的研发基金	研发投入
协同手段	中国高铁……通过积极引进……与世界先进技术具有良好的兼容性，具有系统集成创新能力；技术的标准化……实现产品之间的兼容性和连通性	技术兼容
协同手段	科研人员的跨团队活动，增强了中国高铁装备试验团队之间的实时信息交流；建设行业试验数据库……共享试验设计、试验数据、试验规范和试验技术	成果共享

基于以上，研究得到：

命题3：整合式创新中的"协同"包含协同主体、协同场景、协同手段3个维度，其用以解释重大创新活动中的主体合作、互惠互利等共同行为。

8.3.4 "全面"构念、补充与命题

"全面创新"包括全要素调动、全员参与和全时空贯彻，本质上是战略、开放和协同的综合体。创新系统的发展愈发完善，全面创新的重要性就愈发突出。

在引进学习阶段，以打造"中国高铁"品牌、树立"以我为主"的战略定力、振兴本国制造业的计划，将中国高铁与国家发展紧密联系起来。作为一个正在实现高铁技术"后发追赶"的国家，中国通过坚持引进、消化、吸收、再创新，鼓励原始创新、本土创新和自主创新，在一定程度上实现了高铁"创造"。在2008年，科学技术部和铁道部联合开展了《中国高速列车自主创新联合行动计划》，并成功立项、研制CRH380系列动车组。在该计划中，强调要完整时速350千米以上的高速铁路技术体系，通过产学研联合创新，形成以政府为主导、以企业为主体、以市场为导向、以项目合作为驱动的重大工程技术创新。完全自主产权的确定，有利于推动"中国标准体系"的制定。

在正向设计阶段，"中国标准"让中国高铁产业进入体系化建设。2015年6

月正式下线的中国标准动车组,标志着"中国高铁标准体系"开始建立。在标准体系中,不仅包含国家标准、行业标准、专业技术标准,还积极引入国外先进的动车技术标准,不仅强化了中国高铁标准的自主性,还与国际标准互联互通:①标准体系的建设,能够指导动车组的设计逐渐形成完整的谱系,系列车型能够产生协同效益和功能系统化,提升中国动车组的整体竞争力;②与国际标准进行对接,让标准体系之间形成对接和契合。铁路、技术和车型的网络化、谱系化、全球化是中国高铁发展的新趋势。2016年7月发布的《中长期铁路网规划》将中国高速铁路网从"四纵四横"提升到了"八纵八横",并逐步发展城际铁路、建立城市交通圈。不同的铁路特点使得动车组车型在动车组平台基础上,研制出不同速度等级、能够适应不同环境需要的动车组系列产品。中国高铁凭借技术先进、稳定可靠、适应性强等特点,在品牌价值和国际影响力上逐渐提升。在综合国力为基础、外交活动为推力、产品价值为核心竞争力的推动下,中国高铁已经出口到六大洲,并形成了产品、资本、技术、服务等多种形式的组合。

在交通成和阶段,采用"全面自主创新"战略,是全面创新的充分体现。通过深度地自主化实现共性技术、核心技术、关键技术、配套技术、整体与结构可靠性设计的完全自主化,最终形成系统成套技术和中国高铁标准体系,并建立时速350千米及以上等级高铁领域的世界级技术标准主导权,从而实现动车组在技术设计、服务功能、运用维护上的高度统一,进而提高设计和运行效率、降低运行和维护成本。

在文献梳理的结果中,"全面"构念划分成了全要素创新、全员创新、全时空创新3个维度,每个维度都有其测量指标。经过文本编码和树节点聚合后,进一步细化了各个维度的内涵。中国高铁整合式创新中的"全面"的引用语条目如表3-8-6所示。通过"全面"构念的文献分析和案例分析,形成了3个主范畴:①全要素,是指创新各个环节中,资源获取、整合、利用、实现时,能够充分利用各种要素、各类渠道,为创新活动提供充分的资源基础;②全员,是指全面调动创新活动中所涉及的全部利益相关者,确保目标相容、行动协调、利益一致、成果共享、分配合理;③全时空,是指创新活动在时间维度和空间维度上都能够实现饱和,即随时随地都在创新。

表 3-8-6　中国高铁整合式创新中的"全面"的引用语条目

二级构念	证据事例(典型援引)	关键词
全要素	统筹交通运输部、商务部、国家发展和改革委员会、外交部、国防部、国家宗教事务局、中国铁路总公司、国家开发银行等政府资源;整合政府、商会协会、企业、金融机构、中介服务机构等信息资源;政治、经济、产业、装备、投资融资、外交、国防和文化等多个维度……沿线区域人流、物流、能流、资金流和信息流实现了快速流动和集散	资源异质性

续表

二级构念	证据事例（典型援引）	关键词
全员	完善政府管理……会商机制，明确各政府机构……等多个部委，以及中国铁路总公司、国家开发银行等金融机构……集聚政府、高校、科研机构、产业界有关研究力量；高铁行业企业、金融机构、法律事务机构、国别（区域）研究机构等单位的专家	主体多样性
全时空	中国高铁建设速度世界最快：2004年，中国高铁踏上引进消化吸收再创新之路；10年间，"四纵四横"的高速铁路网骨架已基本成形……包括区际快速铁路、城际铁路及既有线提速线路等构成的快速铁路网基本建成，总规模达4万千米以上，基本覆盖50万人口以上城市	高速发展
全时空	针对如此复杂的关键系统和技术壁垒……带领团队通宵达旦鏖战，通过试验解析验证、突破了软件程序中的一个个"黑匣子"；8个月后……厘清了CRH5型动车组的整车控制逻辑关系并向阿尔斯通公司提出了改进和完善建议……徐伯初教授带领团队日夜加班将30个参与竞标方案递交铁道部	全时研发
	从产业梯度转移、经济发展时机、地缘政治格局、国家安全保障等紧迫性出发，高铁网络"四纵四横"的发展……	本国布局
	中国高铁"走出去"战略的方向是全方位的……通过高铁形成一个巨大的区域市场共同体	全球布局

基于以上，研究得到：

命题 4：整合式创新中的"全面"包含全要素、全员及全时空3个维度，其用以解释重大创新活动中的资源基础与人员参与，并实现创新活动在时间与空间上运行和协调。

8.3.5 "中国情境"构念、补充与命题

中国高铁创新的跨越式发展，充分彰显了中国情境下重大创新实践。随着2008年全球金融危机的爆发，世界经济下行趋势明显。对中国而言，在国内相对产能过剩的情况下，国际市场上也没有足够的空间来消耗产能。在这种局面之下，必须有创新项目作为拉动国内需求、开辟国际市场的支点。高铁作为一种经济发展的基础设施和国家重大创新，将是一个关键点。中国高铁的发展正在经历重要战略机遇期：随着中国综合国力的增强，中国有足够的经济实力来全面引进国际先进技术并有足够的、持续性的资源投入来支撑国家重大工程的全面自主创新；中国国际形象和影响力不断提升，"一带一路"和"人类命运共同体"能够实现以中国为倡议国的共建共享、与世界各国共融发展。

整合式创新作为基于中国创新实践而建构的创新范式，其框架的搭建与相关机理的探索需要结合中国情境来考虑。理论范式指的是共同体成员所共享的价值观、信仰等的集合，反映科学群体内部遵循的世界观与行动准则（Kuhn, 1962）。基于整合式创新所涉及的"中国情境"，研究主要是通过案例涌现的方式来构建，涌现出了责任观、统筹观和实践观3个维度，每个维度都有其测量指

标,均来源于文本编码和树节点聚合。中国高铁整合式创新中的"中国情境"的引用语条目如表3-8-7所示,解释如下:①责任观,源于中华传统文化中的"仁者爱人""厚德载物""天下为公"的价值观,强调中国的创新发展是具有包容性(顾淑林,2015;邢小强等,2015)和普惠性(吴忠民,2017)的发展,是一种有责任的创新发展(梅亮和陈劲,2015),其尊重世界各国人民的共同发展愿景,在自身发展的同时,共同增进全人类的福祉,建设"人类命运共同体"。②统筹观,源于东方思维方式中的"统筹兼顾"。创新活动中的时空统筹,强调时间梯次、循序渐进、空间布局、资源整合等方面运用举国之力,自上而下地对整个创新活动通盘考虑、具有国家发展的大局意识和可持续发展的长远意识。③实践观,源自马克思主义认识论和毛泽东的实践论观点。创新过程中,不断引进和吸收国外先进技术之后,需要结合具体的创新实践、充分考虑本国实际情况,强调技术引进下的本体优化、根据中国基本国情来进行适应性改造,实现本土创新。

表 3-8-7 中国高铁整合式创新中的"中国情境"的引用语条目

二级构念	证据事例(典型援引)	关键词
责任观	轨道交通装备制造行业科技关系中国经济安全和民生福祉,是国家必须有所掌控的尖端科技……以"路权"支撑"陆权",从而使中国进入"新陆权"时代	本国责任
	人类文明随道路的联通和延伸得以传播、理解、亲近和发展……安全舒适、方便快捷、节能环保的绿色交通运输方式惠及世界各国,并推动跨国界、跨时空、跨文明的交流互鉴,促进各国人民互信互助与人类社会繁荣	全球责任
统筹观	与其他行业相同,铁路网的建设是自然垄断,如果它由多家公司进行重复建设会导致严重的投资浪费;第一、第二、第三"时间梯次"……	时间统筹
	统筹铁路、公路、水路、航空和管道,形成五位一体的综合交通、立体交通、智能交通系统……"大交通"格局	空间统筹
实践观	在融合国内现有4个平台的设计理念的基础上,综合对实际应用情况和应用需求的了解,确定了适合国内环境的设计要求	需求本土化
	发展出中国自己的标准动车组并开始建立中国的产业标准;各主机厂对引进技术根据中国基本国情进行适应性改造	适应性改造

基于以上,研究得到:

命题 5:整合式创新中的"中国情境"包含与范式相关的责任观、统筹观、实践观,其用以解释重大创新活动中所嵌入的创新范式层面的价值观与认同。

8.4 整合式创新在中国高铁产业中的理论框架

基于中国高铁产业创新的实践,构建了整合式创新的理论框架,其包含战略、开放、协同、全面、中国情境5个维度,如图3-8-2所示。

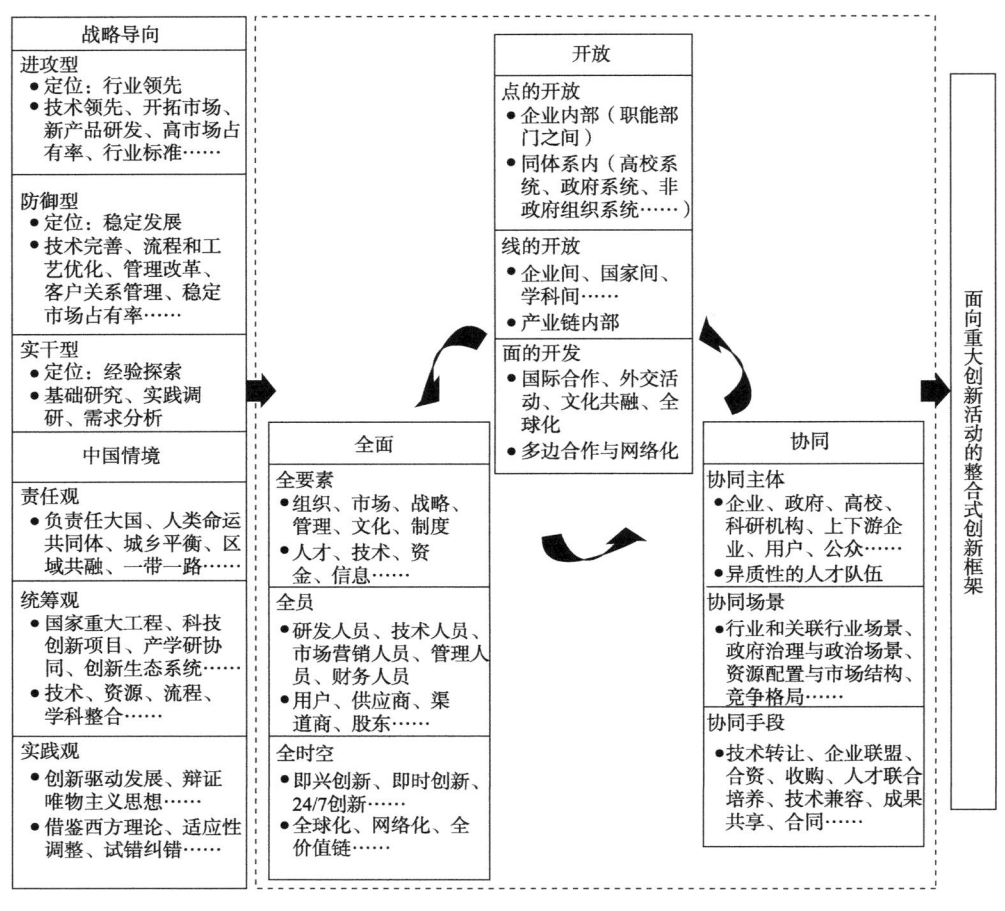

图 3-8-2　整合式创新的理论框架

整合式创新的研究框架源起于东西方在制度、哲学和文化价值观上迥然不同（Barkema et al., 2015），这种思维与范式层面的差异为整合式创新的提出提供了条件。西方原子式的思维方式，强调研究过程中的"分"和"析"，将事物分解、切片到最小单位并作为切入点。而中国"关照整体、系统思考"的思维方式，则是强调局部与整体、个体与集体、战略与文化、过去与未来等多个维度的整体思考和兼顾，形成万物一体、三才之道的整合观。整合式创新为中国本土创新范式的理论框架提炼提供了一种视角，并能够有效应用在如中国高铁产业创新等的重大创新活动实践之中。其中，"战略"作为创新活动的方向选择，"开放"划定获取资源的范围与知识流动的边界，"协同"提供创新主体关系联结和协调的分析基础，"全面"阐释创新管理过程中的要素、人员与时空统一,"中国情境"作为一种创新活动的价值观嵌入等,都提供整合式创新框架的解释意义。

专栏 3-8-1　　　　　　　　中国高铁的相关理论研究成果

中国高铁作为大国重器的典型代表,已有诸多管理学领域的论文对其进行不同角度的研究,其中包括整合式创新理论视角、技术赶超视角、复杂产品集成视角、破坏式创新视角等。

资料来源:吴欣桐,梅亮,陈劲. 建构"整合式创新":来自中国高铁的启示[J]. 科学学与科学技术管理,2000,41(1):66-82.

科学技术与创新发展呈现不确定、非连续、知识交叉、跨界融合等属性,渐进性创新范式对研究与增长的支持作用存在局限。"创新驱动发展"战略目标越来越依赖重大科技创新工程及其所嵌入的国家创新体系支撑予以实现。研究亟待开发有助于解析重大科技创新活动的创新范式理论框架。因此基于战略导向的创新、开放式创新、协同创新和全面创新,提出"整合式创新"理论框架并融入中国情境。再以中国高铁产业案例为基础,对相关文本材料整理、编码和分析,验证"整合式创新"理论框架在重大科技创新工程中的应用,并补充该框架中的构念内涵。整合式创新及其在中国高铁产业的应用为中国情境下创新范式的涌现与重大科技创新实践的归纳提供了启示。

资料来源:路风. 冲破迷雾——揭开中国高铁技术进步之源[J]. 管理世界,2019,35(9):164-194.

走上自主开发道路和形成以高铁替代传统铁路的"激进方针"是中国高铁被公认为伟大成就的两个关键因素。但是,这两个因素在中国开始建设高铁的起点上并不存在,而是在过程中才出现的。本文采取过程性和历史性的视角,通过对这两个"转变"过程的全景式分析,揭示出在解释中国高铁的成功时被广泛忽略的因素——中国铁路装备工业的技术能力基础和国家对于发动铁路激进创新的关键作用。这些分析否定了"引进、消化、吸收、再创新"是中国高铁技术进步之源的流行性说法,也指出了造就成功的战略行动背后的深层次原因。本文最后指出,系统层次的创新是保持中国高铁领先的关键。

资料来源:贺俊,吕铁,黄阳华,等. 技术赶超的激励结构与能力积累:中国高铁经验及其政策启示[J]. 管理世界(月刊),2018,34(10):191-207.

本文把技术赶超的过程理解为微观主体在特定的激励结构下持续开展高强度

技术学习的过程。中国高铁从试验性探索、引进消化吸收、正向设计再到自主知识产权创新的技术赶超过程，嵌入在中国制度变革和经济发展的宏观背景中。中国经济高速增长为高铁在21世纪的快速发展提供了广阔的市场机会，而中国的总体改革进程又为高铁产业的制度变革打开了空间，并与高铁自身的管理体制、产业组织结构等因素共同塑造了高铁的微观激励结构。这样的激励结构，不但促使创新主体开展高强度的技术学习，而且促成了高铁有别于中国多数产业的组织间合作关系，最终实现了全产业链的技术突破。作为典型的复杂产品系统，"干中学"、"用中学"和"试验中学"是中国高铁技术能力积累的核心机制，而在技术能力积累的过程中，消化吸收能力、正向设计能力和自主知识产权创新能力的形成与提升背后，则是高铁部门创新体系不断完善的过程。政府在中国高铁部门创新体系中发挥了独特的、强有力的、不可替代的作用。然而，高铁对其他产业技术赶超的启示，绝不是泛化"集中力量办大事"这种具有特定边界条件的发展模式。不考虑各产业在技术范式、竞争环境等方面的差异，试图将高铁经验简单复制到其他产业的观点是不当，甚至是危险的。

资料来源：江鸿，吕铁. 政企能力共演化与复杂产品系统集成能力提升——中国高速列车产业技术追赶的纵向案例研究[J]. 管理世界（月刊），2019，35（5）：106-125.

复杂产品系统的技术追赶难度远高于大规模制成品，其成功与系统集成能力的发展和政府主体的影响紧密相关。高速列车是中国技术追赶最为成功的复杂产品系统产业之一。本文采用演化理论，突破了传统的"制度安排-企业能力"分析范式，将政府与企业视为两类能力主体，通过对该产业技术追赶的纵向案例研究发现，政企能力表现出鲜明的共演化特征，且这种共演化是产业技术追赶的基础机制。具体而言，政府能力塑造了企业能力的变异方向、选择标准与复制概率，企业能力又影响了政府能力的选择标准和复制难度。政企能力经历了替代、互补、分化的共演化过程，在产业层次上相互叠加，形成了完备、先进的系统集成能力结构，进而实现了技术追赶。

资料来源：冯灵，余翔. 中国高铁破坏性创新路径探析[J]. 科研管理，2015，36（10）：77-84.

中国高铁创新模式的探索可以更好地进行行业预测和展望。本文采用案例和历史比较分析方法，在梳理历史上成功的破坏性创新技术的基础上，总结出破坏性创新的技术特征和技术流变轨迹。通过回顾中国高铁的创新背景和过程、分析高铁的技术特征，发现中国高铁技术符合破坏性创新的特点。对中国高铁破坏性创新的路径进行了阐释，研究发现，政府的政策引导和研发支持是中国高铁发生破坏性创新不容忽视的原因。破坏性创新不是必然地由小企业在完全竞争的市场上完成的，在政府的引导和推动下，大企业也可能完成破坏性创新。

参 考 文 献

陈劲，尹西明，梅亮. 2017. 整合式创新：基于东方智慧的新兴创新范式[J]. 技术经济，（12）：1-10.

顾淑林. 2015. 包容性创新和淘宝村现象：电子商务与中国农村社区嵌入型创业[J]. 经济导刊，（9）：65-73.

马浩. 2019. 战略管理的悖论[M]. 北京：北京大学出版社.

毛基业，李晓燕. 2010. 理论在案例研究中的作用——中国企业管理案例论坛（2009）综述与范文分析[J]. 管理世界，（2）：106-113.

梅亮，陈劲. 2015. 责任式创新：源起、归因解析与理论框架[J]. 管理世界，（8）：39-57.

吴忠民. 2017. 普惠性公正与差异性公正的平衡发展逻辑[J]. 中国社会科学，（9）：33-44.

邢小强，周江华，全允桓. 2015. 包容性创新：研究综述及政策建议[J]. 科研管理，36（9）：11-18.

徐飞. 2017. 纵横"一带一路"——中国高铁全球战略[M]. 上海：格致出版社，上海人民出版社.

Barkema H G, Chen X P, George G, et al. 2015. West meets east: new concepts and theories[J]. Academy of Management Journal, 58（2）：460-479.

Eisenhardt K M, Graebner M E. 2007. Theory building from cases: opportunities and challenges[J]. The Academy of Management Journal, 50（1）：25-32.

Ferlie E, Fitzgerald L, Wood M, et al. 2005. The nonspread of innovations: the mediating role of professionals[J]. Academy of Management Journal, 48（1）：117-134.

Kuhn T S. 1962. The Structure of Scientific Revolutions[M]. Chicago: University of Chicago Press.

Li J J, Poppo L, Zhou K Z. 2008. Do managerial ties in China always produce value? Competition, uncertainty, and domestic vs. foreign firms[J]. Strategic Management Journal, 29（4）：383-400.

Siggelkow N. 2007. Persuasion with case studies[J]. Academy of Management Journal, 50（1）：20-24.

Yin R K. 2017. Case Study Research and Applications: Design and Methods[M]. London: Sage Publications.

第 9 章　城市互联网：智慧城市中的整合式创新

　　智慧城市核心就是要打造城市运行的超级大脑，要打破信息墙，城市是一个复杂的巨系统建设，不是一个方面。

——单志广

（2018 年 6 月 14 日在泰伯网空间大数据+智慧城市峰会上的演讲）

　　传统城市化以追求"经济最大化发展"为目标，为了经济的高速增长和充分降低工业基础设施成本，人们通过在城市地理空间上的集聚，高强度地把物质和能源转化为产品，把污染和废弃物稍加处理，甚至不加任何处理就大量排放到水、空气和土壤中。这种孤立地发展城市，由"资源→产品→污染排放"单向流动的线性经济发展模式，对资源的利用效率较低，甚至是一次性的。随着世界经济的一体化，发达国家开始将污染较严重、资源消耗较大的产业转移到发展中国家，城市发展的环境问题日趋国际化，迫切要求重新审视城市的发展模式。

　　未来城市是以城市互联网为主要特征，以环境友好、经济高效、生活舒适、生态良性循环、资源利用效率不断提高为基础，以资源再生、循环利用和无害化处理为手段，以经济社会可持续发展、人和自然协调发展与人类生活质量改善为目标，使所有物质、能量在不断进行的经济循环中得到持续利用。城市未来的建设与发展要为解决中国人口、资源与环境之间的尖锐矛盾冲突提供解决方案，其核心是城市的系统优化共生和可持续发展。这是一种在人的主体性空前高涨、人类改造自然的能力空前提高的前提下，对人与自然关系进行重新思考和定位后的新型城市发展模式。它是建立在近现代文明形成的主体意识基础上，通过人类群体的协作和现代科学技术的发展，处理好城市与区域、人与自然、人工环境与自然环境的关系，节省资源、能源、能量，在整个社会范围内建立起与自然生态系统类似的共生关系；它是城市生产方式和生活活动、消费模式发生根本变革的产物，是人类对城市发展理论的不断探索和智能技术发展的结果。

9.1 中国城市互联网的发展

以城市互联网为基础的智慧城市建设是未来中国城市现代化建设的重要方向，是创新发展背景下的典型产物。在城市互联网建设中，鉴于城市发展的整体性、城市发展战略的长远性、互联通信协议与标准的统一性等特点，以整合式创新来解释并指导智慧城市架构标准与框架设计。

1. 从管理城市到经营城市

智能技术改变了城市的产业结构和发展模式。城市是非农业人口集中、以从事工商业等非农生产活动为主的居民居住区域，城市在国家或区域中所起的作用和承担的责任通过市民在城市中进行的各种生产、服务活动的产业结构体现出来。城市产业活动中，一部分面向城市内居民日常活动与生产，另一部分满足区域、全国乃至国际市场等城市外部需要。这部分活动输出的产品愈多，市场范围愈大，该城市在全国经济发展中的地位就愈加重要。从这个意义上来说，输出型产业是决定城市兴盛与衰退的关键产业。

智能技术要求以城市经营替代城市管理。信息、咨询、商业、金融、生物制药、教育文化等服务业成为现代城市的主要产业，城市产业活动的整体趋势是"优化生态、舒适生活、发展经济"（陈劲，2010）。例如，国际化程度较高城市的服务业在其国民生产总值中所占的比重都在70%以上，香港的服务业比重甚至达到了82%，所提供的服务覆盖了金融、保险、商贸、物流、旅游、法律、教育培训、中介咨询、公关、电子信息网络等诸多领域。

2. 从工业城市到智慧城市

利用智能技术发展城市，即城市的智能化是城市发展的重要内容。城市的智能化是"城市信息化"和"数字城市"的延续和发展。随着城市化进程的不断推进，政府对城市的管理日趋复杂，城市的规划、建设、日常管理和公众服务系统将对信息技术的应用提出更高的要求，从而提高城市的管理质量和快速应变能力。这就需要涵盖电子政府、数字城市、电子商务、智能交通、智能建筑等众多领域，建立一个集行政管理、应急指挥、城市社会和谐、规划与社会服务等综合信息于一体的智能化信息系统。实现区域范围内行政管理工作信息的综合利用，为各级行政主管部门及领导提供及时、准确、有效和权威的信息。中国具有其特色国情，如何结合中国工业化发展现状与城市化水平，加强对智能城市的建设和研究，加快城市信息化进程，促进城市化的跨越式发展，支持城市功能优化和经济发展，是面临的重大机遇和挑战。城市智能化建设既是时代发展的必然要求，也是中国城市化发展的战略选择。

智能技术加快了城市的网络化和信息化。智能技术研发主要围绕智能化硬件和智能化应用产品来进行。智能化硬件包括无界面计算机、生物计算机、光计算机等，智能应用产品包括智能化工业机器人技术、智能家用电器、可视化移动通信设备、智能交通系统等。通信网络、计算机网络和信息资源网络形成的信息高速公路构成城市大型信息平台和城市信息化的硬件。建设信息高速公路及城市内部的各个系统的网络，使计算机网络、卫星通信、电视、电话等系统集合起来，加强城市与全国及全世界的全面交流，促进城市生产、流通、管理、服务等各个环节的一体化和资源共享；提高城市中每个单元（包括个人、家庭、单位）的电话、电视、计算机拥有量及入网率程度，不仅便捷了市民的生活，同时使信息成为最重要的资源和经济发展的重要产业。2005 年，纽约的每万人城域网带宽是 259 兆、每百人计算机拥有量为 75 台、家庭上网比例为 70%、企业上网比例为 93.7%、人均年度电子商务交易额为 3 881 美元。先进的智能技术使纽约保持了信息生产和传播媒体、金融、旅游服务以及文化等方面的中心地位。智能技术促进了产业的轻型化和高新技术化。智能技术使城市的产业结构特征和产业的形成、发展方式发生了重大变化。电子信息、生物工程技术、新材料、海洋工程、航天技术和机电一体化等高科技产业不断发展，服务业成为城市的产业主体，产值占 GDP 的 70% 以上，其中，服务业中的传统商贸业实现了电子商务化，科技、教育、文化、体育、卫生等已成为城市的重要产业。智能技术还通过对传统工业和农业等的产业改造，实现经济增长方式由过去的以消耗自然资源和劳动力为主转移到主要依靠技术进步上来，城市成为知识产品的研究开发中心、生产中心、流通中心和消费中心。

智能技术不断推进市民的知识化和高智力化。市民的知识化主要是指市民的知识普及率或市民的受教育程度及市民的学习能力的提高。知识化不仅是指对已有知识资源的占有程度，还包括在一定知识基础上进行知识管理和知识创新的能力。智能技术的普遍使用和快速发展使城市专门从事科研开发和管理的科学家、工程师及其他技术人员、高级管理人员占就业人员或占全市人口的比重不断增加；研究开发项目数量、成果发表数量、申请专利数量等科研成果的数量指标和规模不断提高，城市成为新的思想、经营理念及各种创意的形成中心和发现中心，成为各种发明创造的集散中心。智能技术为城市经营决策提供了科学基础。

以互联网络为平台,以计算机硬件、信息分析和决策支持、功能实现为目的的软件构成的智能网络,将政府及各类组织的决策活动纳入科学化、规范化、民主化的过程之中,智囊团、思想库、参谋部等策划咨询机构成为智力体系中的重要团体。借助电子信息技术、管理手段和方式,可以方便地协调各种主体的利益,实现对不同思想理念、科学方法的高度综合,完善对城市交通、供排水、电力等的智能管理与控制,提高对城市资源的监测与可持续利用水平,加强城市应急反应和对灾难的预防治理,减少管理成本。

阿尔温·托夫勒曾在其"未来三部曲"[①]中预言:电脑网络的建立与普及将彻底改变人类生存及生活模式。信息网络、数字技术等智能革命深刻地影响着城市生产、生活、交通、游憩等各个领域。传统城市的功能、空间结构和社会结构等在发生着深刻的转型。工业经济时代的城市功能结构概括起来主要有两个特征:①城市不同功能区域之间以互不干扰的空间隔离为原则,功能区域内部以集聚效应、规模效应为原则;②不同城市或城市的不同功能区域的联系和完成需要通过交通等有形网络来实现,以可达性为准则。上述特征表现在空间上就形成了以土地成本、交通成本为约束,按区位分布的分区布局特征及相应的社会形态。然而,智能技术从根本上改变了城市的存在形态。

第一,城市空间结构的变化。城市的空间分布已经开始由集聚型向分散型转化。城市物质生产的空间组织形态和生产经营方式从大工厂、工业区的存在方式开始向以信息网络为基础的分散小企业和生产单元转变,传统的生产流水线及其大批量小批次生产逐步转变成小批量大批次的生产,企业间形成国际化的网络,企业生产能够根据市场需求进行快速调整,通过开放式合作、信息共享对企业研发、生产、营销等活动进行总调度和协调。信息的掌握与控制成为企业生存、发展的关键因素,集聚效益、规模效益、区位效益不再居于主导要素地位。企业信息化程度越高,企业的小型化、清洁化越明显,城市经济活动、其他活动更多地表现出共生关系。在智能技术支持下,城市的社会经济活动在地域上的分散分布打破了大规模集中工业区的概念,使城市的生产活动与城市其他活动之间不需要进行明显的相互隔离,生活与生产融合的社区日益增多。

第二,城市社会结构的变化。城市居住空间由城区内成片居住逐步向郊区、乡村社区分散。工业革命以后,随着大工厂制度的建立,由于不同经济活动在收益率方面的差别,在土地使用上形成了工业用地、商业用地等分化,大规模、标

---

① 指阿尔温·托夫勒在 1970~1990 年所著《未来的冲击》《第三次浪潮》《权力的转移》3 部关于未来世界发展的著作。

准化、功能单一的居住区从城市结构中明确分离出来，与工业区相隔离，着重于居住功能本身，成为居民恢复体力的地方。智能技术的广泛使用，产品交换过程中原有商业的中介功能只需要通过高速信息网络即可完成。各种产品式样、规格等图像信息可以直接在生产厂家和用户之间传递，生产者与消费者可以直接形成信息反馈，人们可借助网络服务主动搜寻所需的商品信息，用户可直接向厂家订货。城市的生产功能与流通功能通过互联网融合在一起，经济功能的边界模糊导致城市工业和商业活动的土地使用呈现兼容化特征，居住生活与办公活动的融合导致生产用地与居住用地的土地使用兼容化。据调查，1994 年约有 4 320 万美国人至少部分时间在家办公，这个人数约占美国劳动力的 1/3，而且在家办公的人数每年还以 15%的速度递增。先进的信息互联网络使有电源和互联网的地方就能办公。当公司选址时，区位条件、交通条件不再是首选的考虑要素。企业的小型化、轻型化、清洁化为生产空间与居住空间的邻近从根本上提供了可能，工作、休闲等活动可能是统一的过程，商务办公、工业生产与居住生活的土地使用呈现明显的兼容化，理想的居住地并不一定是在城市中心。

第三，城市功能实现方式的转变。城市功能在空间上表现为土地使用性质，各种使用性质的土地在城市土地总量中的比例关系构成城市土地使用结构。智能技术的应用必然导致城市土地使用结构比例关系的调整。例如，与传统商场相比，电子商务没有店面租金成本，只需一台连在互联网上的网络服务器，互联网和各种网络交易实现各种投资、消费、转账等业务，并完成现金的流动，从而使城市传统金融商务办公区的商品物流中心、资金流中心的职能受到削弱；以信息互联网络支持的社会服务体系，通过远程教育、远程医疗、远程娱乐，城市的服务体系达到高度的社会化，从而代替了一部分实际空间活动，给大型医疗、教育、娱乐设施和机构带来挑战。工业经济时代，城市功能的发挥及城市的发展依赖于交通网络的支持，城市发展越快，对道路系统及交通运输体系的要求就越高。城市道路面积的增加似乎总是跟不上不断上涨的交通需求，但是，互联网构成的信息网可以承担和替代部分实体交通网络承担的运输功能。在家上班、电视会议、信息流通、远程服务已把部分实际物流、人流虚拟化，大量城市活动的完成可以通过信息互联网络实现；即使部分仍然需要实体完成的交通需求，也可以通过电子信息（如智能全球定位系统）实现线路优化，达到缓解城市道路供给压力的目的。可以断定，智能技术时代的城市功能将在一定空间范围重组，城市空间结构将从传统的圈层式走向网络化。城市功能的变迁一方面改变了土地使用需求与利用的比例结构，另一方面突破了土地使用功能区的空间分布形式，形成了城市结构在空间上的重构。

3. 从建设美丽中国到新型城镇化建设

中国共产党第十九次全国代表大会报告指出"加快生态文明体制改革，建设美丽中国"，并提出了 4 条建设路径：一是推进绿色发展；二是着力解决突出环境问题；三是加大生态系统保护力度；四是改革生态环境监管体制。美丽中国的建设目的在于实现可持续发展，就像习近平总书记强调的"生态文明建设功在当代、利在千秋"（新华社，2017a）。

2014 年，中国进入全面建成小康社会的决定性阶段，处于城镇化深入发展的关键时期，由中共中央、国务院印发的《国家新型城镇化规划（2014—2020 年）》明确了未来城镇化的战略任务、主要目标和发展路径。伴随城镇化进程，第一产业比重逐渐下降，第二、第三产业比重逐步上升。新型城镇化的核心在于：不以牺牲农业和粮食、生态和环境为代价，着眼农民，涵盖农村，以城乡统筹、城乡一体、产业互动、节约集约、生态宜居、和谐发展为基本特征，实现城乡基础设施一体化和公共服务均等化，促进经济社会发展，实现共同富裕。在人口多、资源相对短缺、生态环境比较脆弱、城乡区域发展不平衡的背景下推进中国城镇化建设，决定了我国必须从社会主义初级阶段这个最大实际出发，遵循城镇化发展规律，走中国特色新型城镇化道路。

4. 从大数据战略到人工智能 2.0

中国共产党第十八次全国代表大会提出实施"创新驱动发展"战略，强调科技创新是提高社会生产力和综合国力的战略支撑，必须摆在国家发展全局的核心位置。为加快实施这一战略，2016 年 5 月，中共中央、国务院印发《国家创新驱动发展战略纲要》，明确提出三步走的战略目标：第一步，到 2020 年进入创新型国家行列，基本建成中国特色国家创新体系，有力支撑全面建成小康社会目标的实现；第二步，到 2030 年跻身创新型国家前列，发展驱动力实现根本转换，经济社会发展水平和国际竞争力大幅提升，为建成经济强国和共同富裕社会奠定坚实基础；第三步，到 2050 年建成世界科技创新强国，成为世界主要科学中心和创新高地，为我国建成富强民主文明和谐的社会主义现代化国家、实现中华民族伟大复兴的中国梦提供强大支撑。另外，《中华人民共和国国民经济和社会发展第十三个五年规划纲要》中也提出要实施国家大数据战略，明确指出要把大数据作为基础性战略资源，全面实施促进大数据发展行动，加快推动数据资源共享开放和开发应用，助力产业转型升级和社会治理创新。2017 年 12 月，习近平总书记支持中共中央政治局深入学习大数据，强调要推动实施国家大数据战略，加快完善数字基础设施，推进数据资源整合和开放共享，保障数据安全，加快建设数字中国，更好服务中国经济社会发展和人民生活改善（新华社，2017b）。

作为与大数据并驾齐驱的科技创新技术，人工智能一直都被世界各国政府当作未来主导型战略，各国政府都围绕人工智能出台发展战略规划、建立研发促进机制，从国家战略层面进行整体推进。在人工智能 1.0 时代（1956~2016 年），中国企业发展方向落后，美国人工智能产业布局在基础层、技术层和应用层全面领先（腾讯研究院，2017）。现如今，人工智能已步入 2.0 时代，将迎来一次跨越式发展，这不仅是技术的转折点，也是企业发展的转折点，更是国家振兴的转折点（网易号，2017）。与互联网相似，中国将会成为人工智能应用的最大市场，拥有丰富的应用场景、全球最多的用户，以及活跃的数据生产主体，亟须进一步加大基础学科建设和人才培养，进行前瞻性研究并尽快布局。

5. 全面推进城市互联网发展

信息化和工业化深度融合的产物是工业互联网。工业互联网是全球工业系统与高级计算、分析、感应技术及互联网连接融合的结果，它通过智能机器间的连接并最终将实现人机连接。结合软件和大数据分析，实现重构全球工业、激发生产力，让世界更美好、更快速、更安全、更清洁且更经济。工业化和城镇化良性互动的产物是产城融合。产城融合是指产业与城市融合发展，以城市为基础，承载产业空间和发展产业经济，以产业为保障，驱动城市更新和完善服务配套，进一步提升土地价值，以达到产业、城市、人之间有活力、持续向上发展的模式。信息化和城镇化相互协调的产物是智慧城市。智慧城市是新一代信息技术支撑、知识社会下一代创新（创新 2.0）环境下的城市形态，它基于全面透彻的感知、宽带泛在的互联及智能融合的应用，构建有利于创新涌现的制度环境与生态，实现以用户创新、开放创新、大众创新、协同创新为特征的以人为本可持续创新，塑造城市公共价值并为生活其间的每一位市民创造独特价值，实现城市与区域可持续发展。工业互联网、产城融合及智慧城市相融相生的产物是城市互联网。城市互联网是以云平台为支撑，物联网、区块链等技术为手段，实现城市间产业互联、政企互联、政民互联，通过大数据、人工智能等技术释放城市数据红利，实现城市智慧运营。

雄安新区是城市互联网在中国发展的典型原型。2017 年 4 月 1 日，中共中央、国务院决定设立河北雄安新区，这是以习近平同志为核心的党中央做出的一项重大的历史性战略选择，也是典型中国城市互联网原型。雄安新区建设定位如下：数字之城、创新之城、共享互联之城，作为未来具有世界影响的创新高地，具有重大的战略机遇。当今世界的学科交叉和技术融合加快，新一轮科技革命正在兴起，新兴产业、颠覆性技术正在成为引领未来发展的重要力量，基础研究、技术创新、产业发展一体化趋势更加明显。加强国家创新高地的建设，有利于把握当前重要的战略机遇期，加快在若干新兴领域的超前部署，从而提高中国科技的国际竞争力，为中国进一步迈向科技强国奠定扎实的基础（陈劲，2017）。

9.2　中国特色的小镇级城市互联网

整合式创新在城市互联网中的应用，主要以智慧型特色小镇发展的典型模式作为案例进行分析。城市互联网是现代信息技术与城市系统的结合，是通过物联网、大数据、云计算、城市信息学等智慧化的技术和手段，从一个更全面和总体的角度去规划与运营城市，提高居民总体生活水平。城市互联网的建设涉及城市的方方面面，如经济、环境、生活、政府、人群、交通等大方面，关乎贴近生活和城市发展的或大或小的事件和细节，如出行方式、绿色能源、在线政府、开放数据、城市规划、公共服务、创新经济、包容性社会环境、创新教育等。建设城市互联网的首要核心在于将政府、企业、非营利性组织等掌握的各类数据和信息通过物联网、区块链、云平台等技术手段进行采集和存储，打通城市间数据孤岛，实现城市间数据信息的流动。但受限于中国国情及大数据安全发展现状，城市间数据的互通共享短期内较难实现。而在中国新型城镇化发展背景下，由于特色小镇具备以特色小镇管理委员会为核心向外辐射的组织架构，在特色小镇内实现数据信息的互通共享是较为容易的，因此城市互联网在中国发展特色的模式是小镇级城市互联网。

智慧型特色小镇对城市互联网发展的意义重大。在区域空间上，特色小镇和其周边城市是密不可分的。在智慧化建设上，相比针对城市的智慧化建设，智慧小镇数据的流通性和共享性更好。促进大中小城市和小城镇协调发展，建设包含智慧城市和智慧型特色小镇的智慧城市群，带动整体性的区域发展，是"一带一路"的重要节点和城市发展的重要引擎，能够在国家层面产生不可小觑的力量贡献。

从苹果公司的iPhone、特斯拉的iCar，到海尔公司的iHouse，都旨在通过智慧化手段提升产品本身的价值。iTown中的i表示智慧（intelligent）、网络（internet）、互联（interconnected）和创新（innovation）。iTown是具有产城融合性质的智慧型特色小镇，是社会、产业、自然、科技协调发展的整体生态化的人工复合生态系统。该系统包含三大特性：以企业为建设运营主体，以价值提升为核心目标,以市场运作为最大手段。本着城市结构合理、人与自然融合、产业蓬勃发展、居民安居乐业、科技以人为本五大建设目标,以大数据、云计算等高科学技术为创新引擎,释放小镇中大数据的智慧红利,赋能小镇业主,促进小镇产业的有机生长,构建友好生态环境,从而实现整个小镇的智能运营,提升小镇的经济价值,带动区域化经济转型升级。

与一般意义的特色小镇不同,iTown 在特色小镇的建设方面具有一套全新的建设思路与模式:以建设智慧型特色小镇为目标,关注最终用户,通过持续迭代、优化用户体验、讲究战略创新与商业模式创新,旨在通过智慧运营的手段催生产业生态与互动社区,释放智慧红利,提升经济和社会价值。其发展核心可归结为联结、聚集、生态和裂变,具体如下:①以数据为基础,利用大数据中心接收小镇终端数据传输,在城市部门间、产业间形成数据共享和联结;②通过专业的运营和智慧的管理,聚集优势资本和价值链;③形成创新的产业生态、产学研生态、创新创业等生态;④当新生态积累到一定阶段时会产生裂变,重塑整个产业生态和商业模式,打造特色小镇形式的智慧品牌,通过智慧运营创造经济价值和完成价值提升,带动区域化经济转型升级。

9.3 基于整合式创新的 iTown 发展路径

iTown 发展中的整合式创新主要体现在整合式架构标准与框架设计。借助"战略引领-创新筑基-制度赋能" 3 个方面分析 iTown 发展过程中的整合式创新实现路径,建立了 iTown 的智慧架构标准与框架。基于整合式创新的 iTown 发展路径,建立整合式创新思维,从战略导向出发,为 iTown 智慧框架设计一套以整体规划为导向、以建设规划为主体、以智慧运营为基础的整合框架(于飞等,2018)。

9.3.1 战略引领

1. 规划理念

iTown 战略引领主要是进行整体规划,重点是通过物联网、大数据、云计算、城市信息学等技术将传统小镇升级成数字小镇、无线小镇、感知小镇、生态小镇、低碳小镇、智能小镇等多样化形态的 iTown 智慧小镇。在这个庞大的系统中，实现智慧化需要全局思考、系统规划。因此，基于整合式创新的思想，提出 iTown 的四大规划理念（陈劲等，2018），如图 3-9-1 所示。

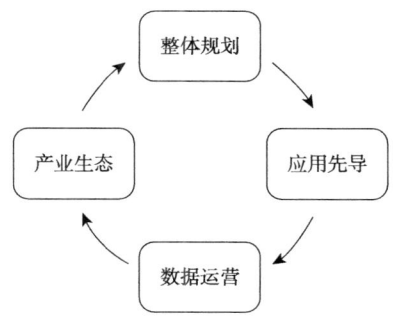

图 3-9-1　iTown 规划理念

第一，整体规划，统一建设。目前特色小镇规划往往缺少顶层设计，热衷于单个项目建设，导致项目之间缺乏有机联系，后期数据收集存在难题，无法统一管理与分析，出现碎片化、粗放化，严重影响智慧小镇后期运营。因此，iTown 特色小镇建设必须做好整体规划，以全局的视角有机、协作运营。

第二，夯实基础，应用先导。信息化基础设施是 iTown 特色小镇建设的基础，只有按照整体规划原则建设好基础通信网络、数据中心、指挥中心等基础信息设施，才能为实现智慧提供最基本的保障。在基础设施之上，核心问题是设计面向场景的、解决问题的智慧应用。通过业务场景应用与数据信息的分析，推动智慧应用的落实与完善。

第三，数据运营，智慧创新。通过建立统一的小镇智慧数据中心，连接小镇各终端应用，采集、整合、沉淀小镇大数据，以数据运营为核心，进行创新式数据分析，实现小镇的智慧运营和发展。

第四，产业升级，生态汇聚。通过云计算、大数据、物联网、移动互联网、人工智能等新型互联网技术汇集小镇产业资源，创新驱动，引领产业革新与产业升级，构建产业生态，实现产业价值升级，从而带动 iTown 整体经济提升、价值溢价。

2. 整体规划

整体规划是 iTown 特色小镇智慧化顶层设计，包括主题特色和产业规划，也是特色小镇的灵魂所在。特色小镇之所以称为特色小镇关键在于"特"，就是要求小镇具有特色，具有核心的主题，这是小镇的根本，是小镇的灵魂所在，贯穿于小镇的产生、建设和运营。因此，iTown 特色小镇智慧化，需要考虑小镇的主题特色，需要从当地实际出发，基于当地文化元素挖掘与演绎。

主题特色确定的两种方式：第一，依托特色，深化挖掘。深入当地考察，挖掘地域文化元素，以当地的文化灵魂确定小镇主题特色。这种方式对地域有着比较高的要求，需要当地有天然的特色，利用这种特色从而建设小镇的产业化，带动小镇整体发展。第二，借助外力，策划主题。根据实际情况，借助外部力量，创新性策划主题特色。这种方式适用于特色不明显的地域，规划者按照对小镇建设的理解，策划包装出一种主题特色，这种难度相对于第一种较大，但是可能比第一种更具创新力和活力。依据主题特色的思想，充分考虑国际、国内及区域经济发展趋势，对产业业态进行规划，并对产业体系、产业布局、产业链做出合理规划，通过对产业科学合理的规划，优化产业配置，厘清重点业态，结合考虑产业招商问题，实现产业依托特色，特色辅助产业，特色与产业双管齐下，实现小镇的可持续发展。iTown 智慧化整体规划实现路径分为 4 步，如图 3-9-2 所示。

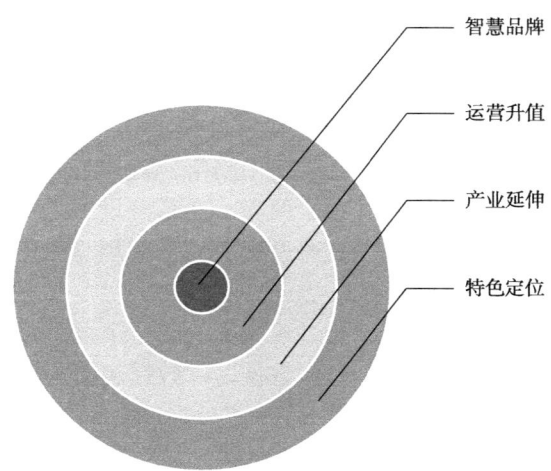

图 3-9-2　iTown 智慧化整体规划实现路径

第一步：特色定位。明确定位，挖掘特色，塑造小镇特色文化，设计实现小镇定位和产业布局。第二步：产业延伸。根据小镇特色定位，设计产业业态。由于建设特色小镇是一个庞大、复杂的工程，产业布局兼顾灵活性，需要适用于可延伸性。第三步：运营升值。根据特色定位与产业延伸，实现小镇基本架构的完善，赋予运营职能，提升小镇的价值。第四步：智慧品牌。打造小镇智慧品牌，建设成为特色小镇智慧样本，为小镇招商、名片打造等提供支撑，最终实现产业增值、生活智慧。

9.3.2 创新筑基

创新筑基主要是指 iTown 的智慧架构，包括云网、云脑、云擎三大体系。其中，云网是感知中枢，云脑是决策中枢，云擎是动力中枢，三大体系互为整体、有机协调，实现特色小镇的智慧升级。

1. 云网体系

云网体系是整个 iTown 智慧化架构的感知中枢，构建了整个物理运行环境，为云脑层提供硬件支撑和数据。云网建设包括基础设施建设、云平台建设，以及物联网数据平台建设三大部分。其中，基础设施建设主要包括：智慧城专网、通信网、互联网以及 Wi-Fi 在内的网络环境建设，与温度传感器、湿度传感器、光照仪、智能路灯等在内的物联网硬件建设；云平台建设主要包括：云计算、云存储、网络设备、安全设备在内的"基础架构即服务"（infrastructure as a service，IaaS）平台建设，与统一定位服务、统一认证服务、统一地理信息系统服务、视频协作服务和数据交换服务在内的"平台即服务"（platform as a service，PaaS）支撑服务建设；物联网数据平台建设主要负责数据的接入、存储和管理，其建设重点在于为云脑体系中的应用建设统一管理平台。

2. 云脑体系

云脑体系是整个 iTown 智慧化架构的决策中枢，释放了小镇大数据的价值，为云擎层提供决策依据。云脑建设包括大数据中心建设、数据接口建设和小镇运营中心建设三大部分。其中，小镇大数据中心是小镇智慧建设的核心枢纽，通过采集、获取、集成、整合各应用平台沉淀下来的基础数据，感知小镇运行信息，促进小镇各部门数据分享，对小镇的运行进行整体分析和预测，并为人工智能技术的应用打下基础。大数据中心建设包括原始数据的采集与整理、标准库与主题库的建立，以及大数据管理平台的建设。数据接口是连接小镇大数据中心和小镇运营中心的桥梁，根据所涉及数据私密性，可以分为政府接口和第三方应用接口两大类。小镇运营中心是小镇日常运行与应急指挥的重要场所，数据的可视化展示，使得小镇相关部门运营者和决策者可对小镇整体运行进行把控。小镇运营中心能够对具体业务进行指导、对资源进行协调调配、对紧急或重大事件进行指挥、对运转效率和结果进行考核，从宏观到微观进行控制，借助集中式管理和数据的利用，增强效能，实现扁平化管理。小镇运营中心建设包括统一运营管理平台建设、统一产业服务平台建设和统一便民服务平台建设。

3. 云擎体系

云擎体系是整个 iTown 智慧化架构的动力中枢，直接推动了小镇智慧化的运营和发展，是云网层和云脑层价值的终极体现。云擎建设指的是在统一运营管理平台、统一便民服务平台、统一产业支撑平台建设基础上，配套制定的标准体系和管理运营体系。其中，标准体系是指小镇的建设运营需要标准先行，要通过标准体系来统筹总体框架，并遵循标准展开各组成部分的建设。按照类别可将标准体系划分为技术标准、数据标准、管理标准、运作标准、服务标准等。标准体系要满足集合性、目标性、可分解性、相关性、整体性、环境适应性等要求。同时，在系统建设及运行的过程中，要不断地充实、完善标准，形成一套全面覆盖小镇管理、服务、运作、数据、技术等方面的标准体系，贯穿小镇管理运营整个生命周期。管理运营体系是指小镇管理运营模式创新，通过科学管理的思想和方法探索创新管理模式，创造具有战略能力、学习能力、持续改进能力的智慧型组织，构建一套具有特色的小镇管理体系，指导智慧小镇的建设运营工作。管理运营体系包括体制创新、机制创新、规范设计和评价构建等方面的内容，实现精细长效管理模式的转变，实现精确、敏捷、高效、全时段、全方位覆盖的小镇管理运营体系。

9.3.3 制度赋能

制度赋能主要包括建设规划和智慧运营，通过相关制度设计来保证 iTown 特色小镇智慧化的正常运行。

1. 建设规划

建设规划是 iTown 特色小镇的智慧化实现路径，包括格局规划和应用导入，是落实顶层设计的关键，也是决定特色小镇成败的关键。在科学规划小镇的主题特色与产业业态的前提下，基于小镇定位，科学合理进行建设规划，包括格局规划和应用导入，建设规划是落实整体规划的关键。依据空间、时间、资源、功能等维度设计合理的规划方案，包括空间布局、外观设计、基础设施、智慧云脑底层架构、各类应用终端、建设工期、资金预算、团队建设等。通过设计小镇建设方案，让概念设计转化为功能设计，由理念转化为行动，更直观、形象地勾勒小镇未来蓝图，从而更好嵌入智慧应用，让小镇"活起来"。最后，以目标为导向，低成本、高效率、精品质地配置资源，实现设计的经济可行性、技术可行性。

iTown 建设规划实现路径分为 3 步。第一步，空间规划。基于小镇定位与功能需求设计空间布局,结合业态、基础设施、交通、运营等需求,优化布局。第二步,应用连接。基于小镇智慧理念,设计应用场景,连接各种智慧应用,让小镇有机、活力运作。第三步,项目管控。特色小镇建设是一个复杂系统,建设实施过程更为复杂,需要合理的管理,利用项目管理九大要素科学规划、合理管控。

2. 智慧运营

智慧运营是 iTown 特色小镇智慧效果的集中体现,包括数据运营和智慧生态,是小镇实现智慧管理、价值增值的关键。智慧运营是整体规划、建设规划的集中体现,包括数据运营和智慧生态。智慧型特色小镇建设以后,需要运营赋予小镇生命力,这也是智慧化的最直接的体现。这些智慧场景将应用于产业招商、小镇营销策划、小镇便民生活管理、小镇产业企业管理。小镇运营需要根据建设实际情况、应用场景等设计不断探索创新运营模式。智慧运营必须依托小镇统一集中大数据运营中心和指挥调度中心,数据不断从前端犹如血液传送到小镇"云脑"——大数据运营中心和指挥调度中心,小镇"云脑"根据这些数据做出运营决策,让小镇不仅有生命力,更有智慧。

智慧运营实现路径分为 3 步。第一步,数据为基。数据是小镇运营的基本,首先利用大数据中心接受小镇终端数据传输,形成小镇大数据基础。第二步,专业运营。数据无法流通则是无用数据,在有数据基础之上,设计运营指标分析体系,实现专业运营,覆盖小镇产业企业服务、便民服务、基础城镇管理服务等。第三步,智慧管理。通过专业化的分析与运营,实现小镇的智慧化运作,最终实现智能决策、智慧管理。

9.4 iTown 发展中的整合式架构标准与框架

iTown 智慧架构的运营模式如图 3-9-3 所示,概述如下:基于云网层基础硬件设备的搭建,在云脑层利用大数据中心接收、联结、共享小镇各部门、产业、应用沉淀下来的数据,通过专业的运营管理方法论,构建指导小镇智慧运行的指标体系,随着小镇持续运转,依据量化的指标体系对小镇运行现状进行进一步的云脑分析,对小镇的科学管理提供决策支持,对小镇的智慧运营体系进行创新迭代,从而在云擎层促进小镇的智慧运营管理,实现科学有效的产业服务和便民服务。

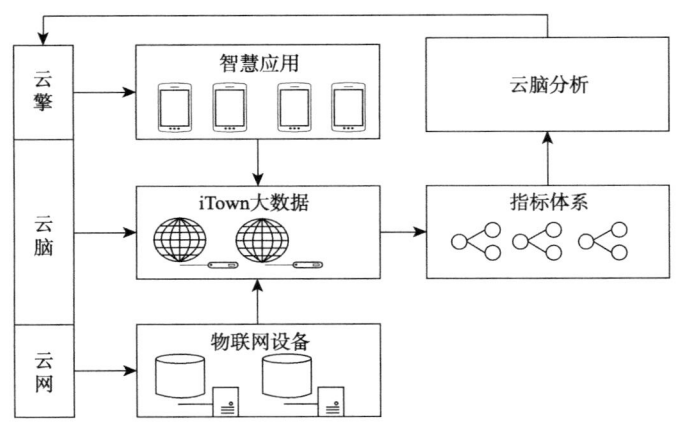

图 3-9-3　iTown 智慧架构的运营模式

基于 iTown 智慧架构标准、实现步骤、实现路径和运营模式的整合框架如图 3-9-4 所示。城市互联网是实现中国"新四化"的重要手段，而智慧型特色小镇是城市互联网在中国当前时代背景下发展的典型模式，同时也是符合中国国情的特色小镇发展模式，是贯彻落实国家信息化发展战略、实施特色小镇发展战略的重要抓手，也是深化供给侧结构性改革，把特色小镇建设全面推向新阶段的战略举措。在小镇治理与运营方式、加快小镇产业转型升级、破解小镇发展瓶颈等方面具有重要作用和深远意义。智慧型特色小镇的建设是一个不断探索与发展的过程，不可能一蹴而就，从现有的经验与发展、结合 iTown 的整合框架来看，应注重以下 3 个方面：

第一，全面性。不管是前期的顶层设计、中期的落地开发，还是后期的智慧运营，都需要进行整合性思考。围绕 iTown 小镇特色和整体战略规划布局，以设计内容能够解决实际问题为准，抓住产城融合的重点，突出以产业为核心，以人为本的特征进行系统设计，避免数据碎片化、系统孤立化、功能华而不实的现象发生。

第二，生态性。包括环境、产业两大生态。环境生态指的是以节能、减污、增效为目标，在小镇需求、环境友好和经济繁荣之间寻求平衡，改善生态环境，提高资源利用效率，增强可持续发展能力。产业生态指的是以特色产业为核心，通过引进其上下游，进行全产业链式的覆盖，打造具有产业特色的生态系统。需要牢牢抓紧 iTown 的生态发展才能有源源不断的动力创造具有活力性、经济性、智慧性的小镇。

第三，前瞻性。新科技和创新思维的迅猛发展决定了 iTown 特色小镇的设计必须具有前瞻性，融合先进技术和理念，展望未来发展趋势进行设计。其中，特

第 9 章 城市互联网：智慧城市中的整合式创新

图 3-9-4　iTown 的整合框架

色小镇的大数据是智慧化的直接和重要体现，利用云计算、大数据、物联网、移动互联网、人工智能等新一代信息技术，打造数据决策中心，成为小镇运营中枢，大数据资源收集、整理、学习、智能化小镇运营，使得小镇利用大数据方法如同人类大脑一般自组织、自学习、自决策式智慧化运营。

专栏 3-9-1　　　　　　北京密云古北水镇的智慧小镇与智慧旅游建设

　　2018 年 8 月 30 日国家发展和改革委办公厅《关于建立特色小镇和特色小城镇高质量发展机制的通知》提出"加快建立特色小镇和特色小城镇高质量发展机制"，"坚持典型引路。逐步挖掘特色小镇和特色小城镇典型案例，总结提炼、树立标杆、推广经验、正面引导，以少带多引领面上高质量发展，确保沿正确轨道健康前行"。智慧化建设是特色小镇高质量发展必不可少的环节，智慧小镇是特色小镇必然的发展方向。

为了引领智慧小镇科学建设和健康发展,在2016年7月1日住房和城乡建设部、国家发展和改革委员会、财政部就联合发布通知决定在全国范围开展特色小镇培育工作时就提出到2020年要培育1 000个左右各具特色、富有活力的休闲旅游、商贸物流、现代制造、教育科技、传统文化、美丽宜居等特色小镇。培育特色小镇的主要目的是促进有条件的小镇更好地发展。通过一些产业的发展不仅可以带动经济的发展,也可以吸纳小镇周边一部分农村劳动力就业,同时也可提高城镇居民的素质和健康水平。

在特色小镇建设中,以小镇为核心的旅游业发展是当前重要发展趋势之一。作为中国服务业的重要组成部分,旅游业跨越多个行业,如交通、餐饮、娱乐、住宿、购物等,各行业相互交错,制约因素也越来越多。早在2014年,国家旅游局就提出"智慧旅游年",呼吁各地要结合旅游业发展方向,以智慧旅游为题,引导智慧旅游城市、景区等旅游目的地建设。目前传统的旅游业在IT信息化建设上有所欠缺,"智慧旅游"难以实现,主要体现在不成体系、实用性差、信息化建设滞后于旅游业的整体发展需求;同时,还存在着重硬件轻软件、旅游信息资源零散且共享性差、旅游信息资源开发程度和服务质量较低、旅游信息技术人员短缺等问题。目前旅游经济还存在很多技术性的缺陷:旅游城市的基础系统之间互相隔离,成为信息孤岛;游客在旅游过程中存在着行路难、吃饭难、入园难等问题;在当今高度信息化时代,依靠传统方式的发展遭遇到了瓶颈。如何通过快速、高效的IT信息化手段帮助运营者进行管理,同时为公众提供便捷、及时的智慧旅游服务信息成为越来越多景区面临的难题。

北京密云区古北口镇列入2019年智慧小镇名录,智慧旅游APP"古北水镇"获得2019年红点设计大奖。北京密云区古北口镇司马台村的古北水镇,是智慧小镇与智慧旅游的融合典范。古北水镇国际旅游度假区总占地面积9平方千米,总投资逾45亿元,是集观光游览、休闲度假、商务会展、创意文化等旅游业态于一体,服务与设施一流、参与性和体验性极高的综合性特色休闲国际旅游度假目的地。北京密云的古北水镇景区作为"智慧旅游"的成功典型,从一开始就能避免其他景区发展过程中遇到的以下问题:人工售检票系统效率低,验证终端复杂;渠道对接程序烦琐,人工成本消耗大;节假日人满为患,无法实时监控;数据分析不及时、不准确;等等。

1. 战略引领

古北水镇在建立之初,就积极汲取了其他景区各种经验和教训,把游客体验放到首要位置来考虑。从运营模式来看，古北水镇由乌镇专业化运作团队对景区统一开发、设计规划，在借鉴乌镇"整体产权开发、复合多元运营、度假商务并重、资产全面增值"经验的基础上，基于其京郊特色做出了改进。

2. 创新筑基

为了避免出现类似其他景区出现游客快速增加带来的行路难、吃饭难、入园难等问题，通过多方考察和测试，打造了"中景云智慧旅游方案"。结合现代化景区建设的实际应用，以及公有云和私有云建设的丰富经验，打造了一套整体解决方案。该方案底层采用联想超融合一体机作为IT资源池，提供稳定可靠、性能卓越、扩展灵活和运维简单的稳定架构。上层采用中景云智慧旅游解决方案，让景区可以快速建立起适合各自需求的平台系统，确保景区旅游服务业的稳定、快速发展。

上层通过中景云智慧旅游平台可以建立一个"智慧大脑"，可以实现中景云旅游系统与景区、酒店、旅行社及餐饮等各种资讯和商务数据的共享和智慧交互。

第一，实现旅游分析预测及主动推送服务。可借助景区交通引导和智能视频监控子系统，向自助游游客提供旅游路线信息和附近人车流量信息，向自驾游旅客提供目的地附近停车场位置和空闲车位信息，并进行路线引导。可以利用自助导游仪器、智能手机、平板电脑等终端设备下载自助导游客户端软件，实现景区自助导览、目的地路线优化与导航、酒店餐饮购物娱乐导览消费等。

第二，可实现智能感知管理。中景云智慧旅游平台通过建立遍布风景区各处的传感前端，实现对景区实况的实时感知，实现面向风景区的智能感知和管理，以及面向游客的虚拟旅游。游客可通过景区旅游公共服务门户连接景区内的智能感知终端，进行虚拟旅游，包括对景点的360°全景浏览和实时实景体验，获取身临其境的感觉，丰富景区资讯及对景区的评价。

底层通过联想品牌的超融合一体机作为IT资源池，为上层系统提供稳定可靠、性能卓越、扩展灵活和运维简单的架构。

其一，大幅提升输入输出性能。联想超融合比传统分立式架构具有更高的性能。传统架构仅仅是在计算层面实现虚拟化，虚拟机的性能难以保障，难以支撑更大的业务系统，所以无法满足客户对于资源多样化的需求及保障客户云服务。联想超融合通过完全分布式的存储架构实现数据多通路高并发；通过固态硬盘和串口硬盘自动分层存储机制实现数据访问的大幅提升，数据访问是传统架构的数倍；而且通过针对虚拟化设计的诸多软件定义的其他技术机制在多层面保障系统的高性能。

其二，真正实现按需扩展。联想超融合具备更好的可扩展性。传统架构底层采用共享存储设备，共享存储设备的扩展性受限于其控制单元，即主机头，主机头的主机接口和带宽是有限的，未来随着业务发展，数据量不断增加，存储单元的扩展必然伴随着存储性能的下降。联想超融合每个节点机里都包含数据控制单元和数据存储单元，且各节点机地位对等，需要扩展时仅仅需要添置节点机即可，新添置的节点机和原有节点机构成新的集群，在容量扩充的同时系统整体性能是线性增加的，使得可扩展性更强。

其三，可靠和可用性优异。传统架构底层采用单点的共享存储，当存储系统出现故障时对于整个系统而言是巨大灾难。联想超融合存储层面采用分布式架构，在数据保护层面采用多数据副本机制，因此，集群中任意一个节点损坏都不会对整体造成影响，这样可以保障系统的高可靠性，而且系统具备数据副本自动恢复的相关机制。这样可以确保系统构成单元在单点出现故障时不会造成上层业务的中断而给用户带来不可用的体验，保障业务系统可用性。

其四，极大降低运维开销。当传统架构建设时，包含虚拟化服务器、光纤交换机、磁盘阵列、虚拟化软件、云管理套件等，往往选用不同厂家的软硬件设备，且硬件层次关系比较复杂，在维护时需要考虑的因素较多，维护难度较大，而联想超融合因为采用扁平化的超融合架构，无太多的硬件层次关系，且出厂时经过严格的兼容性测试和性能调优，因此后期的可维护性更强，可以大大降低客户运维成本。

其五，基础架构快速部署。资源池需要按需快速扩展，保障资源使用者的需求能够被快速响应和满足。联想超融合通过自动化部署手段实现了 IT 资源的快速交付，通过出厂时预装，并在客户现场解封的操作，可实现云平台 1 小时快速部署，大大提升快速扩展的能力及降低因为长时间部署调试带来的隐性资本损耗。

3. 制度赋能

中国另一个成功的特色小镇——乌镇，之所以能在江南如此多的水乡古镇里脱颖而出，有一个重要的因素就是其统一的管理。古北水镇承继了乌镇的模式。一般而言，中国古镇村落的管理有两种模式，一种是民间自发的管理模式，另一种是统一的管理模式。两种模式各有利弊。对于古镇的整体管理，可以用这样的 8 个字来概括：一统就死，一放就乱。因此，需要在统一和自营之中寻找平衡，制定古北水镇的经验和盈利模式，促进小镇整体发展。其经营模式和盈利模式如表 3-9-1 和表 3-9-2 所示。从商业模式来看，古北水镇采取观光与休闲度假并重、门票与景区内二次消费复合经营的模式,其中,商业形式主要分为两种:一种是散状分布的特色小吃、书店、服装等店铺,此类店铺多集中在民宿周边,通过购物加深游客对水镇风情的情感体验;第二种是老北京特色商业街商铺,这也是古北水镇最大的特色,开发公司负责所有经营权的审批,整体管控,并吸纳原住居民作为公司工作人员,客栈及店铺是主要就业领域。

表 3-9-1 古北水镇经营模式

类型	经营模式
项目特色	现存的司马台古堡是北京重点文物保护单位,长城与古镇的结合是罕见的自然景观与文化景观融合在一起的历史人文风景区
项目定位	观光、休闲、度假、会议功能于一体的复合型景区
开发模式	借鉴乌镇,以"整体产权开发、复合多元运营、度假商务并重、资产全面增值"为核心,观光与休闲度假并重,门票与经营复合,实现高品质文化型综合旅游目的地的建设与运营
开发主体	以旅游公司主要股份,集政府、企业与基金公司于一体的开发主体
经营主体	中青旅控股股份有限公司通过增持控股古北水镇旅游公司
开发措施	确定设立司马台长城保护专属区和旅游专属区,保护区与旅游区严格分离
景区塑造	具体做法可归纳为迁、拆、修、补、饰;对于这里的原住居民被安排在古镇外围,原有住房全部都作为商业开发,用作酒店、餐饮、商业,而原住居民可以优先返回到古镇参与到旅游服务行业中

表 3-9-2 古北水镇盈利模式

区域类型	投资内容	营业渠道	产权归属
保护专属区	对古长城及其遗存地点大环境整治	索道	公司
	主体适度修复	—	当地政府
	建设游览路线设施	—	—
旅游专属区	景点(民俗特色展示)	古长城保护费	古长城保护基金
		统一门票	公司
	酒店、特色民宿	客房收入	公司
	商业业态	销售收入	公司
	各类配套娱乐设施	销售收入和租金	公司
	大环境营造(区内道路、水域、绿化)	—	公司
	公共配套设施(游客中心、厕所、区内电力、供水和排水、有线电视、供热等)	—	公司
区域内外	旅游地产项目	房产销售收入	公司

资料来源:2019 中国智慧小镇最佳案例评选. http://shenbao.zctra.cn/;2019 全国智慧小镇 200 强新鲜出炉!这些独具特色小镇小去过几个?[EB/OL]. http://www.sohu.com/a/341439517_106843,2019-09-17;古北水镇联手联想超融合打造"智慧旅游"新典范. https://baijiahao.baidu.com/s?id=1614628788173055029&wfr=spider&

for=pc，2018-10-18；前瞻产业研究院发布的《2017—2022 年中国健康小镇建设规划与运营管理分析报告》。

参 考 文 献

陈劲. 2010. 绿色智慧城市（一）[J]. 信息化建设，（3）：6-11.
陈劲. 2017. 雄安新区：全球创新发展的新高地[J]. 中国科学院院刊，（11）：1256-1259.
陈劲，于飞，谢俊，等. 2018. 特色小镇蓝皮书：特色小镇智慧运营报道（2018）顶层设计与智慧架构标准[M]. 北京：社会科学文献出版社.
腾讯研究院. 2017-08-05. 中美两国人工智能产业发展全面解读[EB/OL]. http://www.199it.com/archives/619696.html.
网易号. 2017-06-28. 潘云鹤院士：AI2.0，中国新一代人工智能发展方向[EB/OL]. http://dy.163.com/v2/article/detail/CNVEM7DH05118EHH.html.
新华社. 2017a-10-18. 习近平指出，加快生态文明体制改革，建设美丽中国[EB/OL]. http://cpc.people.com.cn/19th/n1/2017/1018/c414305-29594512.html.
新华社. 2017b-12-09. 习近平：实施国家大数据战略加快建设数字中国[EB/OL]. http://cpc.people.com.cn/GB/http:/cpc.people.com.cn/n1/2017/1209/c64094-29696290.html.
于飞，俞璐，陈劲. 2018. 城市互联网在中国发展的典型模式：智慧型特色小镇 iTown 的内涵及智慧架构标准[J]. 城市发展研究，25（11）：71-78.

第 10 章　乡村振兴：乡村建设经验中的整合式创新

乡村振兴是包括产业振兴、人才振兴、文化振兴、生态振兴、组织振兴的全面振兴。

——习近平

（2019 年 3 月 8 日参加十三届全国人大二次会议河南代表团审议时的讲话）

改革开放以来，中国城镇化发展和乡村振兴事业都取得了举世瞩目的成就——城镇人口占总人口的比率已经从 1978 年改革开放初期的 17.9%上升至 2017 年末的 58.52%，贫困人口占总人口的比例也从 1981 年的 88.32%下降到了 2017 年的 3.1%[①]。然而，中国仍然存在着农业发展质量效益竞争力不高、农民增收后劲不足、农村自我发展能力弱等矛盾和挑战，农村的创新发展和全面振兴迫在眉睫。而中国在过去的发展中所出现的留守儿童问题、农村黑社会势力问题、腐败问题近年来时有发生；环境污染问题、城乡发展不均衡（叶兴庆，2017）、农村集体行动力不足（王亚华，2017）、科技创新对农村发展支持不足等问题进一步凸显，乡村治理体系变革刻不容缓。

进入中国特色社会主义新时代，我国社会主要矛盾已经转化为"人民日益增长的美好生活需要和不平衡不充分的发展之间的矛盾"，从"物质文化需要"到"美好生活需要"，从"落后的社会生产"到"不平衡不充分的发展"，中国目前最大的发展不平衡依然是城乡发展不平衡，最大的不充分仍然是农村发展不充分。党的十九大明确提出"实施乡村振兴战略"（习近平，2017），2018 年 1 月

---

① 2020 年全国 832 个国家贫困县已经全被脱贫摘帽。本章节所提到的贫困人口是 2020 年以前尚未完成脱贫的人口。

2 日的《中共中央 国务院关于实施乡村振兴战略的意见》也进一步强调"实施乡村振兴战略，是解决人民日益增长的美好生活需要和不平衡不充分的发展之间矛盾的必然要求，是实现'两个一百年'奋斗目标的必然要求，是实现全体人民共同富裕的必然要求"。

芝加哥学派著名社会学家派克（Park）明确提出，都市是西方社会的实验室，乡村是东方社会学的实验室。现代西方的社会问题是都市社会问题，而东方的社会问题是乡村社会问题。在派克写的《论中国》一文中，他指出"东方文明与西方文明的根本不同就是乡村社会与都市社会的不同"（孙平，2005）。联合国可持续发展目标中的第一个就是消除贫困，没有农村的现代化，就没有国家的现代化，中国问题的出路在乡村，乡村振兴的关键在于通过提升乡村创新能力，进而逐步建立乡村创新系统，实现乡村可持续发展，促进人民幸福。

在国际竞争方面，中国的发展也面临竞争压力和现实挑战。中国制造业与服务业创新关注度高、进展快，但农业创新严重滞后。以美国、以色列、加拿大、澳大利亚等为代表的国家在农业创新方面探索出不少的成功模式，为减少城乡差距、促进乡村振兴提供了经验。例如，以色列十分重视农业的科技投入，农业发展走资源高效集约化的道路，20世纪80年代，以色列科技进步对农业增长的贡献率已经达到96%（郭久荣，2006）。虽然中国工程领域的科技创新取得了长足进展，并在量子通信、航天工程、人造卫星、人工智能等领域实现了国际领先优势，但是中国农副食品加工业，家具制造业，纺织服装服饰业，木材加工和木竹藤棕草制品业，皮革、毛皮、羽毛及其制品和制鞋业等这些有关民生的消费品的创新水平很低，创新成效明显不足（陈劲和黄江，2017），农业科技投入占农业产值的0.3%左右（以色列则占3%）。加强农业科技领域创新成为新的发展方向和潜力所在，建立适合本国国情的农业科技创新体系是一个国家现代农业发展的基石。

在创新研究发展方面，朴素式创新（Radjou and Prabhu，2015；Weyrauch and Herstatt，2016；Leliveld and Knorringa，2018）、负责任创新（Stilgoe et al.，2013）、包容性创新（Sonne，2012；Soman et al.，2014；Foster and Heeks，2016；Pansera and Owen，2018）、创新与反贫困（Bradshaw，2007）、创新与和平（Miklian and Hoelscher，2017；陈劲和黄江，2017）、创新与可持续发展（创新应对气候变化、全球变暖等社会挑战）、创新与人才培养（瓦格纳，2015）等新议题逐步涌现出来；民间创新系统的建立和创新治理的社会参与机制的建设，是科技创新强国建设的新任务，其中最重要的部分就是乡村创新系统的建立。如何结合国家战略，用体验经济、社群经济、共享经济等新经济形态激发基层创新活力，获得持久创新效益，成为新的研究要点。同时，从创新研究的分类上,一方面是基于区域的划分:国家创新系统(Freeman,1987;Lundvall,2010;Nelson,1993)、区域创新系统(Cooke,1992)、国家创业系统和区域创业系统(Ács et al.,2014);另一方面是从产业经济学的角度进行划分:产业创新系统(Malerba,2002)和企业创新系统。这些划分方法缺少从城市-乡村二元视角对创新系统进行分析,缺少对乡村创新的系统研究。

10.1 乡村创新系统

10.1.1 乡村创新系统与城市创新系统:城乡二元创新的综合分析框架

实现国家现代化不能落下农村(叶兴庆,2017)。乡村创新发展是国家创新发展不可分割的部分,乡村创新系统与城市创新系统作为国家和区域创新系统的重要支撑,对促进和完善国家和区域创新系统建设、提升国家创新能力具有重要基础性意义。中国学者在20世纪90年代以创新理论、区域经济学和系统论为基础,提出了城市创新系统的概念(赵黎明和冷晓明,2002;赵黎明和李振华,2003),用以研究城市创新系统的原理和运行过程,为中国城市创新战略的正确制定和有效实施提供了相应的理论依据(卢中华和王玲,2010)。

城市发展需要依托城市创新系统,城市创新系统作为国家创新系统和企业创新系统之间的桥梁,对建设创新型城市和智慧城市有重要作用(廖德贤和张平,2005)。实施乡村振兴战略的重要战略依托和振兴路径,是建立和完善乡村创新系统,从根本上推动解决农业农村农民("三农")问题,实现农业农村的可持续发展与现代化目标。

与城市创新系统相对应,我们正式提出"乡村创新系统"的概念。乡村创新系统,是指围绕乡村振兴与可持续发展主题,各种与创新相关的主体要素(创新的主体和组织机构——包括农民、基层政府和自治组织、中小企业等)和非主体要素(创新所需要的物质、资源条件)、地理要素与时空要素,以及协调各要素之间关系的制度、政策和文化在创新过程中相互依存、相互作用而形成的社会经济系统。

为了便于学术研究者及公共政策制定者对乡村创新系统和城市创新系统的异同点有更为清晰的认识,我们从创新目标、创新主体、创新要素、创新模式、创新环境、创新挑战、作用机制、产业依托、创新人才、创新政策10个维度对城市创新系统和乡村创新系统做了初步的对比，提供了一个综合分析的框架视角（表3-10-1）。

表3-10-1 乡村创新系统与城市创新系统：城乡二元创新的综合分析框架

分析视角	乡村创新系统	城市创新系统
创新目标	乡村振兴、反贫困和可持续发展	产业升级、智慧城市和可持续发展
创新主体	新型农民、基层政府、乡村自治组织、中小企业和集体企业	企业、企业家、政府、大学和研究机构
创新要素	劳动力、资金、知识、信息、技术、土地、制度、文化、规范	
创新模式	新型农村合作医疗、科技下乡、城乡联动、互联网+、科技成果转化	创新驱动发展、产学研协同创新和开放式创新
创新环境	网络松散、小农经济、劳动密集型、市场机制不完善、创新资源不足、创新基础设施落后、交易成本较高、创意资源存量少和流动性低	基础设施完善、创新资源集聚、网络主体互动密集、市场经济发展成熟、资源流动充分
创新挑战	农村空心化、城乡发展不均衡、自我发展能力弱、产权改革遇到瓶颈、创新资源配置效率低、社会治理面临挑战	交通拥挤、环境污染、产业升级、生活成本高、可持续发展面临挑战
作用机制	农业现代化、在地城镇化、产业融合发展、创新治理	新型工业化、城镇化和信息化
产业依托	现代农业、现代旅游业、手工业	第二产业、第三产业和战略性新兴产业
创新人才	新型职业农民、返乡农民工、创业者和大学生村官	高校人才、企业研发人员和海外人才
创新政策	较少，落实难	较多，执行高效

10.1.2 乡村创新系统建设"三位一体"驱动乡村振兴的路径机制

乡村创新系统的主要功能是通过新知识、新技术和新的商业模式的产生、扩散和应用，来调动乡村创新主体全面参与乡村创新，促进乡村创新系统内基础要素和支撑性要素的自由流动，并通过互联网等中介组织网络实现与城市创新系统的协同联动，利用城市创新系统的创新扩散，加速乡村创新系统的生态发展与价值创造。

具体而言，乡村创新系统通过对创新政策和活动的执行与评估、对创新资源的供给和优化配置，构建有利于乡村创新的基础设施、资本体系（张红宇，2015）和文化氛围，完善创新制度与创新政策，培育新乡村创新创业精神，促进新知识、新技术的产生以及在乡村创新系统内的扩散应用，提高科技驱动在乡村创新的占比，推动农村一二三产业融合发展（马晓河，2015），最终实现农业农村农民三位一体可持续发展。创新从来不是单一的技术投入或要素投入，而是科学、技术、政策、制度和网络建设协同促进的复杂过程，需要应用整合式的创新政策思维，从农业科技创新、制度和管理创新、网络与中介组织创新等多方面入手，推进乡村综合创新能力提升，全面贯彻创新驱动战略和精准扶贫方略，实现乡村振兴和可持续发展。

1. 科技创新赋能现代"三农"发展

科技是第一生产力，乡村创新系统的发展核心是农业科技创新与扩散应用，农业科技创新的核心是建立和完善农业科技创新体系。这一体系是由公共部门的农业科研机构、高等院校、农业科技推广服务机构组成的国家农业科技创新体系、农业企业技术创新体系、农业科技中介服务体系及国内外农业科技创新环境组成的网络系统，其核心是农业科学技术知识的生产、循环流转和应用。近年来，我国财政对农业科研的公共投资一直都处在占农业产值 0.3%左右的水平，与国际平均水平 1%有较大差距，与农业科技创新强国以色列的 3%更是相去甚远。

以企业为主体、产学研结合的技术创新体系不仅是城市创新系统的核心组成部分，也是农业科技创新最根本的驱动力。但是与城市创新系统不同之处在于，乡村创新系统中缺少大学和研究机构这一知识生产主体，而且集体经济和乡镇中小企业由于规模、资金和管理经验等限制，其技术创新能力远逊于城市系统中的企业。因此，乡村创新系统建设在强化农业科技创新投入和科技创新队伍建设的同时，仍然需要依托与城市创新要素的协同，通过农业科技企业的自主创新与新型职业农民参与的用户创新，强化产学研合作与科技成果转化应用。

世界各国农业发展经验和我国农业发展探索表明，农业科技创新不仅是影响一国农村经济增长的关键因素，也是国家创新体系和乡村创新系统的重要组成部分，是发展现代农业的重要支撑。纵观美国、日本、以色列等发达国家的农业科技创新能力建设，均是在政府主导科技创新投入的基础上，引入市场竞争合作机制，发挥大学在农业科技体系中的基础性作用，合理引导企业和非政府公共投资参与农业科技创新和应用体系建设，注重通过科技成果转化和农民素质的提高，为农业发展注入更多科技元素，提高单位土地和投入要素的产出效率。

2. 制度与管理创新激励全员参与

创新不是依靠单个方面的改进或提升，也不是自然而然生出来的，而是有组织、有设计地开展创新的结果（柯拉尔等，2017）。乡村创新能力的提升不只是政府主导的多元化科技创新体系的建立和完善，更需要通过因地制宜的城镇化、土地制度、集体产权制度和经营管理制度的改革,来加强乡村治理体系的服务与支撑能力,调动全员参与全要素创新的积极性,形成全民创新创业的文化氛围。

制度经济学的共识之一是通过产权制度改革激励社会主体参与经济发展的积极性和创造力,我国现阶段的家庭联产承包责任制就是通过制度改革保障农业创新主体参与积极性的典型代表。农村集体用地和宅基地"三权"改革(王亚华,2017)、农业生产支持保护制度完善、农业科技成果产权保护制度建设等是适应市场化、国际化趋势,保护和调动农民、企业及科研机构等创新主体全员参与乡村创新系统建设,实现乡村创新创业和综合能力提升的重要制度保障。同时,政府组织还应加大对农业生态环境保护技术投入力度,加快农业高新技术开发的政策与法律制定实施进程,实现农业发展、环境保护与自主创新的同步推进。

制度变革基础上的管理创新是实现乡村治理体系变革的重要保障。基层自治组织和乡镇企业通过管理模式创新激励和带动全员创新,是实现致富脱贫和农村包容性增长的重要途径。鼓励农业专业化服务发展、加快构建新型农业经营管理体系(吴小梅,2017),有助于降低农业劳动力流失、吸引农业创新人才。另外,电子商务和农村电子政务也是提升农业和农村管理效率的新趋势(王亚华,2017)。

3. 网络与中介组织创新加快创新要素自由流动

农业科技创新体系和创新制度建设的根本目的在于,提升科技创新投入产出和保障多元主体参与乡村创新过程,借助网络与中介组织、行业协会等市场化的力量实现农村供给侧结构性改革、降低创新要素流动的时间与资金成本(王亚华,2013)。而且,乡村创新系统和国家创新系统的机制类似,不是一个静态的创新环境,而是一个促进创新要素自由流动、创新成果快速扩散和赋能农业、农民、农村发展的动态系统,创新系统内的知识、人才、资本与新技术的自由流动与应用速度,决定了乡村创新能力的提升速度,因此,促进乡村创新能力提升、加快乡村振兴的关键,是加强网络组织能力建设,加快创新要素的自由流动和促进创新成果的高效转化。在此过程中,社会化、立体化和网络化的中介服务体系、新型农业合作社、普惠金融融资体系、农业技术远程培训网络、信息化服务体系和现代物流体系等中介组织和网络体系建设,具有重要的支撑价值,尤其是现代互联网和现代物流普及对完善乡村创新网络基础设施、联通乡村创新系统和城市创新系统具有重要价值,这对加快城乡人力资本和智力资本流动、匹配城乡创新要素与商业机会、降低现代农业和旅游服务业与城市需求的对接交易成本具有显著作用。

10.2 中国乡村建设的经验

在中国乡村建设的经验中，将以广西壮族自治区贺州市八步区河西村、江西省井冈山市、袁隆平农业高科技股份有限公司、深圳华大基因科技有限公司、浙江义乌何斯路村、浙江省宁波市奉化区滕头村、浙江丽水淘宝村为案例探讨中国乡村建设中，以中华传统文化为灵魂、以农业为基础、以农民为中心、以科技创新为先导、以乡村治理为手段、以中介网络组织为载体的乡村建设措施，如图 3-10-1 所示。

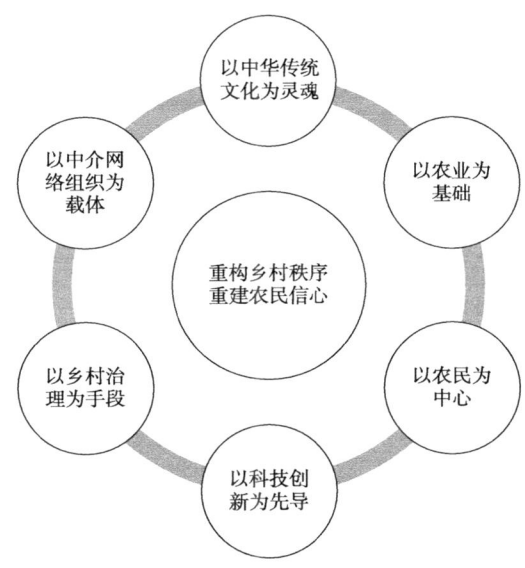

图 3-10-1　中国乡村建设的主要措施

10.2.1　以中华传统文化为灵魂

在河西村进行乡村建设的过程当中，中华传统文化对于乡镇发展和特色小镇建设起到了关键作用。"以中华传统文化为灵魂"主要是指中国苏北文化和河西文脉为基础的文化底色。

1. 中国苏北文化

传统文化是世代智慧在历史中的沉积和结晶。地方文化可以展示地方智慧、树立地方品牌、提升地方形象、增强城市发展的软实力。在江苏北部地区主要是以扬州、泰州、连云港、南通、盐城、淮安、宿迁和徐州为主要城市群的发展区域，属于汉文化区。在历史文献资料当中，学界并没有对苏北文化进行明确的界定，然而苏北五城通常被认定为苏北文化构成的重要组成部分。

第一，盐城的地域文化。盐城是盛产海盐的城市，其城市发展的历史是人民对蓝色海洋的开发史，也可以被称为盐城的海洋文化或海盐文化。另外，红色铁军文化在盐城十分突出。20世纪20年代，盐城就建立了中国共产党组织，是红色文化的摇篮，在这一历史时期当中，陈毅和刘少奇等一大批爱国将领在盐城谱写中国红色铁军的历史，共同铸就了盐城的红色文化。

第二，淮安的地域文化。淮安的地域文化以"中和"特色为主。在淮安的历史发展过程当中，其自古以来都是交通和军事重镇，其文化秉性最重要的特点就是儒家所倡导的"中庸之道"，这与其地处中国南北自然地理分界线有非常重要的关系。另外，淮安作为长期的重要漕运中心，来自全国各地的商人在此汇集，形成了淮安特有的"中和"文化。

第三，连云港的地域文化。连云港作为中国最早开发的沿海城市之一，是新亚欧大陆桥建设在东亚地区的桥头堡。随着中国"一带一路"倡议的提出，连云港又成为"一带一路"在东方进行陆运和海运汇合的城市。得天独厚的自然条件，为连云港地域文化的发展奠定了天然的硬件设施。四大名著之一的《西游记》与连云港有关，优秀文化作品《精华油》源于连云港，当地有名的"拉魂腔"是苏北重要的戏曲文化代表。

第四，徐州的地域文化。徐州是古代天下九州之一，其历史可以追溯到原始社会的末期。自古以来，徐州不仅是苏北重要的商业经济和贸易中心，其影响力还可以辐射到苏南、山东、河南等地。与其他苏北城市相比，徐州文化最大的不同则在于它的帝王文化，保留着彭祖、刘邦、项羽等相关的大量名胜古迹。除此之外，曲艺在徐州地方文化体系当中占有非常重要的地位。徐州武术等非物质文化遗产都是徐州地方文化的重要组成部分，已经成为徐州文化的一张地方名片。

第五，宿迁的地域文化。宿迁被认为是江苏文化的根本，是楚汉文化和淮河文明的发源地。宿迁泗洪境内的下草湾文化遗址是江苏省境内发现最大的人类文明遗址，这也帮助宿迁奠定了在苏北文化中"根源文化"的重要地位。在宿迁，京杭大运河文化在其中起着重要的作用，运河流经宿迁各地，一直都扮演着重要的沟通和传承作用。

2. 河西文脉

河西村位于贺州市八步区，距离中心城区 18 千米，地理位置优越、交通条件便捷，拥有秀丽的山水风光和深厚的历史文化。2001 年，河西村被评为第 5 批全国重点文物保护单位，2014 年被评为第 6 批全国历史文化名镇，2016 年被评为第 1 批中国特色小镇和第 4 批全国美丽宜居小镇，2019 年被列入第 5 批中国传统村落名录。

在古代历史中，河西村位于潇贺古道，目前依然存有保存完好的临贺故城河西城址。在城中，还存有目前国内考古中发现的地面遗存规模最大、保存最为完好的汉代夯土城墙；有建于乾隆五年（1740 年）的文笔塔和建于北宋元祐年间的文庙；有在潇贺古道运行期间所陆续修建的作为精神慰藉的姓氏宗祠；有建于清朝乾隆二年（1737 年）的蒋家大院，还有河西码头、桂花井等传统特色建筑。近几年，河西村依托国家重点文物保护单位、历史文化民政建设、特色小镇建设等多项建设资金的资助，其在传统街巷和历史文化建筑的保护方面取得了重大的发展，使得河西文脉得以被更好地保护和传承下来。

10.2.2 以农业为基础

农业现代化是推动农村现代化、实现农民可持续发展的基础，通过产权制度、经营制度和金融财税制度改革促进产业深度融合，县域经济、集体经济和农村中小企业发展是乡村创新系统的重要内容。如何通过乡村创新系统的建设实现农村一二三产业的融合发展与创新，农业产业体系如何创新与完善，三农人才队伍和新型职业农民创新能力如何提升，如何通过科技成果转化和科技服务体系建设促进农村经济提质提效，农业科技创新要素投入与产出的创新经济学机制是什么，如何突破现有产权和土地制度改革困境，实现城乡创新系统要素的自由流动和有效配置，这些都是超越了一般城市经济学和创新经济学范畴的独特议题，需要在实践探索中找寻乡村创新系统建设的"中国方案"。

井冈山实行农林产业扶贫。井冈山市以"一乡一产业、一村一品种、一户一项目"的思路引导及推动各乡发展特色产业，逐步形成了"党支部+龙头企业/基地+合作社+贫困户+特色大棚"产业扶贫开发模式，如在 2017 年，井冈山井祥菌草生态科技股份有限公司在吸纳当地贫困户就业的同时，依托"井冈山井祥菌草院士工作站"，为当地贫困户的植菌大棚提供植菌技术，并按市价向贫困户们成立的产业合作社收购菌类产品，使贫困户们不愁销路实现稳定的收入来源。井冈山市还展开消灭撂荒土地专项行动，发展流转撂荒地竹、茶、果等农林产业，具体做法如下：由挂点帮扶工作组协调，将交通不便、单一种植作物效益低、隶属于不同村组的撂荒地进行流转，并成立产业合作社向原贫困户发放股权证，承租者根据田地特点分别种上宜植植物。例如，井冈山新城镇新城村有片荒地，分属南门、小历和井上组，流转后归正源黑米种植专业合作社管理。井冈山市经过"十五""十一五""十二五"扶贫攻坚，新增农业种植面积两万多亩（1亩≈666.7平方米），新增农民专业合作社400余家，并形成了拿山乡和龙市镇的油茶与井冈蜜柚、黄坳乡和下七乡的毛竹与金橘、茅坪乡和鹅岭乡的生猪与水产养殖业等成熟产业，拿山乡江边村的红心猕猴桃、荷花乡大庙村的荷花及睦村乡蕉塘村的奈李也已形成品牌。

10.2.3　以农民为中心

井冈山实行"以农民为中心"，为乡村建设的可持续发展奠定群众基础。

首先，教育帮扶与职业技能帮扶。教育对摆脱贫困具有基础性和长期性的重要意义。井冈山市坚持"志智双扶斩断穷根"的发展性帮扶理念，对贫困户及脱贫户子女持续实施相应标准的从幼儿园到大学的一揽子费用减免或补助政策，如学前教育费用减半、义务教育提供寄宿生活补助、高中阶段免学费和书本费，以及全日制高校和职业院校实施政府补助等，确保贫困家庭孩子不因贫困失学，切实消除贫困的代际传递。井冈山市在地区师范中专招生中会拿出固定比例名额优先招录贫困户子女，在水利等专业中也会给予贫困户子女一定的加分政策。为了提高年轻一代的科技文化素质，市政府在井冈山市和宁冈县[①]等中学设立"青年科技图书站"，配置计算机、教学仪器设备和科技类图书等。同时，因地制宜实施"新型农民职业培训"和"电商万人培训千人创业"计划，开展了"春风行动""就业援助月"等专项行动，对包括脱贫户在内的有劳动能力者分别开展黄桃种植技术培训、家政服务培训和电商经营培训等，对参与培训人员和技能升级人员发放补贴，以持续提高贫困户的就业和创业技能。此外，依托科学技术部的挂点帮扶团、龙头企业或公益基金帮扶，建立了远程教育培训基地，定期对贫困户和脱贫户进行花卉、蔬菜、茶的种植技术和电商运营相关的职业技能培训，大大提升其生产能力。

其次，创新创业帮扶。"大众创业、万众创新"是激发贫困人口企业家精神、实现贫困地区内生性发展的关键途径之一。为了释放创新创业对长效扶贫的

---

① 2000年5月，宁冈县和井冈山市合并，并入组建的新井冈山市。

潜力，井冈山市出台了《关于大力推进大众创业万众创新的实施意见》，对具备一定创业条件的贫困劳动力，给予创业者免费培训和指导，并落实"先照后证"改革，简化工作流程和办理手续，为创业创新提供便利的登记服务。并且采取多种方式加强建设美丽乡村的宣传，利用春节农民工返乡高峰，发放《致全市在外务工朋友的一封信》，鼓励外出务工人员返乡就业或创业。同时，加强创业担保贷款扶持，将小额担保贷款调整为创业担保贷款，提高贴息贷款额度，个人创业担保贷款最高额度为 10 万元。此外，设立了产业扶贫担保贷款风险补偿基金，按一定比例撬动银行资金助推产业发展，并通过挂点小组帮助联系产品销路，有效解决贫困户创业和发展产业的后顾之忧，极大地激发了有一定能力和意识的农户投入创业当中，如大陇镇楼下村刘勇华机器加工制作竹器拔火罐、拿山镇贵溪村吴家发流转土地种植苗木、黄坳乡洪石村黄小华电商销售竹荪等农产品，以及厦坪镇张正明将大球盖菇、木槿花种植和大白鹅养殖结合种养发展立体生态农业等。

10.2.4　以科技创新为先导

"以科技创新为先导"主要是以袁隆平农业高科技股份有限公司与深圳华大基因科技有限公司为例。成立于 1999 年并以"杂交水稻之父"袁隆平院士名字命名的袁隆平农业高科技股份有限公司，以"推动种业进步，造福世界人民"为使命，通过构建全球化的商业育种体系及国际先进的生物技术平台，以"种业运营"和"农业服务"两大体系为切入点，依托持续的研发创新推动农业科技创新能力提升和产业变革。袁隆平农业高科技股份有限公司拥有 500 余人的全球化研发团队，年研发投入占企业营收比例约 10%，在中国、菲律宾、印度、美国、巴西等国家设立研发机构和实验基地，主要农作物种子的研发创新能力居世界领先水平。同时，袁隆平农业高科技股份有限公司依托隆平高科公益基金会开展农业领域的科技服务慈善活动，并积极开展援外农业培训和项目合作，迄今已为亚非拉 60 多个发展中国家培训了 5 000 余名农业技术人才，为中国乃至世界的种业与农业发展做出了积极贡献，在 2017 年跻身全球种业企业前十强。

基因科技，保障农粮安全，造福人类。为改善全球生态环境和人类饮食结构，同时响应国家农业发展政策和"一带一路"倡议的号召，深圳华大小米产业股份有限公司（简称"华大小米"）于 2015 年在深圳成立，依托深圳华大基因科技有限公司各大高新技术平台，着眼于谷子从育种、种植到深加工的完整产业链，依托以谷子为模式生物的基因组学及分子育种研究成果，批量获取并保护了谷子的遗传信息核心知识产权，完成了谷子基因组图谱的绘制，揭示出谷子抗旱节水、丰产、耐瘠等生理机制，为全球范围内深刻认识谷子生物特性、表型和生理机制，推动新兴农业经济发展提供了强大的农业科技支撑，有望成为驱动中国现代农业科技的技术引擎之一。

10.2.5 以乡村治理为手段

"以乡村治理为手段"主要是以浙江金华义乌何斯路村与浙江宁波奉化滕头村为例。义乌的何斯路村在乡村治理创新方面着力发挥村民主体作用，探索出"功德银行+基层党建"的治理新道路。功德银行通过记录村民的善行并换算为各家各户的积分，鼓励村民互帮互助形成奉献的精神。信用是乡村熟人社会的通行证，假如没有信用二字，乡村的治理寸步难行。何斯路村通过将信用具象化，党员代表起示范作用，创造了一个互信互利的乡村社会。奉化滕头村原来是奉化市[①]萧王庙街道的一个远近闻名的穷村，农业生产和农民生活条件相当落后，素有"有女不嫁滕头郎"的说法。20世纪80年代中期，乡镇企业迅猛发展，农民纷纷退包土地进城务工，土地大面积抛荒。时任村党支部副书记的傅企平提出土地适度规模经营改革方案，带领村民开启了土地经营改革的步伐，随后滕头村又陆续成功实施了旧村改造、集体企业股份制改造、生态农业建设3个乡村创新系统的跃升，最终把原来只有300户约800人的穷乡僻壤小村庄打造成了联合国"地球生态500佳"村庄和首批全国文明村、全国生态示范区和国家AAAAA级旅游区。正是乡村治理体系的不断变革，助力滕头村探索出了"连锁滕头"的生态创新发展模式。

10.2.6 以中介网络组织为载体

基于互联网的中介网络组织变革提升乡村创新能力是以浙江丽水淘宝村为例。阿里巴巴农村战略是"互联网+"在乡村渗透、促进乡村网络组织建设的典型代表。随着乡村的物流体系日益完善、宽带覆盖面扩大，一些淘宝村逐渐形成规模，截至2017年底，阿里平台催生了2 118个淘宝村，电商带动就业人数超过2 800万人，2017年全国淘宝村销售额达到1 200亿元。以浙江丽水淘宝村为例，通过邻里示范、社交示范和网商协会平台互相学习交流，自发推动了乡村村民自

---

① 2016年，国务院批复同意撤销县级奉化市，设立宁波市奉化区。

主创业的热潮，进一步吸引了物流等配套服务商的聚集，从而推动了乡村电子商务的发展，是通过大数据和新零售的创新管理模式推动乡村创新网络建设，实现城乡联动、农民脱贫、农村发展的典型案例。

10.3 基于整合式创新的中国乡村建设实现路径

改革开放以来，中国乡村建设取得了举世瞩目的成就，积累了丰富的乡村建设工作经验。借鉴整合式创新的实现路径，尝试构建整合式创新中的路径模型，并结合中国特色乡村建设实践探索与创新案例，阐述整合式创新中的乡村建设经验、促进减贫和社群发展的动态功能机制。整合式创新中的乡村建设是一个包含多个要素和多维绩效的动态过程，参照陈劲等（2018a）的研究，将整合式创新中的乡村建设经验分为"战略引领-创新筑基-制度赋能" 3 个方面，细分为科技创新、教育创新、制度创新、普惠金融、社会创业、跨边界协同 6 个维度。整合式创新中的乡村建设力求突破技术、教育、金融等要素的简单投入和单维创新，通过制度创新、社会创业及跨边界协同等过程创新，促进技术资本、人力资本、金融资本在普通群体中自由流动，以此放大技术、教育、金融等投入要素的生态价值，实现基于大数据等新兴技术的乡村建设、精准扶贫，推动"造血式"开发和"赋能式"发展转型，进而实现农村人口福利增长、能力提升等多维度绩效，推动动态和社群可持续发展。

概言之，整合式创新中的乡村建设实现路径，主要是通过整合要素创新和过程创新，实现赋能农村人口和社群、提高农村人口收入和福利、提升内生发展能力的多维乡村建设绩效。乡村建设与社群发展，既是乡村建设要素创新与过程创新的结果，也会反过来为乡村建设注入新的内生动力，达到相互促进、动态提升的效果。

10.3.1 战略引领

整合式创新的战略引领主要是指国际、国家、地方政府或组织对于乡村建设，尤其是乡村建设所提出的战略目标和做出的各种战略性部署。

1. 包容性增长战略

亚洲开发银行和欧盟分别在 2007 年和 2010 年提出了"包容性增长"的概

念，强调经济增长的巨大收益要能够惠及普通民众，实现机会平等、公平参与和区域可持续发展。包容性增长既包括价值创造，也包括知识成果的扩散和应用。包容性增长理念强调社会发展应惠及每个公民，这种理念为乡村建设工作提供了价值创造的出发点，即创新不仅是为了创造经济财富，也需要通过市场化机制促进普通人群的发展和进步，并通过优化社会福利分配来提高社会公平程度。乡村建设工作的衡量和评估标准主要集中在包容性增长的成效上，既要包括以收入、居住和生活条件改善等为代表的福利增长（Maasoumi and Racine，2016），也要包括以认知能力、社会参与能力为代表的能力提升。前者可以视为农村人口和社群的存量资本增长，后者可以视为农村人口和社群的增量资本提高。需要注意的是，乡村建设绩效不仅要看个体层面的福利和能力增长，也要关注社群层面的福利和发展能力提升，才能保证乡村建设成效的可持续性。

2. 脱贫攻坚战略

2018年5月在中央政治局会议中，审议通过了《乡村振兴战略规划（2018—2022年）》和《关于打赢脱贫攻坚战三年行动的指导意见》；在《中共中央关于坚持和完善中国特色社会主义制度 推进国家治理体系和治理能力现代化若干重大问题的决定》文件中明确指出："坚决打赢脱贫攻坚战，巩固脱贫攻坚成果，建立解决相对贫困的长效机制"；在中央经济工作会议中，提出了2020年完全可以实现农村贫困人口全部脱贫的目标。这些政策为中国乡村建设工作指明了政策目标与方向。

10.3.2 创新筑基

创新筑基主要是指借助新要素组合、新技术突破、新市场开发、新商业模式探索或人的创造力激发来发挥整合式创新的效益，实现乡村振兴目标。

1. 农业创新

科技创新是发展的第一驱动力，不但是指科技创新在获取新技术、取得新突破方面的价值，也包含科技创新成果的转化应用及知识扩散对区域和国家经济发展、农村人口能力提升的重要作用（George et al.，2012），尤其是共性科技的扩散对发展中国家的重要价值（Andergassen et al.，2017）。已有研究表明，技术创新及其知识扩散能够充分发挥创新的正外部性（Andergassen et al.，2017），通过"涓滴效应"（黄承伟和刘欣，2016）、"科技下乡"（周华强等，2017）等扩散模式惠及低收入人群和发展中国家，具有重要社会价值。以互联网为代表的信息技术作为共性技术，不但带来了电子商务、快递物流等行业的创新发展，也能够有效突破地理区域对技术扩散的限制，对促进农村电子商务发展、建设乡村创新生态系统、加快科技成果转化及普及农业科技创新成果的效果日益显著（Prahalad，2012；王介勇等，2016）。但是需要注意的是，以企业为主体的技术创新，会存在明显的逐利性以及技术转移的市场化机制，这极有可能存在创新成果向富人群体和市场机制完善的发达地区扩散的趋势（尹西明等，2017），对乡村建设工作可能带来挤出效应。这就需要以政府和政府间组织为代表的公共部门参与者发挥创新政策的激励作用，弥补市场失灵带来的"马太效应"和创新资源分布不均、创新成果无法惠及贫困人口等问题（Martin，2016）。技术创新成果向贫困地区的转移和消化，需要借助可获取的金融资本及人力资本的提升才能有效完成，这一过程必须依靠教育、金融等要素创新及管理模式变革和跨边界协同（陈劲等，2018b）。未来也需要进一步引入和应用包括区块链、人工智能、农业机器人、智慧物流等新技术和新商业模式，加快农业科技创新和创新成果扩散应用的步伐，提高科技创新对乡村建设的贡献率。

  科技创新与成果转化是驱动乡村建设的核心动力。现代化建设离不开科技创新的引领和驱动，乡村振兴的有效推进和农村地区的农业、农村和农民发展，更离不开科技创新要素的投入与科技成果的扩散。科技驱动乡村建设具有精准度高、持续性强等特征，对推动农业产业链和价值链创新尤为重要。一方面，因地制宜开展农业增收技术、农村环保技术、农产品深加工技术、面向农村人口的医疗技术等科技创新，能够加大科技资源供给侧改革，降低农村人口和家庭因病致贫的风险，并提供脱贫致富的产业科技资本。另一方面，农业科技创新成果向农村地区的扩散，有助于提升农业生产的科学性和单位产出效率，推动新型农民和农业、农村自主经营体的发展。此外，大数据、人工智能、区块链、生物科技等新兴科技的创新成果通过科技下乡、产学研合作等技术转移模式应用于农村，也是提升农业生产效率、促进三农发展的重要途径。

  例如，广西壮族自治区自2016年起实施科技特派员创新创业服务行动，选派1 000名以上科技特派员到贫困地区开展科技创新扶贫工作。科技特派员与农业技术骨干组成嵌入式和分布式的科技创新与技术转化团队，实现了乡村建设项目与本地产业基础、发展资源、产业规划及区域内外的农业科技创新资源有机结合，有效推动了本地特色农业发展，带动乡村建设。

2. 大数据技术

乡村治理是社会治理现代化的重要环节，以管理模式变革为代表的乡村治理创新是实现乡村建设的重要手段。制度、规范和文化的缺失，是造成制度困境的主要原因（缪尔达尔，1991），政府主导下的乡村建设也在实际运行中面临贫困数据失真、信息黑箱、扶贫政策与扶贫需求不匹配、政策跟踪和检查滞后等难题（莫光辉和张玉雪，2017）。借助大数据和移动互联网等新兴技术来推动管理制度和社会治理模式的变革，能够有效提升乡村建设和动态治理，促进科技、教育和金融资源从城市、发达国家和地区向农村地区与农村人口流动，优化跨区域的贫困资源配置效率与效力（吴晓求，2015）。此外，通过政府与社会资本合作（public-private partnership，PPP）模式和社会治理的创新，激励私人部门和国际组织参与乡村建设的积极性（陈劲等，2018a），对乡村建设有着巨大的社会经济价值。

3. 教育普及

教育普及是促进创新、帮助知识传播、提升人力资本、解决能力不足、促进自我发展的最有效途径之一（左停和杨雨鑫，2013；彭文平，2002），有助于加速农村人口和社群人力资本水平的提升。教育普及在乡村建设中也具有基础性、先导性和持续性作用。教育普及不但能够通过能力培养和知识传授提升农村人口的人力资本，同时还能通过价值塑造提高农村人口和农村家庭子女改变自身命运的积极性。教育资源在城乡之间、发达地区与欠发达地区的不均衡分布，是提高农村人口受教育程度的重要挑战，一方面要求公共部门加大对农村地区教育资源和财政的投入，另一方面也对科技和知识的传播、帮扶模式提出了更高的要求（周华强等，2017）。信息技术基础设施的建设和移动互联网的普及，催生了"慕课"等大规模在线开放课程和开源的教育培训社区。借助互联网、远程教育和职业教育、中外合作等方式推动教育和教学创新，能够有效缓解农村贫困地区教育资源存量不足、质量不高、转化度低等问题，为农村人口和地区人力资本水平提高提供了多样化选择，这对提高教育资源的跨区域流动、降低教育资源的接触门槛及边际成本具有重要的意义。同时，也需要推动教育政策改革和大学教育改革，促进农村地区和家庭通过教育获得群体流动和人力资本提升的更多机会与权利；通过教育模式创新和社区创业的方式，促进高等学校和发达地区硬件和软件资源对贫困地区的师生群体共享，也是促进基础教育和职业教育发展的重要途径（Najafizada and Cohen，2017）。同时，应用新技术、新教育模式和新教育理念，不但能够提高教育教学效率，间接提升农村地区的教育质量，也能够实现优质教育资源的跨时空、低成本流动,使其直接作用于贫困地区和贫困个体。通过教育创新促进优质教育资源下沉,降低农村人口知识获取门槛,提高农业知识科普效率和知识资本向生产性资本转化的效率,为农村人口和社群提供持续发展和自力更生的人力资本杠杆。

以清华大学推出的全球第一个中文慕课平台"学堂在线"为例。"学堂在线"于2013年正式上线运营,旨在"以创新推进在线教育,以在线推进教育创新"。"学堂在线"与国际顶尖名校合作,引进精品课程并在线免费开放给注册用户;与地方政府合作共建高校慕课平台,为偏远地区输送优质教育资源,助力西部高校课程建设与发展。同时,与国际工程教育中心合作推进面向非洲的工程教育,推动全球范围内的教育资源共享。截至2018年3月7日,"学堂在线"注册用户超过1 000万个、课程超过1 300门、选课门次突破1 800万、覆盖全球209个国家和地区的用户。"学堂在线"通过技术和模式创新助推教育改革,极大地降低了农村地区接触优质教育资源的门槛,提高了教学和学习效率,为知识经济时代的知识资本应用和农村人口能力提升做出了巨大贡献。

10.3.3 制度赋能

制度赋能主要是指通过国家、产业或企业各个层次制度、战略和策略的制定,形成整合式创新中对于开放、协同、全面的要求,从而激发创新活力、实现乡村建设目标。

1. 开放式金融服务

金融排斥效应带来的农村地区生产性金融资本匮乏和获得性困难是农村人口脱贫致富的重要制约因素,通过金融科技和商业模式创新解决农村人口的生产性资本可得性难题及风险分担问题,是赋能农村社群互助和生产发展的重要途径(吴国华,2013)。开放式金融服务,是面向农村地区和农村人口的普惠金融创新模式,不但能够解决农村人口生产性资本匮乏的难题,也会促进科技创新与科技成果的扩散应用。因信用体系建设不完善、金融市场信息不对称、匹配效率低所带来的农村地区生产性资本的匮乏和获得性困难是农村人口脱贫致富的重要制约因素。开放式金融服务作为重点面向被传统金融忽视的农村地区、城乡农村群体和小微企业的新金融体系,旨在为包括农村人口在内的弱势群体提供与其他传统金融客户平等享受金融服务的权利,是对传统金融"富人金融"理念的颠覆。

孟加拉乡村银行的国际普惠金融创新模式（王曙光，2007），对解决农村信贷困难、降低生产性资本获得门槛、提高农村资本流动性具有显著的促进作用。进一步推进农村金融制度改革，将开放式金融服务纳入国家金融体系范围内，金融科技的应用与金融产品创新、金融风险防范机制等，能够共同保障金融创新对乡村建设的正向促进作用，实现从富人金融向普惠型金融的转型（吴晓求，2015）。开放式金融服务通过金融科技创新和商业模式创新，有助于建设覆盖城乡农村人口的金融服务和社会信用体系，提高金融服务的渗透率。借助开放式金融服务突破金融排斥效应，能够有效提升农民和农业生产的风险对冲能力和信贷偿还能力，进而促进农村人口和社群由生存型生产向发展型和规模型生产转型。开放式金融服务一方面有助于促进农村供给侧结构性改革和产业结构调整，另一方面可以通过小额信贷、金融互助等方式推动农村人口积极参与生产经营活动，获得持续的经营收入，对提升农村人口内在脱贫能力、建立有效的风险补偿和分担机制、推进乡村振兴具有重要意义。

2. 全面广泛

乡村建设工作需要各个层面的多主体全面广泛参与。从参与角色来分，乡村建设工作的主体包括创新要素的提供者、扩散者、冲突解决者及成果惠及者。从不同要素的创新参与主体来看，一般认为乡村建设的主体是政府和政府间组织（靳继东和潘洪阳，2012；Fagerberg，2003），创新的主体是企业家（Schumpeter，1982），但是无论是乡村建设还是创新，都需要政府、企业、非政府组织、国际组织等的广泛参与（陈劲，2018）。乡村建设所涉及的基础教育、财政转移支付和公共扶贫政策执行、扶贫工程规划建设主体，是各级政府乃至联合国、世界银行等国际政府间组织。教育和技术培训等的参与主体是大学和地方教育培训机构。同时，健康医疗、科技传播等要素和过程越来越受到行业协会、非政府组织的重点支持。另外，在面向低收入人群市场的技术推广、普惠金融创新和产品创新等探索性与营利性相结合的领域，需要企业家、农民和小微创业者的全员参与（Prahalad，2004）。从创新层次划分，乡村建设工作的主体可以分为 4 个层次：具有主观能动性的个体层次，包括企业家、农民、自由职业者、志愿者、科教文卫工作者、妇女、青少年等；组织和促进创新资源流动的企业与组织层次，包括小微企业、大中型创新企业、对口支援及投资的国内与跨国企业、社会创业企业等；连接组织间资源互动和协同的社群层次，包括村民委员会、居民委员会等地方自治组织、区域互助组织、网络社区、金融网络、供应链网络、行业协会、国际志愿组织、非政府组织等；制定和执行扶贫政策的决策层次，如国内的各级政府、联合国及世界银行、国际货币基金组织、国际法庭等国际组织。多主体的参与和多层次的协同是实现乡村建设目标的基础，这一协同通过相互关联的复杂社会网络实现，推动面向农村人口和社群的资源集聚、知识流动和扩散应用。

乡村建设事业离不开农村社群和农村人口的广泛、创造性参与（王思斌，2016），更离不开致力于服务农村地区发展的社会创业（Najafizada and Cohen，2017）和面向普通人群的社会创新与创业（Ansari et al.，2012）。基于社群的小微企业和新型农村合作社等社会创业模式，可以通过解决生产性资本缺失及盘活社区资源等方式促进农村人口互助发展（Park and Wang，2010），从而实现产业兴旺。"大众创业、万众创新"将带动可持续的产业发展、就业创造和收入增长，而农村淘宝电商网络及农民工返乡创业等方式也能够加速人力资本、技术资本和产业资本的流动，实现小生产联系大市场，为创新政策在农村地区的落地与杠杆效应的发挥注入源源不断的动力（Ansari et al.，2012）。社会创业强调企业在追求经济绩效的同时，承担社会责任和解决社会问题。面向农村和农村人口的社会创业，将充分释放企业家精神等"人文红利"，极大地推动乡村振兴。传统的救济式和输血式扶贫模式无法真正调动农村人口和其他社会主体的积极性，导致由政府主导的乡村建设项目成效有限，难以显著提升包括农村人口在内的社会主体的持续生产力。社会创业作为全球范围内的新兴创业形式，强调组织或个人主动承担社会使命，借助市场化的方式激励多主体参与解决社会问题、满足社会需求，同时创造社会价值和经济价值。社会创业是应对农村地区和公共服务领域市场配置资源失灵的新方式，有助于打破商业和公益之间的界限，在开展面向弱势群体和社会普通人群的生产经营活动的同时，能够联合市场力量和公共部门力量，为农村人口所在社群和区域创造更多的社会链接和社会资本。社会创业的模式和理念有助于在开放、高度互联的时代，推动多主体多角色的协同，以新方法、新模式激发农村人口和社群创造活力，吸引更广泛的商业性参与，为开发式扶贫和增长式扶贫注入持久生命力。

阿里巴巴推动的淘宝村建设是典型的社会创业案例。淘宝村是指活跃网店数量达到当地家庭户数 10%以上、电子商务年交易额在 1 000 万元以上的村庄。阿里巴巴"互联网+电商"的农村电商扶贫模式，通过"网商低成本创业—网店发展—创造直接就业—带动上下游产业—创造间接就业"的模式，实现了互联网虚拟电商社群与淘宝村实体村庄社群的联动，这种联动模式带动了农村人口的广泛参与，促进了城乡资本、技术与需求联动，达到了"创富消贫"的双重效果。淘宝村的壮大与互联、升级，促进了区域化创新网络的形成，成为乡村经济发展的新引擎。截至 2017 年底，阿里巴巴农村电商平台催生了 2 118 个淘宝村和 242 个淘宝镇，活跃网店超过49万个，电商带动就业人数超过2 800万人，2017年全年淘宝村销售额达到1 200亿元。

10.4　整合式创新在中国乡村振兴事业中的实践框架

　　实现乡村振兴，是实现共同富裕和全面建成小康社会的必然要求，也是实现人的全面发展的首要前提。习近平总书记在党的十九大报告中指出，中国特色社会主义进入新时代，我国社会主要矛盾已经转化为人民日益增长的美好生活需要和不平衡不充分的发展之间的矛盾（习近平，2017）。其中，城乡发展不平衡是这一矛盾的突出体现，城乡发展不平衡的一个代表性现象就是农村贫困发生率高、脱贫致富的资源不平衡、机会不均等。针对新时代主要矛盾的变化和扶贫攻坚的新任务，党的十九大明确提出要"实施乡村振兴战略"（习近平，2017）。《中共中央 国务院关于实施乡村振兴战略的意见》进一步强调"乡村振兴，摆脱贫困是前提"。因此，可以说以乡村振兴为核心的脱贫攻坚与可持续发展是当今中国一项重大基本国策和实现全面小康的重要内容。探讨整合式创新中的乡村振兴经验，是实施国家创新驱动发展战略的内在要求，也是贯彻落实习近平新时代中国特色社会主义思想、推动包容性增长的重要途径，对中国决胜全面建成小康社会，实现农村人口和农村地区的全面、绿色、可持续发展具有重要意义。左停和杨雨鑫（2013）指出，整合式创新中的乡村振兴经验既是帮助穷人的民生工程，也是国家治理体系的创新。

　　结合整合式创新中乡村振兴的实现路径，提出并完善了整合式创新在中国乡村振兴事业中的实践框架，如图3-10-2所示。

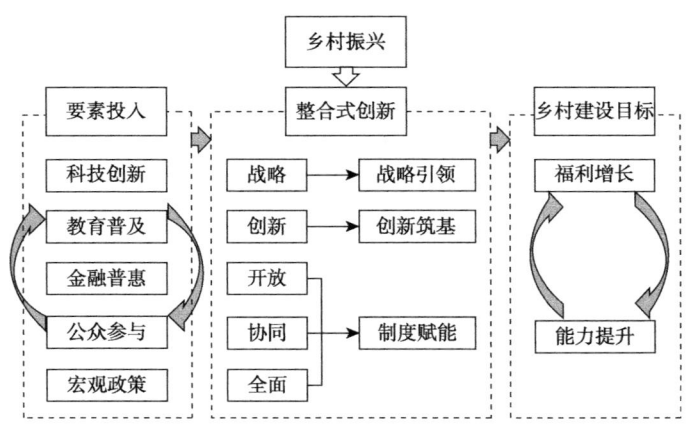

图3-10-2　整合式创新在中国乡村振兴事业中的实践框架

通过创新推动乡村建设事业，是乡村振兴的重要基础与核心内容之一，也是践行习近平新时代中国特色社会主义思想、决胜全面建成小康社会的必然要求。乡村建设工作的政策研究可以从乡村建设过程模型和动态性着手，研究乡村建设要素创新、过程创新的政策效应和可能遇到的实践挑战。政策实践过程中，应结合精准扶贫、乡村振兴战略的实施和国内外乡村建设工作实践经验，完善中国特色乡村建设理论体系，完善提升乡村治理和开发的顶层设计，提高乡村建设政策与实践的社会经济效益，加快实现精准脱贫精准扶贫目标，推动农村人口和社群的全面、绿色、可持续发展。具体而言：

首先，树立乡村建设的整合观，做到整体规划和统筹设计，形成动态闭环，实现对农村人口和农村社群发展的螺旋上升型助推，充分利用三大过程要素（制度创新、社会创业、跨边界协同）的经济效益传导机制，整合科技、教育、金融等投入要素，同步推进"五个一批"脱贫攻坚工程，提升乡村建设政策的效率与效力。

其次，将乡村建设政策与乡村振兴战略相结合，积极推动农村集体产权制度改革和社会治理体系、农业经营服务体系完善，通过乡村振兴带动农村人口和社群同步发展。此外，鼓励面向农村人口和社群的社会创新创业，释放来自扶贫一线的创新与实践活力，完善社会化扶贫体系，提升社会协同效率，推动农村县域稳定脱贫。对广大农村地区而言，教育是促进知识传播、提升人力资本、促进自我发展的最有效途径之一。要加大国家教育经费向农村地区、基础教育、职业教育倾斜的力度，激励社会力量参与教育创新，帮助农村地区改善办学条件，对农村家庭幼儿特别是留守儿童给予特殊关爱。

再次，在扩大开放的新阶段，通过政府间合作带动全球范围内的全方位乡村建设新协作，中国的乡村建设工作将会极大地促进全球可持续发展和人类命运共同体建设。

最后，推进创新理论研究与政策实践融合发展，对优化精准扶贫政策、解决乡村建设面临的一系列政策实践挑战具有重要价值。例如，需要进一步关注乡村建设、扶贫绩效的可持续性和可扩展性（孙国峰和郑亚瑜，2017），以及面向乡村建设政策的制定与优化。解决科技和金融创新的挤出效应（吴国华，2013）、瞄准偏差（朱梦冰和李实，2017）及对人居环境带来的潜在威胁等新生挑战（Zhang et al.，2015）。重点研究乡村创新系统与城市创新系统、企业创新系统与国家创新系统之间的联动，农村人口和地区的可持续发展（陈劲等，2018b）。农村地区和农村人口的创新创业，是一个以往被忽视的巨大市场（Prahalad，2012），农村人口外出流动也与家庭贫困互相影响、动态演进（向运华和刘欢，2016），如何认识农村地区低收入群体和移民人口（Liu et al.，

2017）的创新创业与基于大城市和科技优势的创新创业的差异，是有效推进农村地区社会创业的关键（Rahdari et al.，2016）。由于乡村建设涉及广泛的跨组织和边界协同，需要未来的研究关注如何降低跨边界协同的社会、经济、制度与文化障碍，尤其是跨国企业和国际政府间与非政府间组织在乡村建设过程中如何处理文化、政策和制度逻辑冲突的问题（冯朝睿，2017）。此外，人工智能、区块链、工业机器人、基因科技、远程医疗等新技术和"互联网+"、智慧物流、智慧农场、生态农业等新商业模式在促进产业升级的同时，以低成本、负责任的方式大规模应用于农村地区和社群的生产与生活中，也是一个新兴的乡村建设研究内容（梅亮等，2018）。

参 考 文 献

陈劲. 2007. 建设面向未来的世界科技创新强国[J]. 人民论坛·学术前沿，（22）：34-41.
陈劲. 2018. 关于构建新型国家创新体系的思考[J]. 中国科学院院刊，33（5）：31-35.
陈劲，黄江. 2017. 创新、和平与发展：和平创新研究初探[J]. 学习与探索，（12）：105-111.
陈劲，尹西明，赵闯，等. 2018a. 乡村创新系统的兴起[J]. 科学与管理，38（1）：1-8.
陈劲，尹西明，赵闯，等. 2018b. 反贫困创新：源起、概念与框架[J]. 吉林大学社会科学学报，58（5）：33-44.
冯朝睿. 2017. 地方政府反贫困的竞合模式研究[J]. 经济问题探索，（4）：171-176.
郭久荣. 2006. 以色列农业科技创新体系及对中国农业科技发展的启迪作用[J]. 世界农业，（7）：39-42.
黄承伟，刘欣. 2016. "十二五"时期我国反贫困理论研究述评[J]. 云南民族大学学报（哲学社会科学版），33（2）：42-50.
靳继东，潘洪阳. 2012. 贫困与赋权：基于公民身份的贫困治理制度机理探析[J]. 吉林大学社会科学学报，52（2）：67-72.
柯拉尔 S C，弗朗汉姆 E，佩里 S J，等. 2017. 有组织的创新：美国繁荣复兴之蓝图[M]. 陈劲，尹西明译. 北京：清华大学出版社.
廖德贤，张平. 2005. 区域创新系统中的城市创新系统[J]. 科技情报开发与经济，（5）：181-182.
卢中华，王玲. 2010. 城乡创新系统一体化的内在机制研究——以山东省寿光市为例[J]. 科技进步与对策，（23）：47-50.
马晓河. 2015. 推进农村一二三产业深度融合发展[J]. 中国合作经济，（2）：43-44.

梅亮, 陈劲, 吴欣桐. 2018. 责任式创新范式下的新兴技术创新治理解析——以人工智能为例[J]. 技术经济, 37（1）: 1-7, 43.

缪尔达尔 G. 1991. 世界贫困的挑战: 世界反贫困大纲[M]. 顾朝阳, 等译. 北京: 北京经济学院出版社.

莫光辉, 张玉雪. 2017. 大数据背景下的精准扶贫模式创新路径——精准扶贫绩效提升机制系列研究之十[J]. 理论与改革, （1）: 119-124.

彭文平. 2002. 农民经济学——发展经济学的新发展[J]. 外国经济与管理, 24（2）: 2-6, 13.

孙国峰, 郑亚瑜. 2017. 精准扶贫下农村反贫困末端治理的可持续性研究[J]. 理论与改革, （3）: 122-149.

孙平. 2005. 从派克到费孝通——谈费孝通忆派克对中国社会学、人类学的贡献[J]. 开放时代, （4）: 32-41.

瓦格纳 T. 2015. 创新者的培养[M]. 陈劲, 王鲁, 刘文澜译. 北京: 科学出版社.

王刚, 白浩然. 2018. 脱贫锦标赛: 地方贫困治理的一个分析框架[J]. 公共管理学报, 15（1）: 108-121.

王介勇, 陈玉福, 严茂超. 2016. 我国精准扶贫政策及其创新路径研究[J]. 中国科学院院刊, 31（3）: 289-295.

王曙光. 2007. 小额信贷: 来自孟加拉乡村银行的启示[J]. 中国金融, （4）: 28-29.

王思斌. 2016. 农村反贫困的制度-能力整合模式刍议——兼论社会工作的参与作用[J]. 江苏社会科学, （3）: 48-54.

王亚华. 2013. 中国用水户协会改革: 政策执行视角的审视[J]. 管理世界, （6）: 61-71, 98, 187-188.

王亚华. 2017. 提升农村集体行动能力加快农业科技进步[J]. 中国科学院院刊, （10）: 1096-1102.

吴国华. 2013. 进一步完善中国农村普惠金融体系[J]. 经济社会体制比较, （4）: 32-45.

吴小梅. 2017. 新常态下加快构建新型农业经营体系研究[J]. 中国市场, （35）: 68, 72.

吴晓求. 2015. 互联网金融: 成长的逻辑[J]. 财贸经济, （2）: 5-15.

习近平. 2017. 决胜全面建成小康社会 夺取新时代中国特色社会主义伟大胜利: 在中国共产党第十九次全国代表大会上的报告[M]. 北京: 人民出版社.

向运华, 刘欢. 2016. 农村人口外出流动与家庭多维贫困动态演进[J]. 吉林大学社会科学学报, （6）: 84-95.

叶兴庆. 2017. 实现国家现代化不能落下乡村[J]. 中国发展观察, （21）: 10-12, 27.

尹西明, 王毅, 陈劲. 2017. 高校创造的知识转移到哪去了?——对我国高校专利许可的时空分布研究[J]. 科学学与科学技术管理, 38（6）: 12-22.

张红宇. 2015. 金融支持农村一二三产业融合发展问题研究[J]. 新金融评论, （6）: 148-160.

赵黎明，冷晓明. 2002. 城市创新系统[M]. 天津：天津大学出版社.

赵黎明，李振华. 2003. 城市创新系统的动力学机制研究[J]. 科学学研究，21（1）：97-100.

周华强，冯文帅，刘长柱，等. 2017. 科技扶贫项目管理创新研究：理念与实践[J]. 科技管理研究，37（11）：197-204.

朱梦冰，李实. 2017. 精准扶贫重在精准识别贫困人口——农村低保政策的瞄准效果分析[J]. 中国社会科学，（9）：90-112.

左停，杨雨鑫. 2013. 重塑贫困认知：主观贫困研究框架及其对当前中国反贫困的启示[J]. 贵州社会科学，（9）：43-49.

Ács Z J，Autio E，Szerb L，et al. 2014. National systems of entrepreneurship：measurement issues and policy implications[J]. Research Policy，43（3）：476-494.

Andergassen R，Nardini F，Ricottilli M. 2017. Innovation diffusion，general purpose technologies and economic growth[J]. Structural Change and Economic Dynamics，40：72-80.

Ansari S，Munir K，Gregg T. 2012. Impact at the "bottom of the pyramid"：the role of social capital in capability development and community empowerment[J]. Journal of Management Studies，49（4）：813-842.

Bradshaw T K. 2007. Theories of poverty and anti-poverty programs in community development[J]. Community Development，38（1）：7-25.

Cooke P. 1992. Regional innovation systems：competitive regulation in the new Europe[J]. Geoforum，23（3）：365-382.

Fagerberg J. 2003. Schumpeter and the revival of evolutionary economics：an appraisal of the literature[J]. Journal of Evolutionary Economics，13（2）：125-159.

Foster C，Heeks R. 2016. Drivers of inclusive innovation in developing country markets：a policy perspective[C]//Agola N，Alan H. Inclusive Innovation for Sustainable Development. London：Palgrave MacMillan：57-74.

Freeman C. 1987. Technology Policy and Economic Performance：Lessons from Japan[M]. London：Pinter Publishers.

George G，McGahan A M，Prabhu J C. 2012. Innovation for inclusive growth：towards a theoretical framework and a research agenda[J]. Journal of Management Studies，49（4）：661-683.

Leliveld A，Knorringa P. 2018. Frugal innovation and development research[J]. European Journal of Development Research，（30）：1-16.

Liu Y，Shuai C，Zhou H. 2017. How to identify poor immigrants?An empirical study of the three gorges reservoir in China[J]. China Economic Review，44：311-326.

Lundvall B Å. 2010. National Systems of Innovation：Toward a Theory of Innovation and

Interactive Learning[M]. London: Anthem Press.

Maasoumi E, Racine J S. 2016. A solution to aggregation and an application to multidimensional "well-being" frontiers[J]. Journal of Econometrics, 191(2): 374-383.

Malerba F. 2002. Sectoral systems of innovation and production[J]. Research Policy, 31(2): 247-264.

Martin B R. 2016. Twenty challenges for innovation studies[J]. Science and Public Policy, 43(3): 432-450.

Miklian J, Hoelscher K. 2017. A new research approach for peace innovation[J]. Innovation and Development, 8(2): 189-207.

Najafizada S A M, Cohen M J. 2017. Social entrepreneurship tackling poverty in Bamyan Province, Afghanistan[J]. World Development Perspectives, 5: 24-26.

Nelson R R. 1993. National Innovation Systems: A Comparative Analysis[M]. Oxford: Oxford University Press.

Pansera M, Owen R. 2018. Framing inclusive innovation within the discourse of development: insights from case studies in India[J]. Research Policy, 47(1): 23-34.

Park A, Wang S. 2010. Community-based development and poverty alleviation: an evaluation of China's poor village investment program[J]. Journal of Public Economics, 94(9/10): 790-799.

Prahalad C K. 2004. The Fortune at the Bottom of the Pyramid: Eradicating Poverty Through Profits[M]. Hoboken: Pearson FT Press.

Prahalad C K. 2012. Bottom of the pyramid as a source of breakthrough innovations[J]. Journal of Product Innovation Management, 29(1): 6-12.

Radjou N, Prabhu J. 2015. Frugal Innovation: How to Do More with Less[M]. London: The Economist.

Rahdari A, Sepasi S, Moradi M. 2016. Achieving sustainability through Schumpeterian social entrepreneurship: the role of social enterprises[J]. Journal of Cleaner Production, 137: 347-360.

Schumpeter J A. 1982. The Theory of Economic Development: An Inquiry Into Profits, Capital, Credit, Interest, and the Business Cycle[M]. London: Transaction Publishers.

Soman D, Stein J G, Wong J. 2014. Innovating for the Global South: Towards an Inclusive Innovation Agenda[M]. Toronto: University of Toronto Press.

Sonne L. 2012. Innovative initiatives supporting inclusive innovation in India: social business incubation and micro venture capital[J]. Technological Forecasting and Social Change, 79(4): 638-647.

Stilgoe J, Owen R, Macnaghten P. 2013. Developing a framework for responsible innovation[J]. Research Policy, 42（9）: 1568-1580.

Weyrauch T, Herstatt C. 2016. What is frugal innovation? Three defining criteria[J]. Journal of Frugal Innovation, 2（1）: 1-17.

Zhang K, Dearing J A, Dawson T P, et al. 2015. Poverty alleviation strategies in eastern China lead to critical ecological dynamics[J]. Science of the Total Environment, 506/507: 164-181.

第 11 章 地球 6.0：全球发展中的整合式思考

地球的环境危机正在发展。当前的危机以前所未有的方式给我们敲响了警钟。我们要把复苏转变为真正的机会，我们要为未来坚持正确的方向。

——安东尼奥·古特雷斯

（2020 年 4 月 22 日在世界地球日上的双语致辞）

在全球发展过程中，全球各国针对自身国情提出了社会发展的主要战略和措施。然而和平与发展仍然是当今时代两大主题，国际竞争与冲突、全球变暖、大气污染、全球发展不平衡是世界各国共同面对的问题。因此，在解决全球性问题时，需要在全球发展中嵌入整合式思考，通过整合式创新为全球发展寻找新的解决方案。

11.1 全球发展的趋势

11.1.1 人类命运的思考

1. 罗马俱乐部的《增长的极限》和《超越极限》

关于人类命运的思考，较为著名的是罗马俱乐部（Club of Rome）发布的《增长的极限》（*The Limits to Growth*），其探讨了最终限制和决定地球继续增长和发展的基本因素（梅多斯，1984）。罗马俱乐部成立于1968年4月，其宗旨在于研究未来的科学技术发展和变化对于重大全球挑战和人类发展的影响，进而通过研究报告的形式向人类发出主要困难的警示并引起政策制定者的重视。在罗马俱乐部的相关报告中，主要关注人口、粮食、工业革命、环境污染、大规模资源开发、贫困、教育等重大全球挑战，敦促国际组织及各国的相关部门充分意识到全球问题的严重性、提升全球意识并采取必要的集体行动来改善地球的治理。

在罗马俱乐部于 1972 年发表的第一个正式研究报告《增长的极限》中，其预测由于地球自然资源的有限供给性，社会经济增长不可能无限性地持续，当自然资源消耗殆尽时，世界性的灾难即将发生。于是，罗马俱乐部提出了"零增长"的对策性方案，引起了全球性的大辩论并持续至今。根据报告中对于全球性模型的研究与分析，其认为地球未来的发展模式需要建立一种全球均衡状态，将以往重视劳动效率的提升转变为重视个体生活水平的提高，使得人类有更多闲暇时间和生存环境，形成一种个体均衡状态。20 世纪 90 年代初，罗马俱乐部庆祝《增长的极限》发表 20 周年之际，又提出一份报告——《超越极限》（梅多斯等，2001），是对《增长的极限》报告中的观点进行自我检查和自我批判，并更新了一部分观点。罗马俱乐部认为，在过去的 20 年里，人类所创造的新技术、新概念和新的发展模式使得可持续发展的未来成为一种可能，对于人类而言可能存在着一种新的极限状态；同时，诸多自然资源面临着供给匮乏和大量污染的双重危机，正在面对其自身的支撑极限，建立可持续发展的社会发展模式已经迫在眉睫。

罗马俱乐部的《增长的极限》和《超越极限》均为人类社会的发展提供了 3 点重要结论，其主要内容如表 3-11-1 所示。

表 3-11-1 《增长的极限》和《超越极限》的结论对比

结论	《增长的极限》	《超越极限》
主要挑战	人类未来发展的 100 年将会面对人口、工业化、环境污染、粮食匮乏和资源消耗的问题，极有可能发生人口和工业化生产所带来的突发性和不可控制的星球发展衰退	供给匮乏和环境污染并存，在未来发展中人均粮食产出、人均能源使用和工业生产效率将会出现不可控制的下降趋势
解决方式	一直衰退和建立稳定的发展模式是可行的。全球均衡状态的设计是一种有效的解决方式，能够使得地球上的个体满足其基本物质需要，并且每个个体都有实现其个人潜力的均等性机会	抑制不可控制的下降趋势需要做出两个改变，一是制定关于物质消费和人口增长的相关政策和制度；二是通过技术创新的方式提高自然资源和非自然资源的使用效率
可能性结果	建立全球均衡状态能够使得个体的工作和生活达成高效，其成功的可能性提升	要实现这两种改变，需要建立人类发展的长期和短期目标，既要考虑短期内生产的数量，又要保证长期的充足性、公平性及生活环境质量

2. 布达佩斯俱乐部

布达佩斯俱乐部的前身是罗马俱乐部,其更加重视环境保护、生态保护、绿色发展和和平发展,其成立的宗旨是启发和警示现代人类,建立星球的发展意识、保护地球生态环境,从而避免发生全球性的生态灾难。2004 年出版了《布达佩斯俱乐部全球问题最新报告》,报告中指出了当前和未来全球范围内出现的三大重要挑战和负面效应,包括人口爆炸、资源短缺和环境污染。如果人口增长、资源大量消耗和工业污染不加以控制,地球对于人类生命的支持系统能力将会快速下降而难以承担人口上升所带来的环境压力。当全球生态环境达到了突变点时,将会爆发严重的全球性生态灾难进而危及人类的生存和发展。反思 2000 年以来人类文明进程之后,布达佩斯俱乐部认为在迎来第三个 1000 年之时,需要创造一种新的替代性人类文化,将"人类进化视为一种重要的机遇",为人类和星球的悲观命运带来希望。

3. 世界发展报告

世界银行每年都会发布《世界发展报告》来介绍当年世界发展状况。在 2020 年,世界银行发布的《2020 年世界发展报告:在全球价值链时代以贸易促发展》中指出,全球价值链的不断发展,推动了世界经济的转型、减少了贫困、提供了更多的就业。在全球价值链的时代之下,各个国家的开放环境和社会支持都能够使得其在全球价值链中获得巨大裨益。如今,全球价值链所占的世界贸易份额已经达到将近 50%,而贸易摩擦、生产效益不均衡分配、环境成本集中、人口红利下降等因素使得全球经济的可持续增长力量有所放缓,其中,最大的原因就是发达经济体和发展中经济体在深化政策改革、建立开放经济、减少贸易摩擦与冲突等方面难以达成一致性意见。各个国家在参与全球贸易时,都尽可能为本国谋求最大可能的经济价值,而忽视了贸易是否能够获得持续性的社会支持、是否有助于减少世界贫困和资源分配不均等问题。然而,世界各国均应该是世界经济的共同体,全球贸易当中不存在零和博弈,过度的资源分配不平等或全球贸易收益分配不平等将会导致贸易的不可持续性,从而影响到全球资源、资本、劳动力等生产资料的合理流动与配置,最终损害到每一个参与国的利益。John Donne 用一种可视化的语言来描述现代社会相互勾连、相互依赖的关系:没有人是一个完全自足的孤岛,每个人都是大陆的一小片、是整体之中的一部分。当你听到任何人的死亡和损耗,都是自我的衰减,因为所有个体都在人类群体之中。不要问丧钟为谁而鸣，它是为你而鸣①。

11.1.2 工业 4.0

工业 4.0 是由德国在 2013 年汉诺威工业博览会上正式提出的。其概念被正式推出之后，在全球受到广泛认可并掀起第四次工业革命热潮（斯帕特，2015）。世界各国政府针对自身国情也相应地制定了其工业化发展战略：美国制定了"工业互联网"战略、中国制定了"中国制造 2050"战略、法国制定了"新工业法国"战略、英国制定了"现代工业"战略、韩国制定了"制造业创新 3.0"战略、日本制定了"互联工业"战略。工业 4.0 作为德国国家发展战略，预计政府将投资 2 亿欧元用来推动德国本土制造业的数字化、网络化和智能化发展，从而提高德国工业的核心竞争力，在新一轮国际制造业竞争中占领先机。

在战略层面上，德国政府制定了高科技战略，德国联邦经济事务和能源部、德国联邦教育与研究部等相关部门负责具体的高科技战略实施工作。随后，政府相关部门任命高科技平台、创新对话机制与德国创新专家委员会，并将其进行整合，形成三大专家咨询机构。其中，德国创新专家委员会成立于 2006 年，由 6 位在科研和创新政策方面具有顶尖地位的德国学者组成，其主要工作为创新政策的分析和评价；创新对话机制成立于 2008 年，主要依托于德国国家科学院，是德国联邦政府、商界和学界之间对话的平台；高科技平台较晚实施，主要进行高科技战略的具体落实工作。

工业 4.0 的核心组织主要包括：①工业 4.0 平台，由德国机械设备制造协会等机构设立，是目前世界上最大、最成熟的成功推进制造业数字化转型的平台之一，也是连接德国政府、学界、商界、工会的桥梁。其运行的核心是将工作分为各个工作组，由各领域专家、大中小企业、高校与研究机构进行协同与支持，以及积极开展国际合作，从而保证研究与创新的知识充分流动。②标准化委员会，主要功能是为工业 4.0 提出相关数字化产品的标准，并协调数字化产品在德国和全球范围内的落地实践，目前已经与中国、美国、日本、澳大利亚、法国和意大利等国家的相关企业建立双边合作关系，该组织最大的特点是交叉领域合作和协同创新。③实验室网络，主要功能是负责标准化的测试、实验和反馈，它是一个面向企业的应用型组织，能够最大限度地将德国工业 4.0 的相关政策和标准在企业层面达成共识，并通过项目实践和落地的方式传递给

---

① 源于英国诗人 John Donne 布道词《没有人是一座孤岛》（*No Man is an Island*）。

德国各种类型的企业。

在工业 4.0 的背景下，随着全球制造业不断向数字化和智能化发展，人们逐渐认识到除了自下而上的技术驱动创新之外，还可以通过自上而下的方式（即政策层面的设计）来引导业务场景和商业模式促进创新的发展，进而衍生出诸多技术在应用实例上的创新，推进新产品、解决方案和服务的不断更新与完善。

11.1.3　社会 5.0

在 2019 年达沃斯论坛上，日本首相安倍晋三正式向全球提出了"社会 5.0"的概念。社会 5.0 是狩猎社会、农耕社会、工业社会和信息社会不断迭代之后所产生的另一种新的社会形式，又称为超智能社会，是虚拟空间与现实空间的高度融合，如图 3-11-1 所示。在社会 5.0 中，人们充分运用人工智能、物联网和机器人等技术，使得数据取代传统的资本来连接并驱动生产，并有利于缩小社会贫富差距，如医疗服务、电子商务、教育普及等社会基础服务都可以覆盖到边缘地区，从而汇集更为广阔的世界（日本日立东大实验室，2000）。

图 3-11-1　社会发展形式的迭代

在日本所提出的社会 5.0 中，必要的生活物资和服务能够精准分配到个人，从而细致地满足社会多元化和差异化的需求，使得人们能够享受更高品质的生活服务，同时能够兼顾年龄、性别、地域和语言的差异，建立更加包容的社会。社会 5.0 的核心要素是精准服务，借助社会交通、医疗、地理等各个子系统的大数据，实现个体层面的需求分析和需求匹配，从而完成精准服务并避免资源浪费。相较德国、美国、法国等国家提出的国家发展战略，日本的社会 5.0 并不只是关注数字化和智能化的制造模式、建立制造业标准化准则，而是强调更加全面和宽广的社会服务范畴，其最终目标立足于整体经济社会发展。因此，社会 5.0 不仅要提升制造业乃至核心产业的竞争力，还要全面提升国民生活的智能化水平，从生活物资和生活服务等各个方面提升国民生活的便捷性、提高防灾减灾和应对的能力、解决高龄化和环境等社会重大挑战、提升社会包容度，从而构建富裕且有活力的国家。

然而，日本的社会 5.0 政策也面临着与德国工业 4.0 等国家发展战略所面临的同样的问题。在日本国内，尤其是在中小企业当中，仍然对大数据是否能够促进创新服务抱有质疑，实现超智能生产的前期投入是否会成为大量沉没成本、企业信息是否能够得到安全保障、相关技术水平和人员素质是否能够达到社会 5.0 的要求，这些都阻碍着日本社会 5.0 相关政策的推进。目前，日本政府层面集中力量进行产学研合作，尤其强调不同业界之间、不同省厅之间的联动，为顺利实施和完成社会 5.0 做出不懈努力。

11.2　中国关于全球发展的经验

中国政府在目睹世界各国全力发展制造业、提升工业竞争力和国家实力之后，也充分吸收和借鉴了自身经济发展的相关经验，提出了关于全球发展的相关理念。

11.2.1　人类命运共同体

2013 年 3 月 23 日，习近平主席在莫斯科国际关系学院的演讲中正式提出了"命运共同体"的概念。2015 年 9 月，习近平主席在联合国总部发表题为"携手构建合作共赢新伙伴，同心打造人类命运共同体"的讲话，提出构建以合作共赢为核心的新型国际关系，打造人类命运共同体。

建立人类命运共同体，首先，需要深度参与全球科技创新和科技治理。在国际合作的过程中，需要充分认识到创新是第一动力，只有具备了高质量科技供给和创新成果，才能具备强大的国家实力并支撑现代化经济体系的建设，进而推进人类命运共同体的建设。同时，随着国家间经济交流、文化交流和政治交流的加强，需要在自主创新的基础之上进一步深化国家间的科学技术交流与合作，在全球范围内充分布局创新资源并建立合作关系，寻找合作共赢的伙伴，共同应对世界普遍存在的粮食安全、能源安全、气候变化等重大社会挑战，要确保自身国家实力进步的同时，惠及更多国家的人民。在参与全球科技创新和治理的过程中，伴随着技术复杂性和交叉性的加强，多边国际化研发合作是主流的科学研究方式，因此需要整合国内本土的产学研科技力量，并广泛开展国际科技合作与交流，从而不断提升中国的科技创新能力、驱动创新成果的产生，为人类命运共同体的发展贡献出中国的科技力量。

其次，需要树立文化自信。文化自信是国家发展和社会进步的源泉，在思维方面，中华传统文化所强调的动态、平衡和整体的思维方式引领着中国提出并建设人类命运共同体、实现和平崛起、走"开放式全面创新"的中国特色自主创新道路，尤其是在人工智能技术、基因技术等新兴技术迅速发展和崛起的当下，国家治理、企业治理和技术治理需要充分挖掘并吸收东方智慧，从而更好地让企业在发展过程中承担新时代的历史使命，促进中华文化的传承和发展。

11.2.2　五大发展理念

2015 年 10 月底，党的十八届五中全会审议通过了《中共中央关于制定国民经济和社会发展第十三个五年规划的建议》，并正式提出了创新、协调、绿色、开放、共享五大发展理念。这 5 个关键词集中反映了中国共产党在对中国进行经济和社会建设过程中所意识到的深刻规律，同时也是未来带领全国人民取得全面建成小康社会的伟大胜利的强大思想武器。

五大发展理念中的创新，主要包括理论创新、制度创新、科技创新和文化创新。创新是驱动发展的核心动力，也是中华民族最深沉的民族禀赋。创新能够帮助中国在进行经济社会建设过程当中不断培养和发展新动力、不断拓展新空间，借助技术、产品和服务的创新来构建新的产业体系、相应地调整和发展新体制，并不断完善宏观调控方式，从而使中国在激烈的国际竞争当中取得核心竞争优势、提升综合国力。

五大发展理念中的协调，既是一种发展手段又是一种发展目标。在中国特殊的国情背景之下，要求中国在经济社会建设过程当中努力实现城乡区域协调发展、物质文明与精神文明建设协调发展、经济与社会协调发展、经济建设和国防建设融合发展，从而不断补足中国在经济与社会发展过程中的短板并挖掘其发展的潜力。

五大发展理念中的绿色，主要是解决经济与社会发展过程中的可持续性问题。为了促进绿色发展，需要坚持保护环境，大力发展低碳经济和循环经济、加大环境治理力度，从而促进人与自然的协同共生。重视国民生活的生态环境和文明环境，保证高效的生产发展、富足的生活条件和良好的生态文明。

五大发展理念中的开放，需要国家在经济与社会发展过程当中主动顺应经济全球化潮流，坚持对外开放和交流，使得先进的科学技术、创新成果和管理经验能够充分地在国家间自由流动。要实现这一目标，需要使中国经济深度融入世界经济之中、坚持互利共赢的开放战略、发展更高层次和更高质量的开放型经济、在参与全球经济治理的过程当中积极主动承担国际责任和义务（包括提供公共产品供给、积极参与全球经济治理、加快完善本国的对外开放新体制），提高中国在全球经济治理中的制度性话语权，并在国际社会上建立广泛的利益共同体。

五大发展理念中的共享，主要是指国家经济与社会发展的成果由人民所共享，不仅包括基本的民生问题、公共服务可获得性问题、城乡收入差距问题、教育质量悬殊问题等，还包括更广泛意义上的社会保障制度建设、公民健康工程建设、人口均衡发展等。这一系列的人民共享工程，能够有效改善机会公平，使得人民与祖国共同享有成长和进步的机会。

11.2.3 中国在联合国可持续发展目标中的角色

在关于联合国如何实现可持续发展目标的问题中，联合国欧洲经济委员会经济合作与贸易司主管曾经谈到，主要采用PPP模式的形式，来完成关于可持续发展目标的项目建设，尤其是优质基础设施建设的新投资，特别是在中低收入国家的相关投资，对于实现联合国可持续发展目标而言至关重要。

中国支持政府和社会资本合作的形式，而且在中国这种形式能够发挥出极大的作用。对于发达国家而言，政府资本与社会资本的合作已经成为主流，在一些发展中国家，政府能够起到强有力的领导作用，在项目建设的过程当中能够承担更好的示范和引领角色，这种方式尤其有利于推行中国"一带一路"倡议，为全球经济做出贡献。

另外，中国的企业日益成熟，逐渐能够在国际合作、社会责任承担上做出担当和表率行为。以超级高速公路建设和互联网发展为例，中国的阿里巴巴已经成为全球电子商务、互联网金融服务业资本筹集的平台，能够帮助大中小型企业解决融资问题、更好地参与国际贸易和市场竞争，会大大促进国际贸易的增长并有助于建设包容性经济与社会，促进世界的包容性增长。

11.3 基于整合式创新的地球 6.0 计划

结合德国所提出的工业 4.0、日本所提出的社会 5.0、联合国所提出的可持续发展目标的建设经验，本书提出地球 6.0。地球 6.0 是对于未来社会超智能化转型、个体生活深度变革和全球协同的一种描述，相较于工业4.0和社会5.0而言，更具有前瞻性和整体性思考，实现全球的经济和社会同步发展，其发展目标如图 3-11-2 所示。

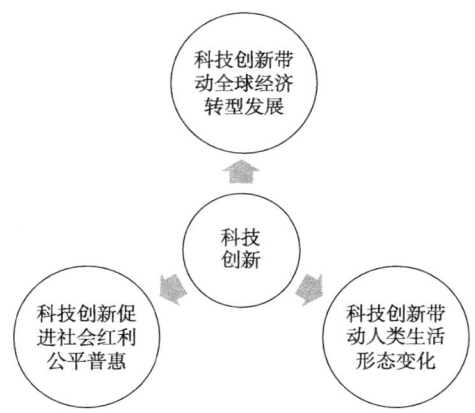

图 3-11-2　地球 6.0 的发展目标

地球 6.0 参考了诸多国际组织对人类命运的思考、工业 4.0 的发展和社会 5.0 的畅想，并结合中国在经济与社会建设过程当中所积累的发展经验而提出。整合式创新在地球 6.0 中的实践框架如图 3-11-3 所示。

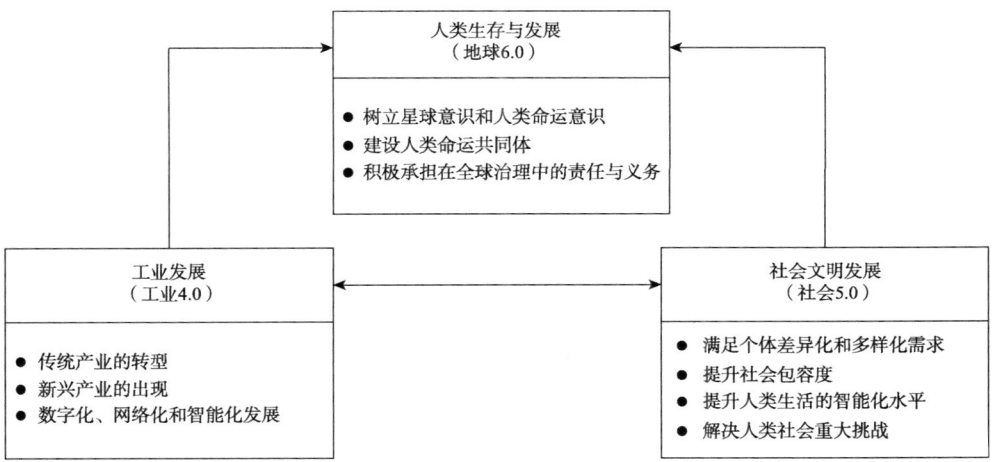

图 3-11-3　整合式创新在地球 6.0 中的实践框架

位于引领位置的是"人类生存与发展"，更加强调星球意识和人类命运意识，因此更加注重战略性、长远性、前瞻性的思考。地球 6.0 将工业 4.0 视为带动经济发展转型的重要工具，同时加入了整体化的全球意识，工业发展不仅需要惠及某个特定国家的经济发展，还需要关注全球性的区域发展不平衡问题、发达国家与发展中国家差距问题、地区差异与冲突问题等，从而保证全球经济协调发展、区域资源收益在各个参与国之间能够实现相对均等分配。

在技术上，需要落实工业发展 4.0 的相关数字化、网络化和智能化发展趋势。通过横向对比可以发现，德国的工业 4.0 得到了德国人工智能研究中心、德国国家科学院、西门子公司等学术界和产业界的充分认同与共同推进，从而具体落实工业4.0战略的相关实施措施；日本的社会5.0也得到了综合科学技术创新会议、国家战略特别区域咨询会议、内阁下设的经济再生本部、IT 综合战略本部、未来投资会议等各方决策部门、实施部门的支持，使得出台的战略与实施方针能够达到配套与一致。面对日益复杂、系统交叉的新技术、新产品、新工艺和新服务研发与创新，科学技术之间的融合、跨领域合作与协同、知识成果转化显得尤为重要。另外，由于地球 6.0 更加强调科学技术成果的应用与普及，在推动技术创新的过程当中需要重点关注以下问题。

第一，逐渐落实科学技术创新成果的社会实验，保证该技术成果能够在社会中切实可行、易于推广。社会实验主要关注技术的实用性和实装性两个方面，实用性关注的是技术的可用性，而实装性强调与社会多元化需求、法律法规、经济环境等各个维度的适配。第二，重点评估科学技术创新成果的问题导向性与驱动性。科学技术与创新活动需要针对明确的社会问题而提出，需要充分考虑社会的具体情况，包括伦理、法律、社会问题、人才培养、配套、环境推广普及等各个方面的综合性考量，同时要充分契合国家的健康医疗战略、战略性创新领域发展目标、可持续发展要求等。第三，科学技术创新需要具备明确的时间表和路线图，并且充分认识到实施顺序和对国家经济社会发展的重要程度。在商业领域中，往往具备了短期经济价值的科学技术创新活动会被优先实施或重点发展，而那些具有较大投入、短期难以看到经济价值的科学技术创新活动会被推后实施或忽视，如农林水产行业、健康医疗行业。因此，对于科学技术创新活动的实施顺序，需要在前期对其对国家经济社会发展的重要性程度进行评估，从而明确其实施的优先度，保证那些对社会发展具有长期价值的领域能够获得发展。第四，重视科研制度的改革和大学评估的变化，从而推进可持续的产学研合作，提升科技创新的核心竞争力。在科研制度改革的过程当中，传统较为重视个人教学和研究、专利和科研立项，在未来的变化过程中，要综合考察科学研究的长期性、跨学科性、产学研合作及其社会贡献，相应地去建立鼓励创新和产学研合作的弹性人事制度。而在大学评估上，需要关注人才培养和选拔制度向着鼓励创新方向转变，尤其是培养能够承担产学研合作研发项目的关键领域技术人才，激励大学知识转化为社会价值贡献社会。

在社会发展上，地球6.0吸纳了社会5.0中的关于人类未来社会生活形态的畅想，关注创新在社会超智能化转型过程中的重要地位，同时有别于追赶时期的国家创新系统，而是提倡更大层面的协同创新、开放创新和全面创新，建立全球范围内的知识体系和学习体系，保证知识在全球范围内的流动，促进创新成果的产生。它不仅强调了国家工业、制造业、战略性新兴产业等向网络化、数字化和智能化转型，保证国家经济的转型发展，还强调了社会深度数字化转型过程中对个体生活习惯、生活轨迹乃至职业发展的重要影响，更指出创新技术、产品和服务的应用领域不应局限于本国国内，还应该向着海外市场，尤其是中低收入国家市场进行普及和推广，保证科技创新成果能够更多地汇集到全球，实现公平、普惠。

参 考 文 献

梅多斯 D H. 1984. 增长的极限[M]. 于树生译. 北京：商务印书馆.

梅多斯 D H，梅多斯 D L，兰德斯 J. 2001. 超越极限——正视全球性崩溃，展望可持续的未来[M]. 赵旭，周欣华，张仁俐译. 上海：上海译文出版社.

日本日立东大实验室. 2000. 社会 5.0：以人为中心的超级智能社会[M]. 沈丁心译. 北京：机械工业出版社.

斯帕特 D. 2015. 工业 4.0 实践手册[M]. 周军译. 北京：北京理工大学出版社.